나의 타자실력은?

날 짜	평균 타수	정확도(%)	선생님 확인
월 일			
월 일			
월 일			
월 일			
월 일			
월 일			
월 일			
월 일			
월 일			
월 일			
월 일			
월 일			
월 일			
월 일			
월 일			
월 일			
월 일			
월 일			
월 일			
월 일			

교재 자료 다운로드 방법

1 렉스미디어 홈페이지(http://www.rexmedia.net)에 접속한 후 **[자료실]-[대용량 자료실]을 클릭**합니다.

2 렉스미디어 자료실 페이지가 표시되면 **[깨비뚝딱] 폴더를 클릭**합니다.

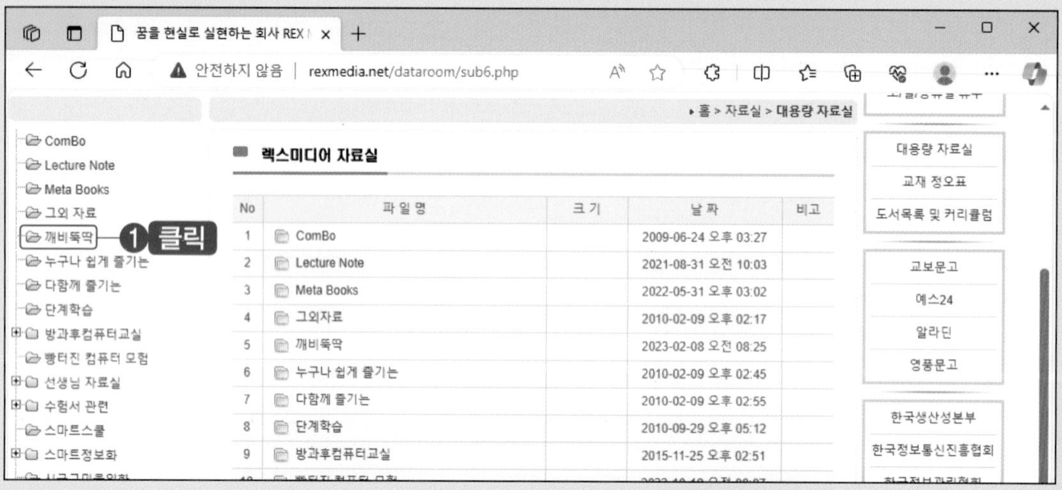

3 깨비뚝딱 관련 페이지가 표시되면 **[(깨비뚝딱) 엑셀2021.zip] 파일을 클릭**합니다.

4 파일 다운로드가 완료되면 **[폴더에 표시]를 클릭**합니다.

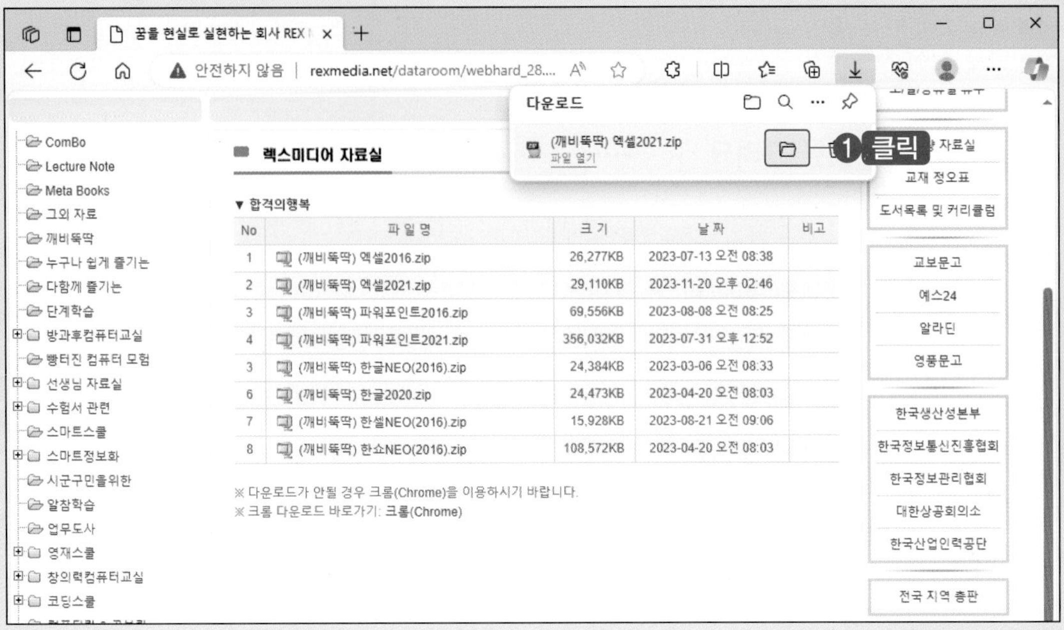

5 파일 탐색기가 실행되면 파일을 압축 해제한 후 [(깨비뚝딱) 엑셀2021] 자료를 확인합니다.

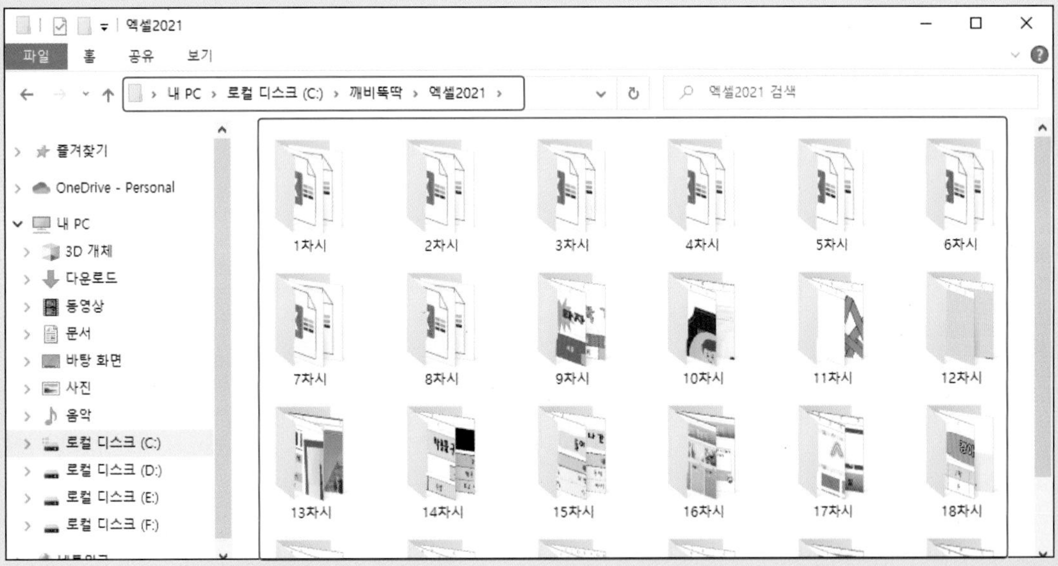

이 책의 차례

이 책의 차례

Lesson 01

배울 수 있어요!

- 엑셀을 실행하고 문서를 작성할 수 있어요.
- 글꼴 서식을 지정할 수 있어요.
- 문서를 저장하고 엑셀을 종료할 수 있어요.

교통 영단어를 작성해요

계산 기능이 뛰어나서 용돈기입장과 같은 문서를 쉽고 빠르게 작성할 수 있는 프로그램을 '스프레드시트'라고 하는데요. 엑셀은 스프레드시트 중에서 가장 대표적인 프로그램이랍니다. 그럼, 이번 시간에는 엑셀을 실행하고 문서를 작성하는 방법, 글꼴 서식을 지정하는 방법, 문서를 저장하고 엑셀을 종료하는 방법에 대해 알아볼게요.

예제 파일 : 없음 **완성 파일** : 1차시\교통 영단어_완성.xlsx

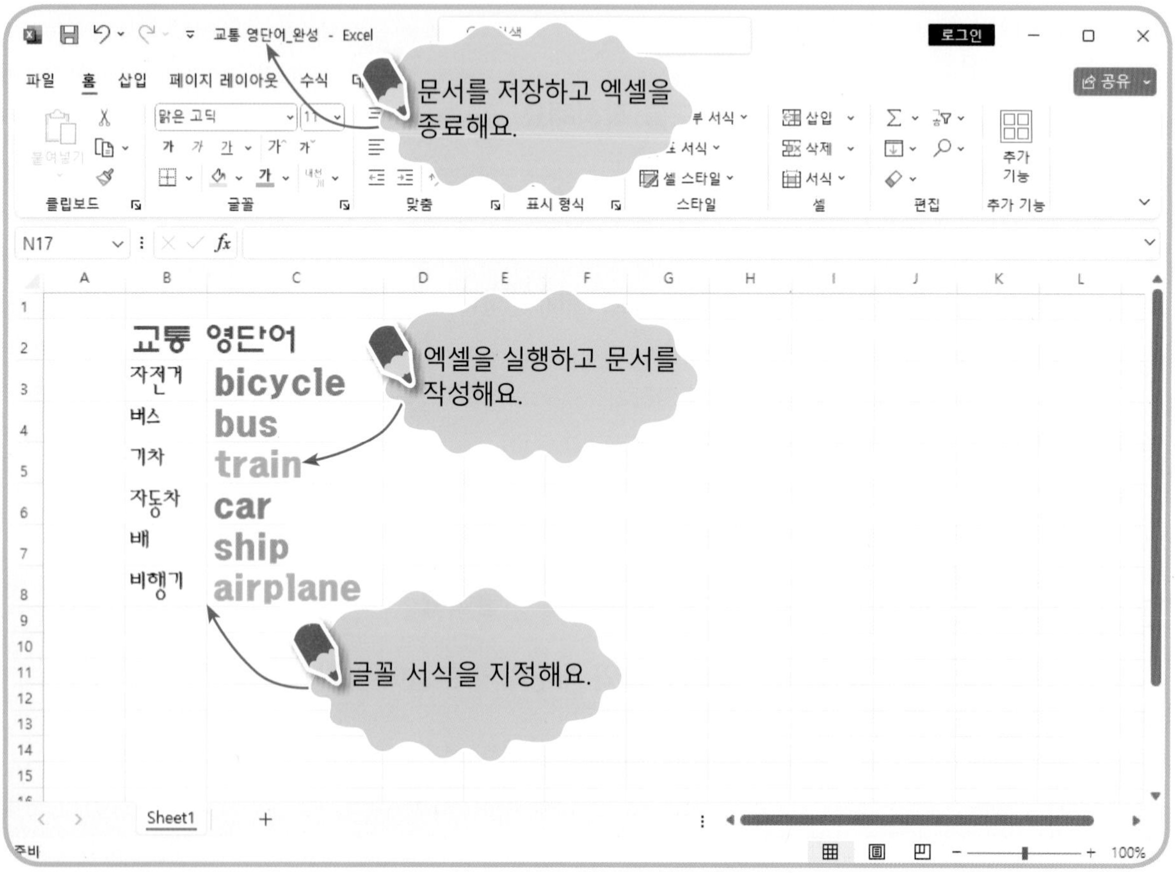

1 엑셀 실행하고 문서 작성하기

01 엑셀을 실행하기 위해 [시작(⊞)] 단추를 클릭한 후 앱 뷰에서 [Excel]을 클릭해요.

02 엑셀이 실행되면 [새 통합 문서]를 클릭해요.

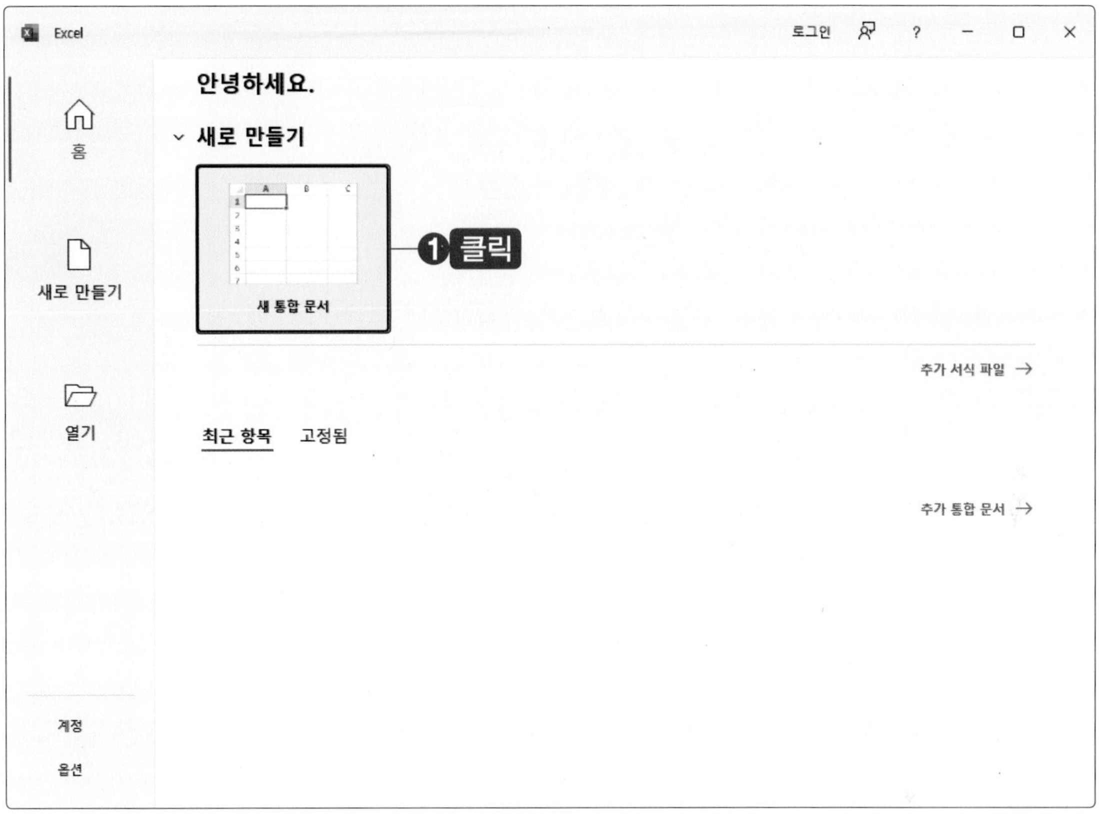

03 새 문서가 만들어지면 B2셀을 선택해요.

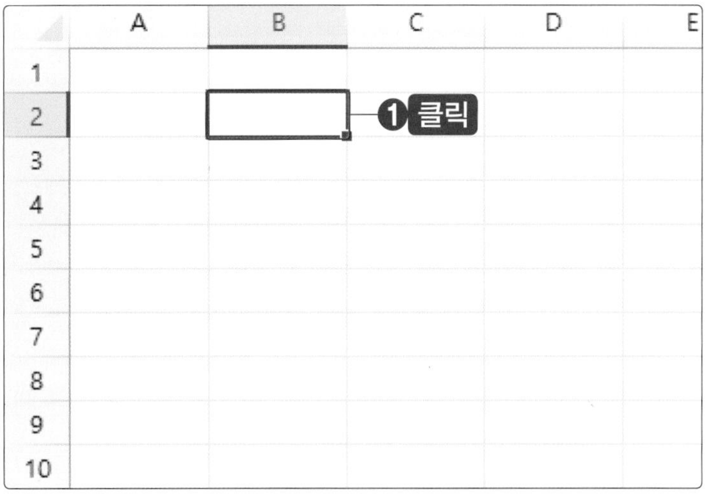

행(가로)과 열(세로)이 교차하면서 생긴 영역을 '셀'이라고 하는데요. 셀을 서로 구분하기 위해 'B2'와 같이 열을 나타내는 문자와 행을 나타내는 숫자를 조합하여 셀에 부여한 주소를 '셀 주소'라고 해요.

04 B2셀에 '교통 영단어'를 입력한 후 Enter키를 눌러요.

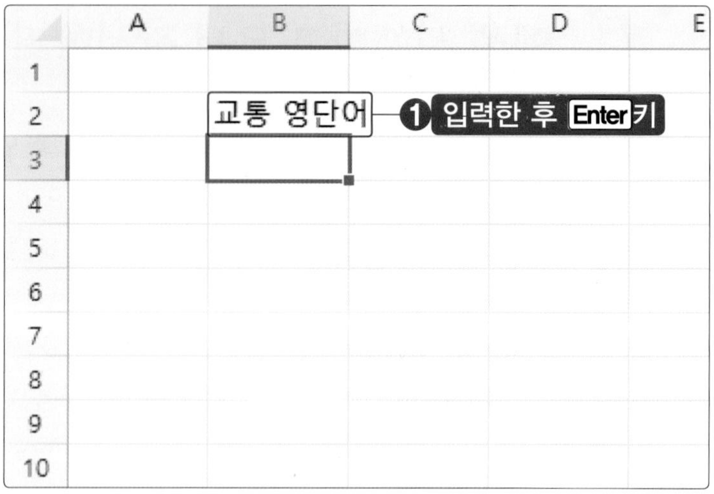

- 엑셀에서는 셀에 데이터(자료)를 입력하여 문서를 작성하는데요. 문서를 작성하는 곳을 '워크시트'라고 해요.
- 엑셀에는 한글, 영어, 한자, 기호 등의 문자 데이터와 숫자, 날짜, 시간 등의 수치 데이터가 있는데요. 데이터를 입력하면 기본적으로 문자 데이터는 셀의 왼쪽에 맞추어 입력되고, 수치 데이터는 셀의 오른쪽에 맞추어 입력돼요.
- 데이터의 길이가 열 너비(가로 길이)보다 긴 경우, 오른쪽 셀에 데이터가 있으면 잘려서 표시되고, 없으면 오른쪽 셀에 이어서 표시돼요.
- 셀을 더블클릭하거나 셀을 선택한 후 F2키를 누르면 데이터를 수정할 수 있어요.

05 같은 방법으로 다음과 같이 데이터를 입력해요.

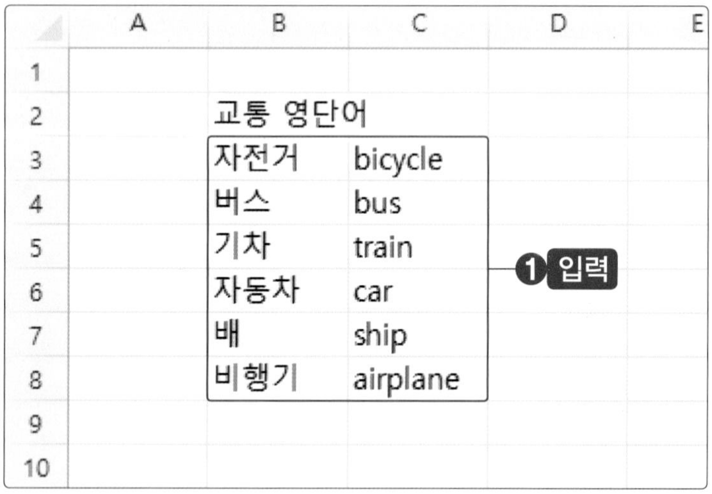

키보드로 셀 포인터 이동하기

셀 포인터는 선택한 셀을 나타내는 굵은 녹색 테두리를 말해요.

- ←키/→키/↑키/↓키 : 왼쪽/오른쪽/위쪽/아래쪽으로 한 셀씩 이동해요.
- Tab키 : 오른쪽으로 한 셀씩 이동해요.
- Shift키+Tab키 : 왼쪽으로 한 셀씩 이동해요.
- Enter키 : 아래쪽으로 한 셀씩 이동해요.
- Shift키+Enter키 : 위쪽으로 한 셀씩 이동해요.

2 글꼴 서식 지정하기

01 글꼴 서식을 지정하기 위해 B2셀을 선택한 후 〔홈〕 탭-〔글꼴〕 그룹에서 글꼴(휴먼엑스포), 글꼴 크기(20), 글꼴 색(청회색, 텍스트 2)을 선택해요.

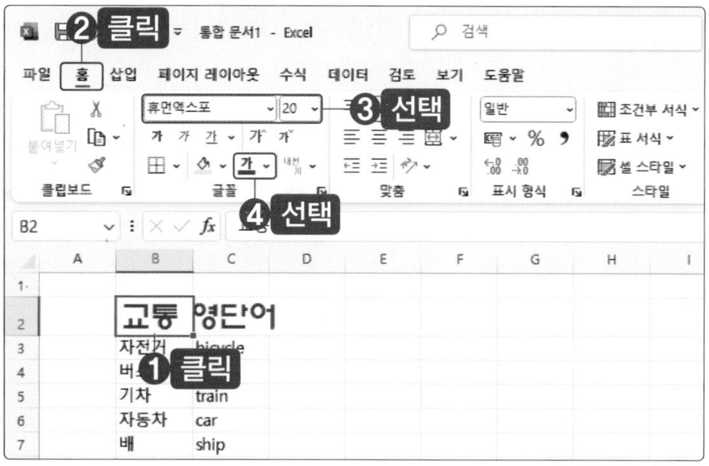

글꼴 서식은 텍스트 모양을 원하는 모양으로 변경할 수 있는 기능이에요.

02 같은 방법으로 다음과 같이 글꼴 서식을 지정해요.

- B3:B8셀 범위 : 글꼴(휴먼아미체), 글꼴 크기(20)
- C3셀, C6셀 : 글꼴(휴먼둥근헤드라인), 글꼴 크기(20), 글꼴 색(파랑, 강조 1)
- C4셀, C7셀 : 글꼴(휴먼둥근헤드라인), 글꼴 크기(20), 글꼴 색(주황, 강조 2)
- C5셀, C8셀 : 글꼴(휴먼둥근헤드라인), 글꼴 크기(20), 글꼴 색(녹색, 강조 6)

엑셀에서는 셀 범위를 표시할 때 'B3:B8'과 같이 콜론(:)을 사용하여 표시하는데요. B3:B8셀 범위는 B3셀부터 B8셀까지를 말하는 것이에요.

03 C열 너비를 변경하기 위해 C열 머리글과 D열 머리글의 경계선을 더블클릭해요.

열 머리글의 경계선을 더블클릭하면 열 너비가 데이터에 맞게 변경돼요.

04 C열 너비가 변경돼요.

3 문서 저장하고 엑셀 종료하기

01 문서를 저장하기 위해 〔파일〕 탭에서 〔다른 이름으로 저장〕을 클릭한 후 〔찾아보기〕를 클릭해요.

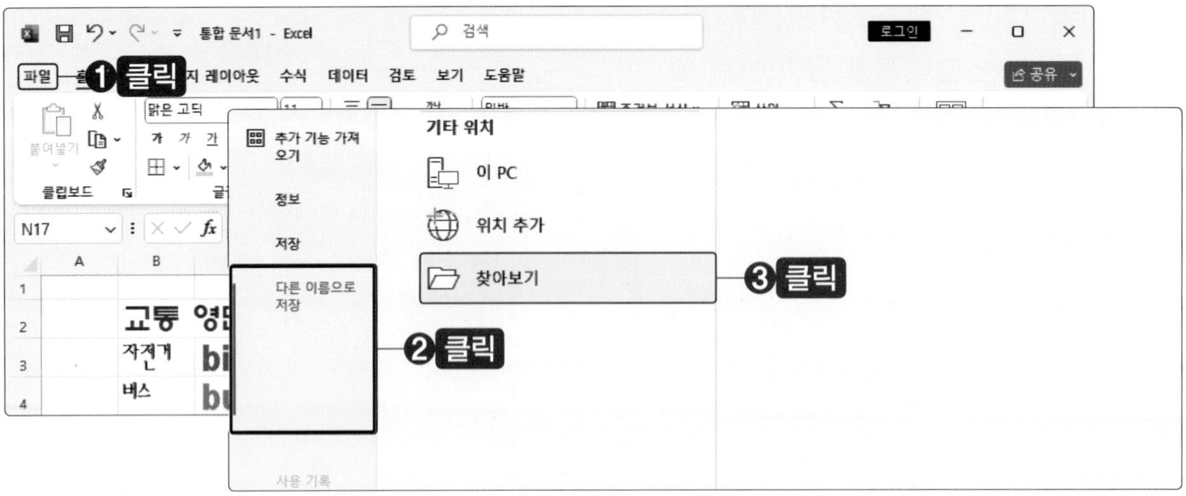

새 문서를 만든 후 문서를 작성한 경우에는 〔파일〕 탭에서 〔다른 이름으로 저장〕을 클릭하거나 Ctrl키+S키를 누르면 문서를 저장할 수 있어요.

02 〔다른 이름으로 저장〕 대화상자가 나타나면 위치(문서)를 선택한 후 파일 이름(교통 영단어_완성)을 입력한 다음 〔저장〕 단추를 클릭해요.

문서를 저장하면 확장자가 'xlsx'인 통합 문서(하나 이상의 워크시트나 차트 시트 등이 포함된 문서)로 저장돼요.

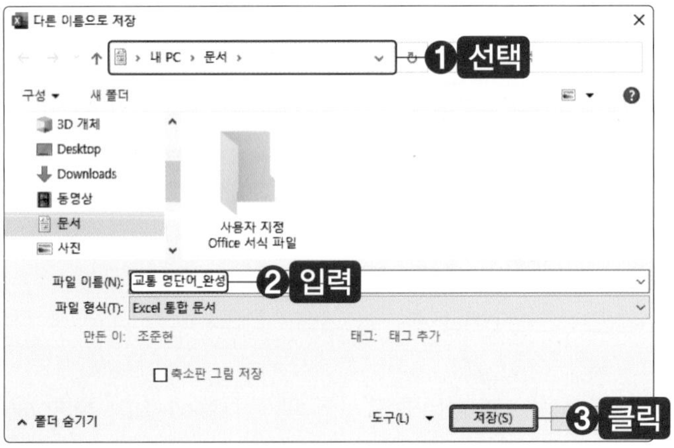

03 엑셀을 종료하기 위해 〔 × (닫기)〕를 클릭해요.

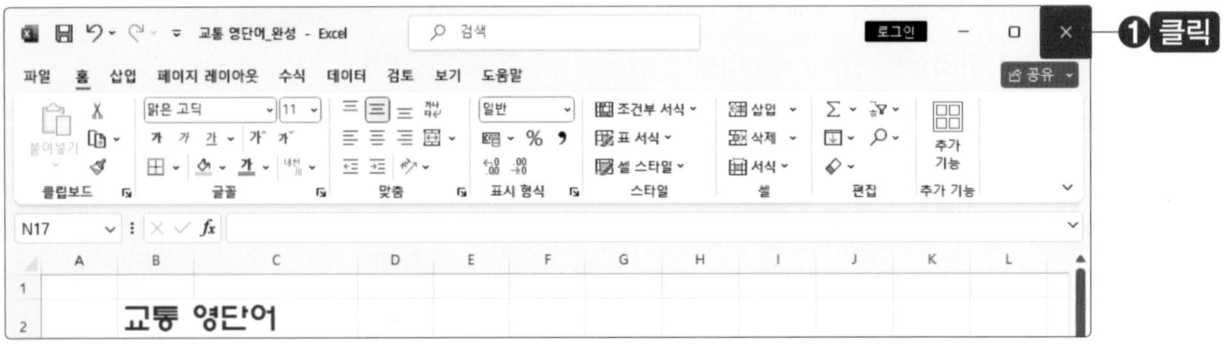

04 엑셀이 종료돼요.

오늘 수업의 미션!

1 다음과 같이 엑셀을 실행한 후 새 문서를 만든 다음 문서를 작성해 보세요.

- 예제 파일 : 없음 ■ 완성 파일 : 1차시\건물 영단어_완성.xlsx

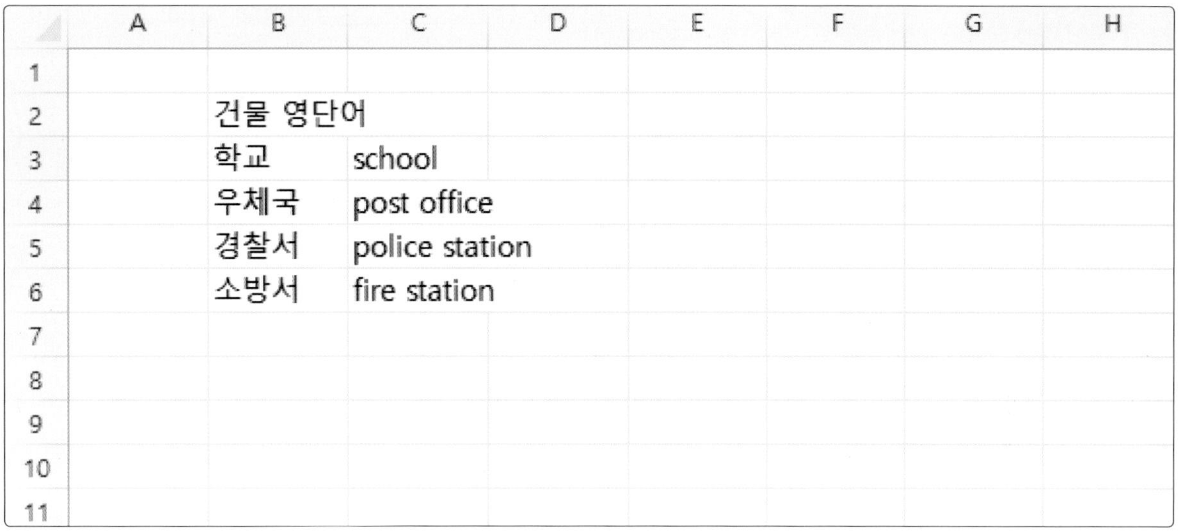

2 다음과 같이 글꼴 서식을 지정한 후 문서를 저장해 보세요.

- 글꼴 서식을 지정한 후 C열 너비를 데이터에 맞게 변경
  - B2셀 : 글꼴(휴먼엑스포), 글꼴 크기(22), 글꼴 색(자주)
  - B3:B6셀 범위 : 글꼴(휴먼편지체), 글꼴 크기(18)
  - C3셀 : 글꼴(휴먼엑스포), 글꼴 크기(20), 글꼴 색(연한 파랑)
  - C4셀 : 글꼴(휴먼엑스포), 글꼴 크기(20), 글꼴 색(연한 녹색)
  - C5셀 : 글꼴(휴먼엑스포), 글꼴 크기(20), 글꼴 색(파랑)
  - C6셀 : 글꼴(휴먼엑스포), 글꼴 크기(20), 글꼴 색(빨강)
- 문서 저장 : 위치(문서), 파일 이름(건물 영단어_완성)

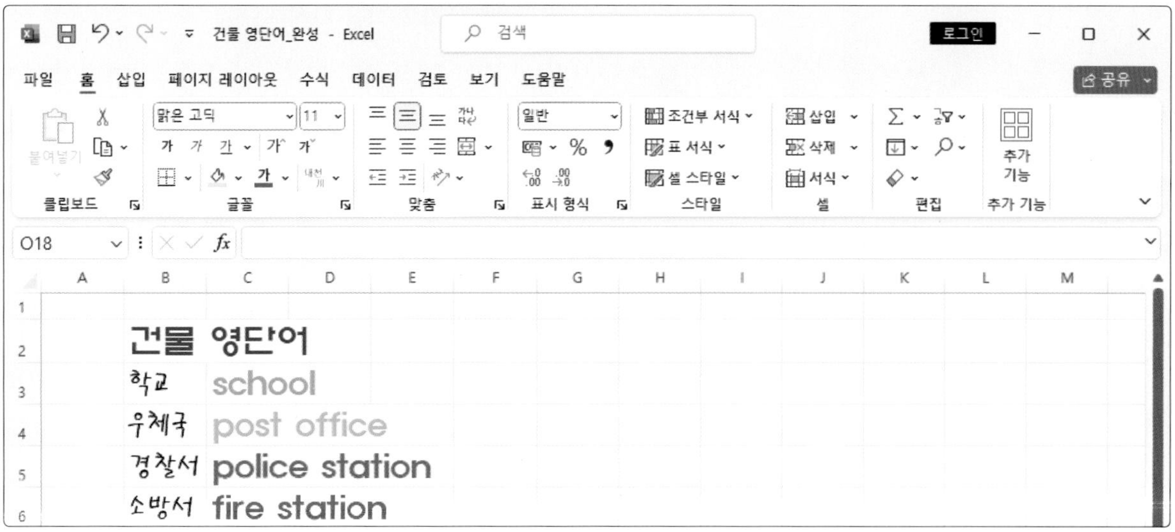

Lesson 02

배울 수 있어요!

- 행 높이와 열 너비를 변경할 수 있어요.
- 테두리 서식과 채우기 서식을 지정할 수 있어요.

집을 그려요

채우기 서식은 셀에 채우기 색을 넣을 수 있는 기능인데요. 채우기 서식을 지정하면 데이터를 강조할 수도 있고, 집이나 나비 등을 그릴 수도 있답니다. 그럼, 이번 시간에는 행 높이와 열 너비를 변경하는 방법과 테두리 서식과 채우기 서식을 지정하는 방법에 대해 알아볼게요.

예제 파일 : 없음 **완성 파일** : 2차시\집_완성.xlsx

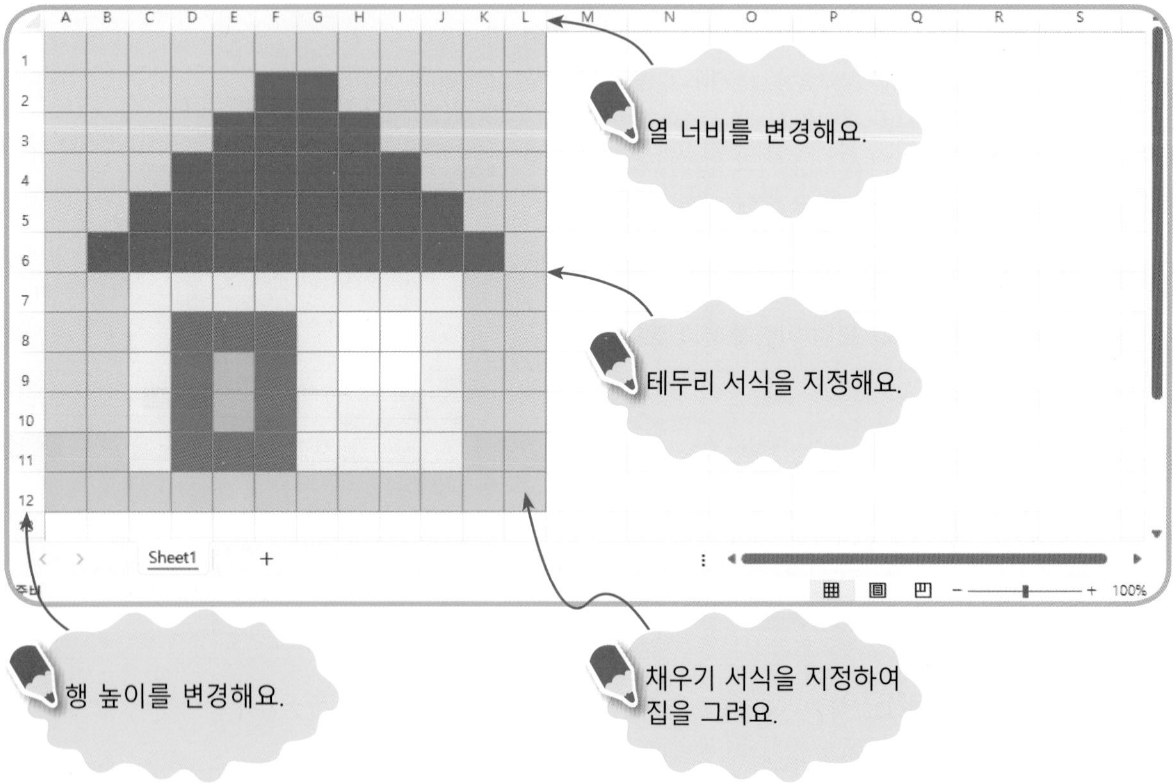

1 행 높이와 열 너비 변경하기

01 엑셀을 실행한 후 새 문서를 만들어요.

02 행 높이를 변경하기 위해 1:12행 머리글을 선택한 후 〔홈〕 탭-〔셀〕 그룹에서 〔서식〕을 클릭한 다음 〔행 높이〕를 클릭해요.

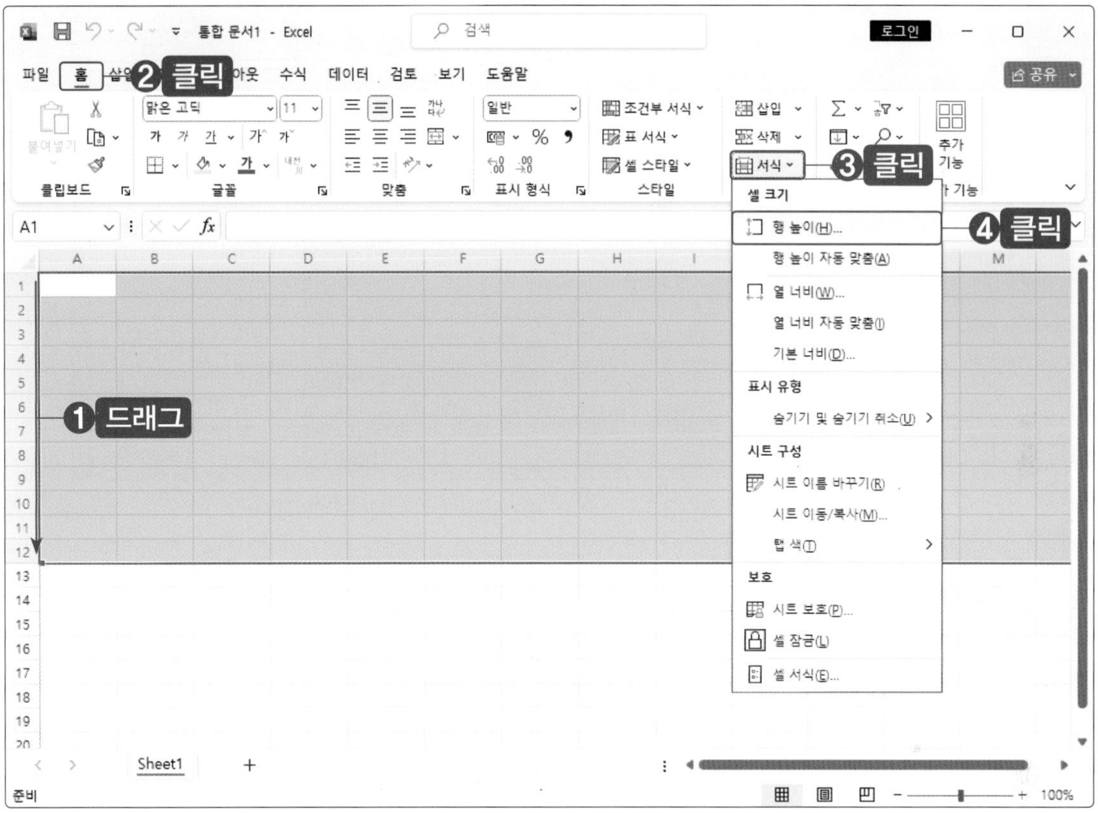

행/열 선택하기

- **하나의 행/열 선택** : 행/열 머리글을 클릭해요.
- **연속적인 행/열 선택** : 행/열 머리글을 드래그하거나 첫 번째 행/열 머리글을 선택한 후 Shift키를 누른 상태에서 마지막 행/열 머리글을 선택해요.
- **비연속적인 행/열 선택** : 행/열 머리글을 선택한 후 Ctrl키를 누른 상태에서 다른 행/열 머리글을 선택해요.

03 〔행 높이〕 대화상자가 나타나면 행 높이(26)를 입력한 후 〔확인〕 단추를 클릭해요.

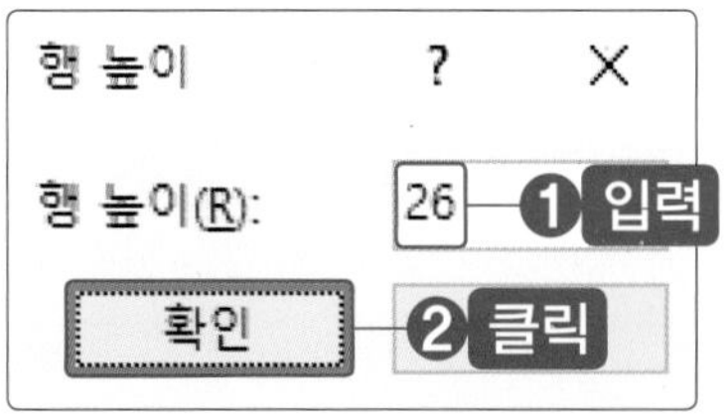

04 열 너비를 변경하기 위해 A:L열 머리글을 선택한 후 〔홈〕 탭-〔셀〕 그룹에서 〔서식〕을 클릭한 다음 〔열 너비〕를 클릭해요.

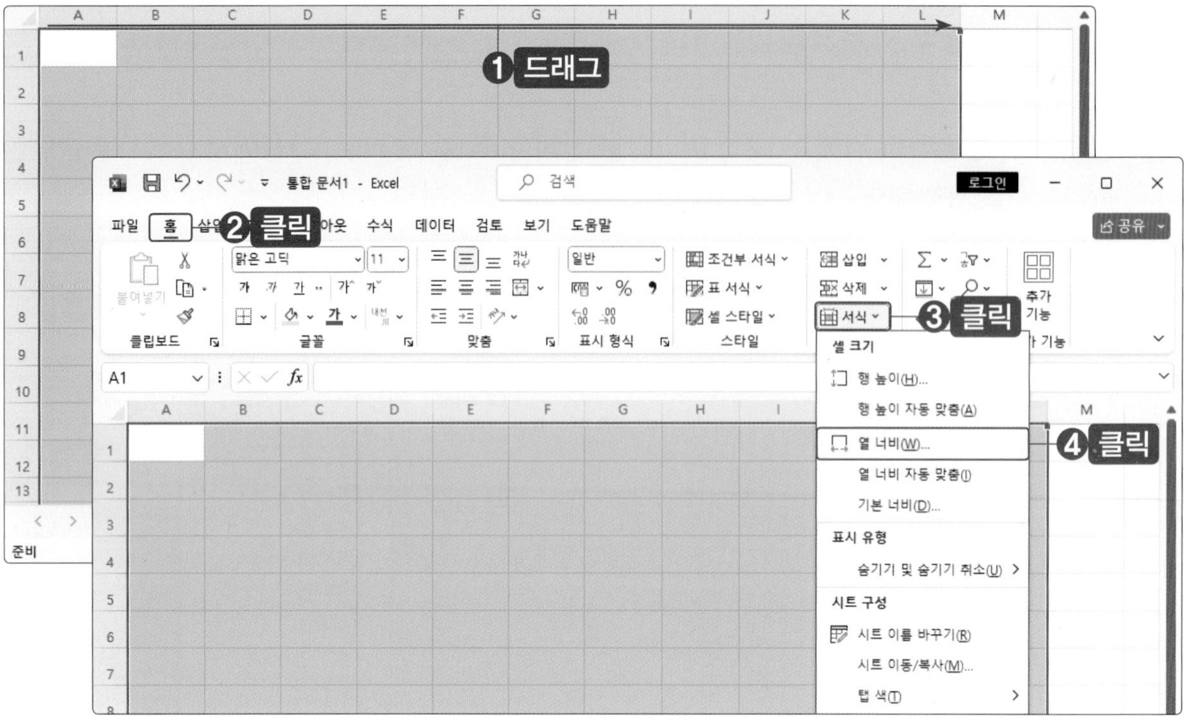

05 〔열 너비〕 대화상자가 나타나면 열 너비(4)를 입력한 후 〔확인〕 단추를 클릭해요.

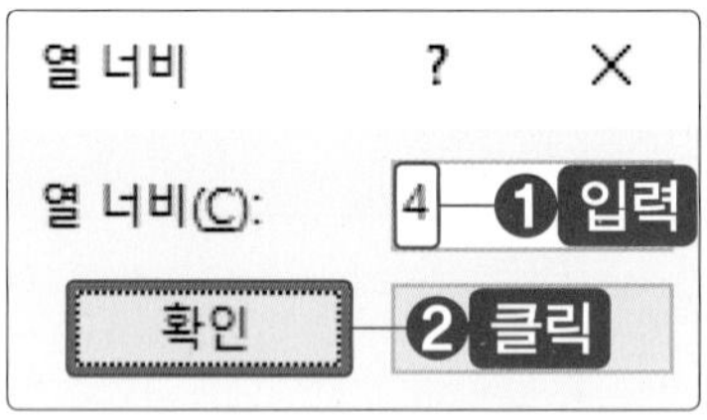

06 다음과 같이 열 너비가 변경돼요.

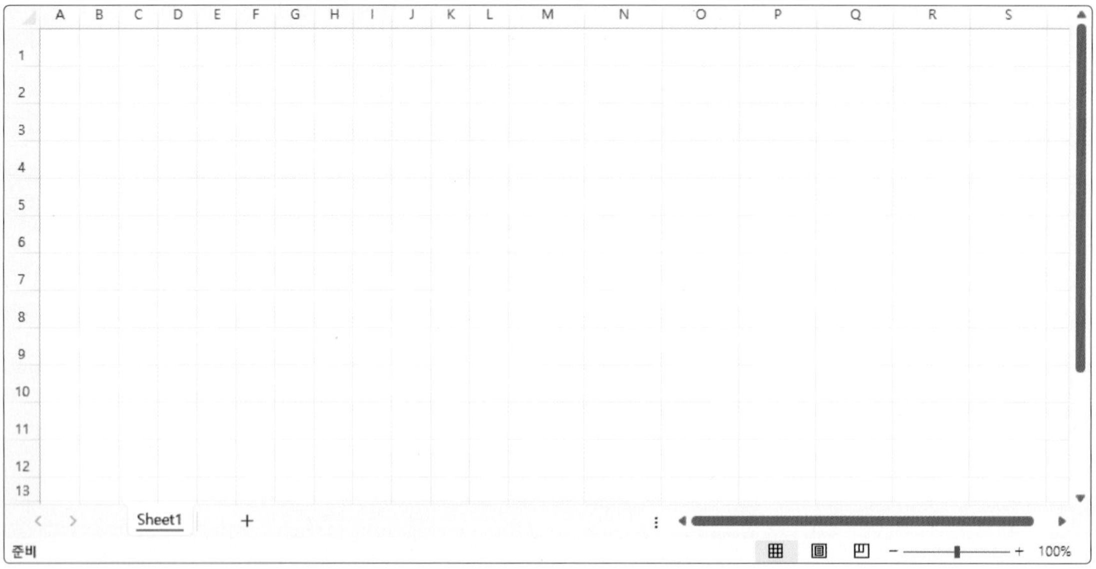

2 테두리 서식과 채우기 서식 지정하기

01 테두리 서식을 지정하기 위해 A1:L12셀 범위를 선택한 후 〔홈〕 탭-〔글꼴〕 그룹에서 〔글꼴 설정(↘)〕을 클릭해요.

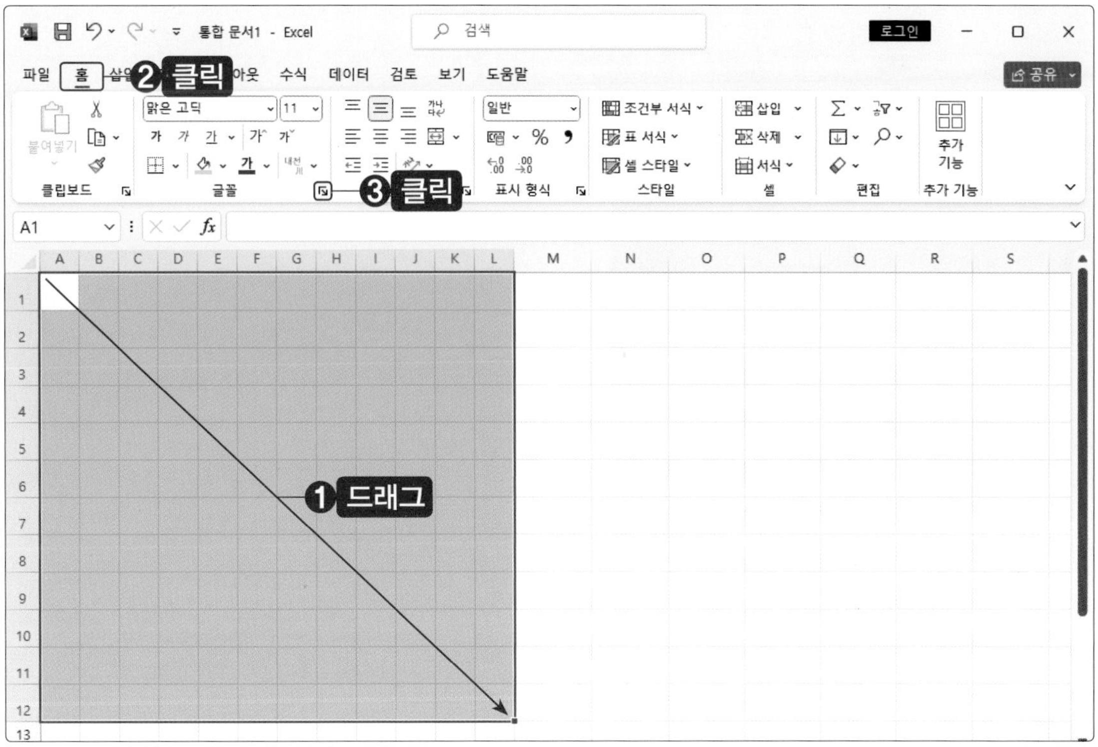

셀 선택하기

- **하나의 셀 선택** : 셀을 클릭해요.
- **연속적인 셀 선택** : 셀 범위를 드래그하거나 첫 번째 셀을 선택한 후 Shift키를 누른 상태에서 마지막 셀을 선택해요.
- **비연속적인 셀 선택** : 셀을 선택한 후 Ctrl키를 누른 상태에서 다른 셀을 선택해요.
- **모든 셀 선택** : 〔모두 선택( )〕 단추를 클릭하거나 Ctrl키+A키를 눌러요.

02 〔셀 서식〕 대화상자의 〔글꼴〕 탭이 나타나면 〔테두리〕 탭에서 선 색(흰색, 배경 1, 50% 더 어둡게)을 선택한 후 선 스타일(—)을 선택해요. 그런 다음 〔윤곽선〕을 클릭한 후 〔안쪽〕을 클릭한 다음 〔확인〕 단추를 클릭해요.

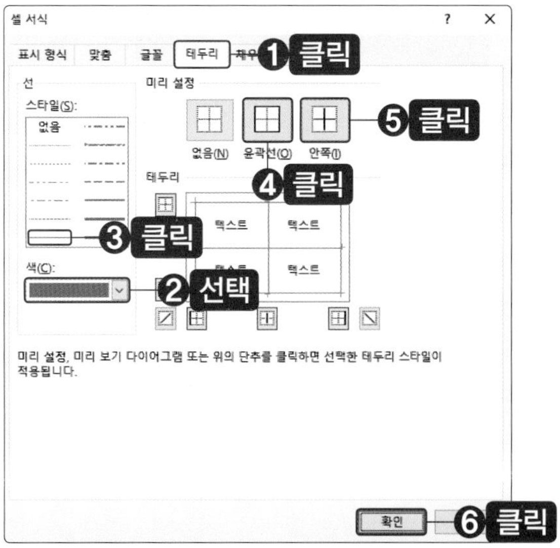

테두리 서식은 셀의 테두리에 선을 넣을 수 있는 기능이에요.

03 채우기 서식을 지정하기 위해 A1:L10셀 범위를 선택한 후 [홈] 탭-[글꼴] 그룹에서 채우기 색(파랑, 강조 1, 60% 더 밝게)을 선택해요.

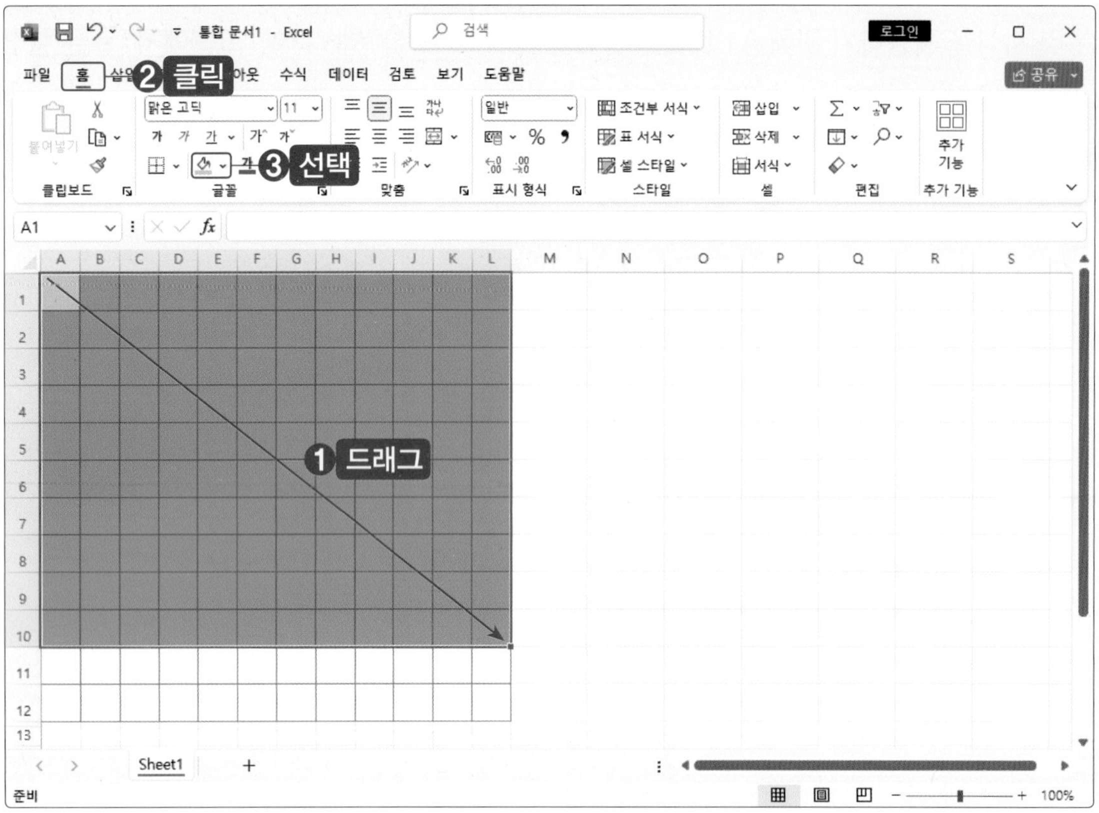

04 같은 방법으로 다음과 같이 지정하고 싶은 채우기 서식을 지정하여 집을 그려요.

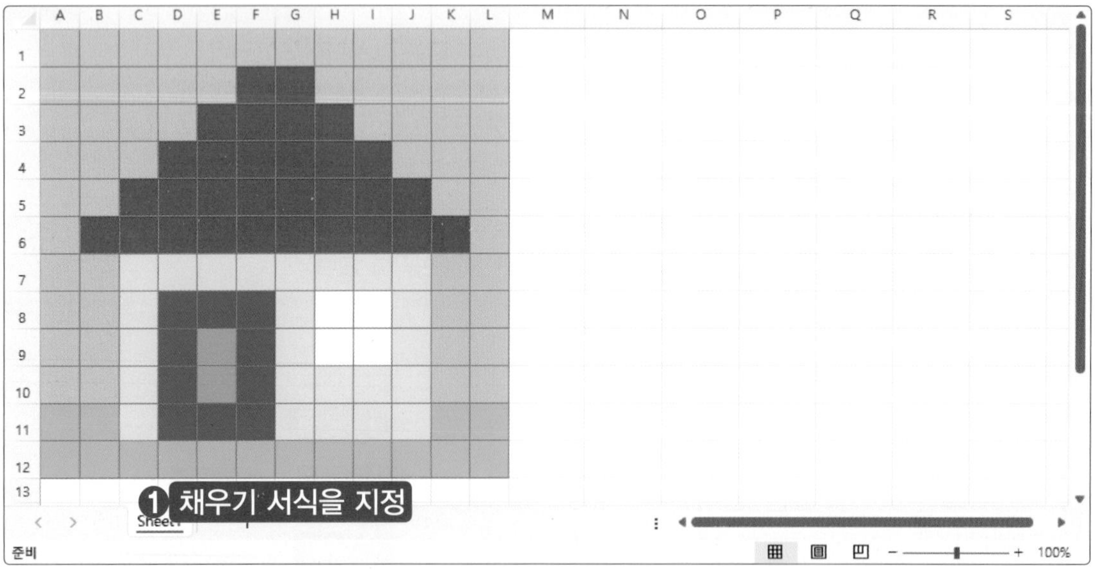

오늘 수업의 미션!

1 다음과 같이 새 문서를 만든 후 행 높이와 열 너비를 변경해 보세요.

- **예제 파일** : 없음 ▪ **완성 파일** : 2차시\나비_완성.xlsx
- **행 높이 변경** : 1:12행(22)
- **열 너비 변경** : A:K열(3)

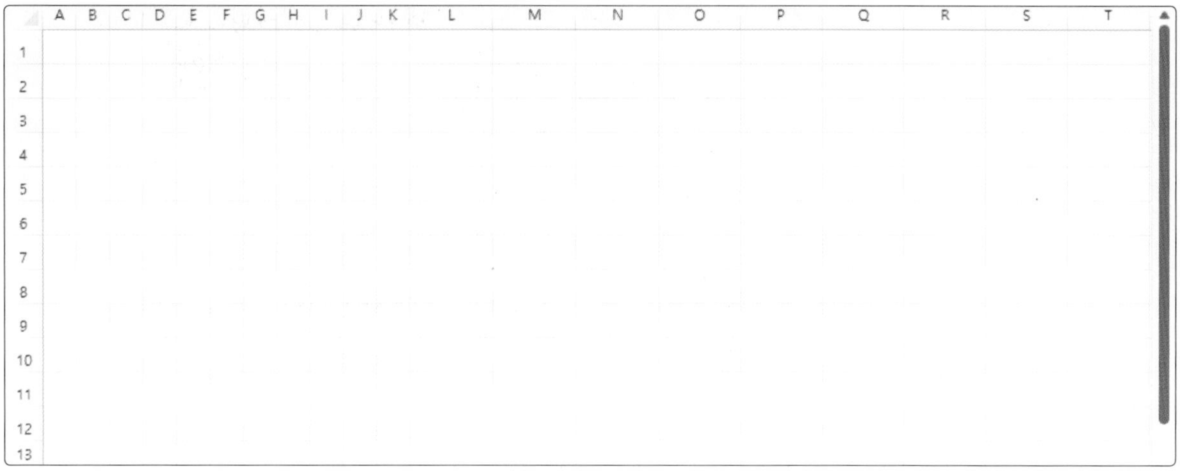

〔파일〕 탭에서 〔새로 만들기〕를 클릭한 후 〔새 통합 문서〕를 클릭하면 기존 문서를 그대로 둔 상태에서 새 문서를 만들 수 있고, Ctrl키+N키를 누르면 기존 문서를 그대로 둔 상태에서 새 문서를 바로 만들 수 있어요.

2 다음과 같이 테두리 서식을 지정한 후 채우기 서식을 지정하여 나비를 그려 보세요.

- 테두리 서식을 지정
  - **A1:K12셀 범위** : 선 색(흰색, 배경 1, 50% 더 어둡게), 선 스타일(······), 〔윤곽선〕, 〔안쪽〕
- 지정하고 싶은 채우기 서식을 지정하여 나비를 그림

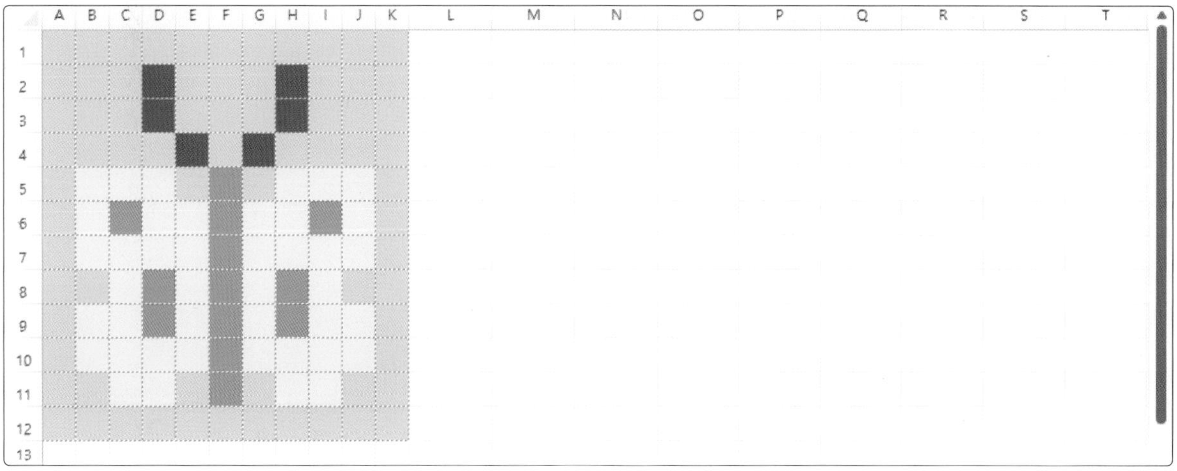

Lesson 03

사계절 한자를 작성해요

배울 수 있어요!

- 문서를 열고 기호를 입력할 수 있어요.
- 한자를 입력하고 다른 이름으로 문서를 저장할 수 있어요.

엑셀에서는 기호와 한자를 입력할 수 있는데요. 키보드로 입력할 수 없는 ■, ○, ▲과 같은 기호는 기호 기능을 사용하여 입력하고, 한자는 한글을 입력한 후 한글/한자 변환 기능을 사용하여 입력한답니다. 그럼, 이번 시간에는 문서를 열고 기호를 입력하는 방법과 한자를 입력하고 다른 이름으로 문서를 저장하는 방법에 대해 알아볼게요.

예제 파일 : 3차시\사계절 한자.xlsx **완성 파일** : 3차시\사계절 한자_완성.xlsx

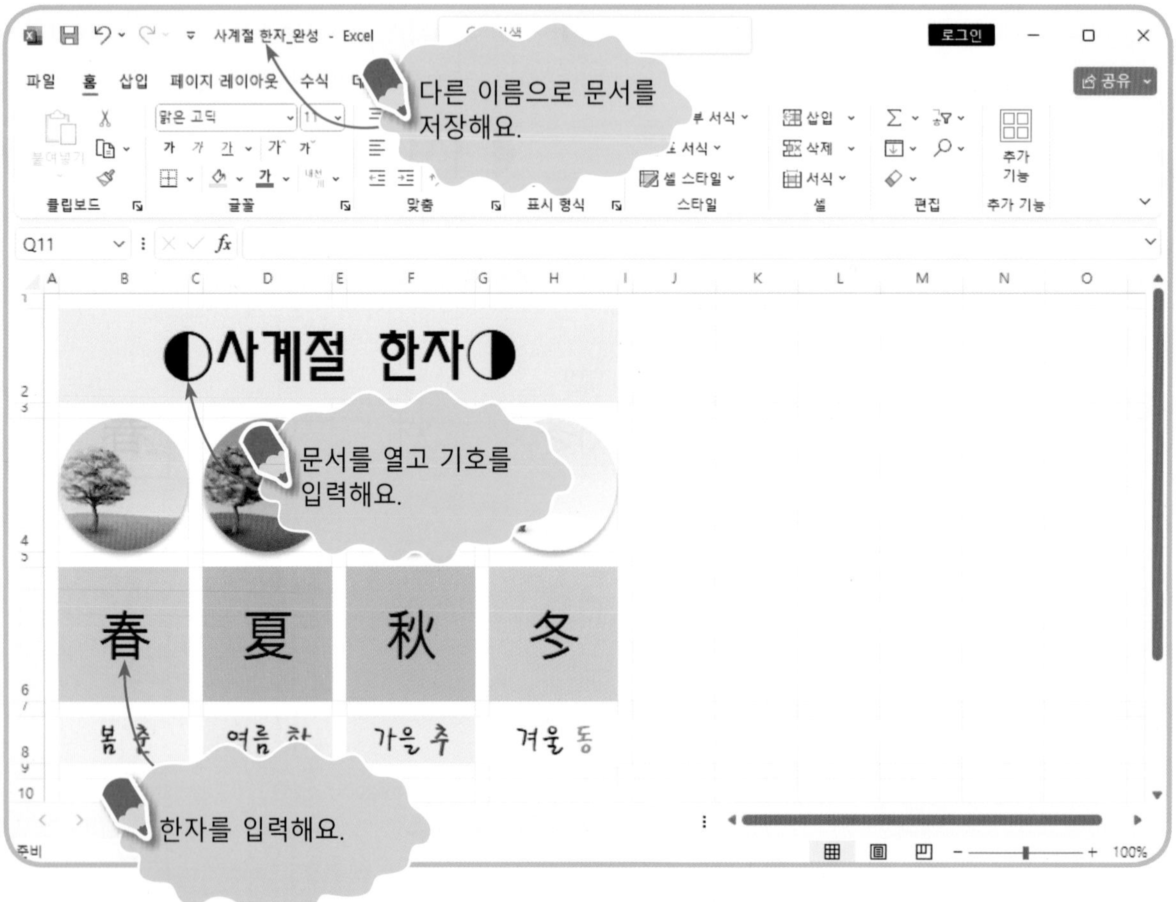

1 문서 열고 기호 입력하기

01 엑셀을 실행한 후 문서를 열기 위해 〔열기〕를 클릭한 다음 〔찾아보기〕를 클릭해요.

여기서는 엑셀을 실행한 후 문서를 바로 여는 경우인데요. 다른 문서가 열려 있는 경우에는 〔파일〕 탭에서 〔열기〕를 클릭하거나 Ctrl키+O키를 누르면 문서를 열 수 있어요.

02 〔열기〕 대화상자가 나타나면 위치(C:\깨비뚝딱\엑셀2021\3차시)를 선택한 후 파일(사계절 한자)을 선택한 다음 〔열기〕 단추를 클릭해요.

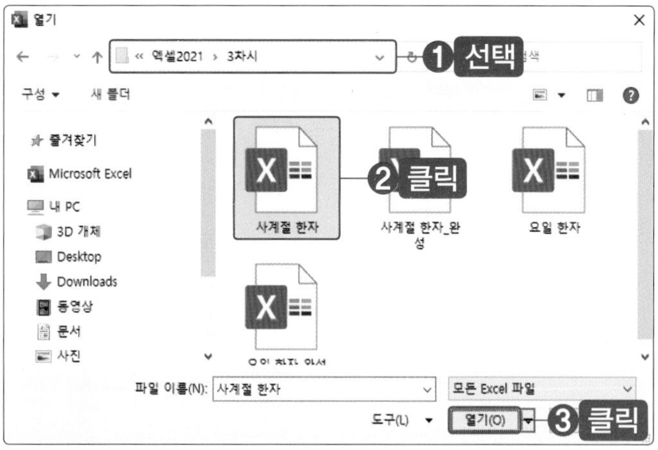

03 기호를 입력하기 위해 B2셀을 더블클릭한 후 '사계절' 앞에 커서를 둔 다음 〔삽입〕 탭-〔기호〕 그룹에서 〔기호〕를 클릭해요.

04 〔기호〕 대화상자가 나타나면 〔기호〕 탭에서 글꼴(휴먼모음T)과 하위 집합(도형 기호)을 선택한 후 기호(◐)를 선택한 다음 〔삽입〕 단추를 클릭해요. 그런 다음 '◐' 기호가 삽입되면 〔닫기〕 단추를 클릭해요.

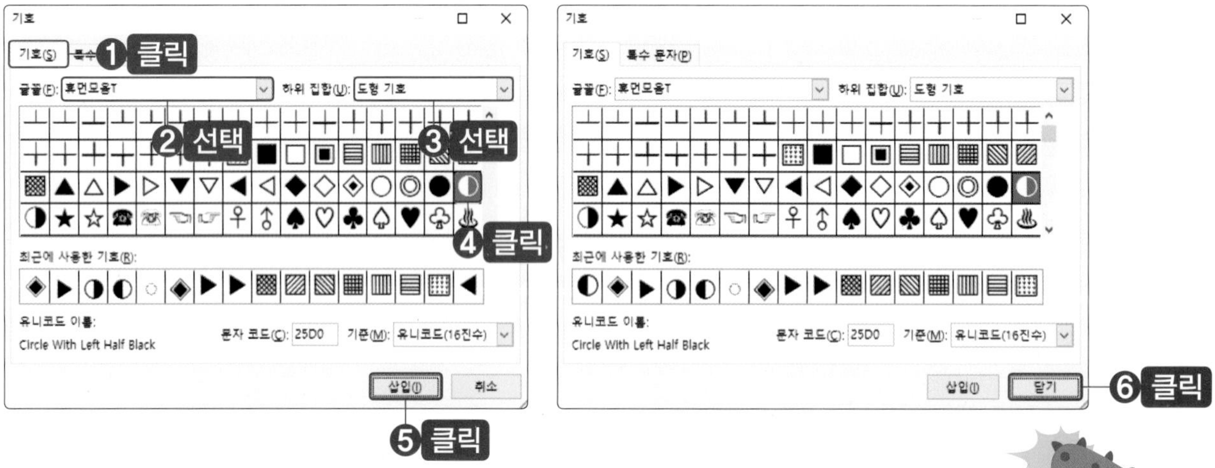

〔삽입〕 단추를 클릭하면 〔취소〕 단추가 〔닫기〕 단추로 변경돼요.

05 같은 방법으로 다음과 같이 기호를 입력해요.

- 기호 입력 : ◑

2 한자 입력하고 다른 이름으로 문서 저장하기

01 한자를 입력하기 위해 B6셀을 더블클릭한 후 '춘'을 드래그하여 선택한 다음 〔검토〕 탭-〔언어〕 그룹에서 〔한글/한자 변환〕을 클릭해요.

B6셀을 더블클릭한 후 '춘'을 드래그하여 선택한 다음 한자키를 눌러 한자를 입력할 수도 있어요.

02 〔한글/한자 변환〕 대화상자가 나타나면 한자(春)와 입력 형태(漢字)를 선택한 후 〔변환〕 단추를 클릭해요.

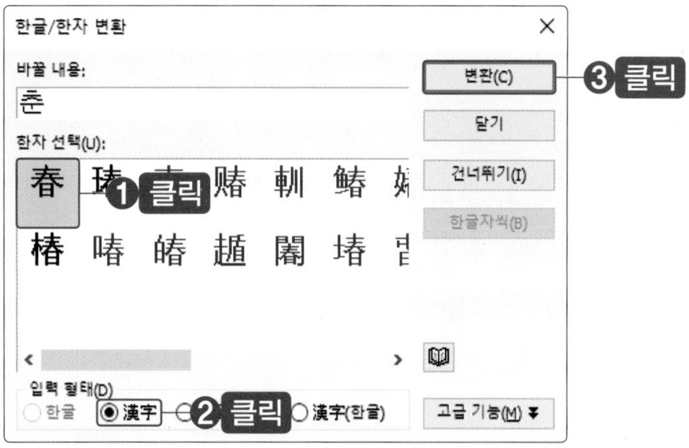

입력 형태

- 한글 : 春 → 춘
- 漢字 : 춘 → 春
- 한글(漢字) : 춘 → 춘(春)
- 漢字(한글) : 춘 → 春(춘)

03 같은 방법으로 다음과 같이 한자를 입력해요.

- 한자 입력 : 하 → 夏, 추 → 秋, 동 → 冬

04 다른 이름으로 문서를 저장하기 위해 〔파일〕 탭에서 〔다른 이름으로 저장〕을 클릭한 후 〔찾아보기〕를 클릭해요.

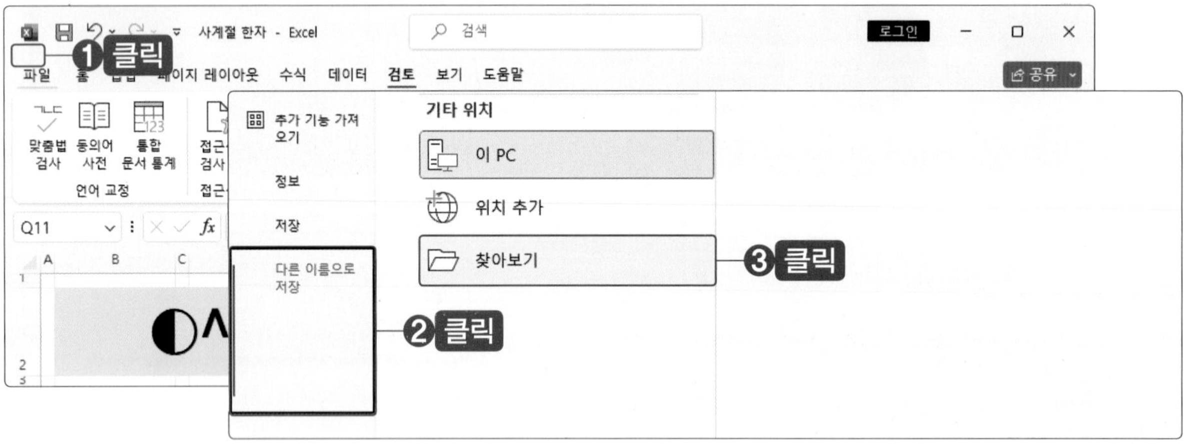

문서를 연 후 데이터를 수정한 다음 〔파일〕 탭에서 〔저장〕을 클릭하면 기존 파일 이름으로 문서가 저장돼요. 기존 문서가 데이터를 수정한 문서로 변경되는 것인데요, 기존 문서를 그대로 두고 데이터를 수정한 문서를 하나 더 만들려면 〔파일〕 탭에서 〔다른 이름으로 저장〕을 클릭하여 다른 파일 이름으로 문서를 저장해야 해요.

05 〔다른 이름으로 저장〕 대화상자가 나타나면 위치(문서)를 선택한 후 파일 이름(사계절 한자_완성)을 입력한 다음 〔저장〕 단추를 클릭해요.

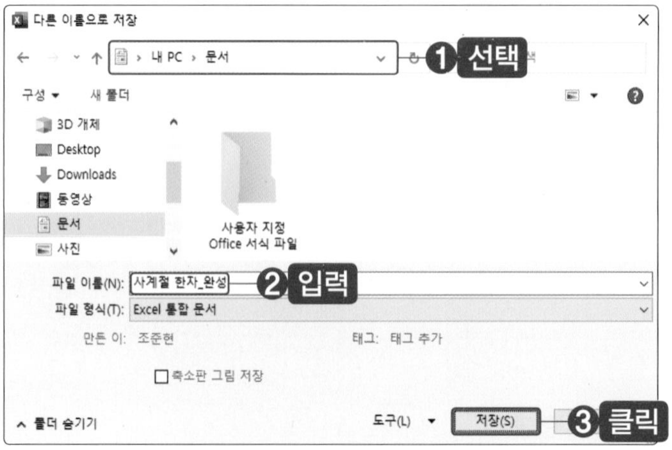

06 다른 이름으로 문서가 저장돼요.

오늘 수업의 미션!

❶ 다음과 같이 '요일 한자.xlsx' 파일을 연 후 기호를 입력해 보세요.

- 예제 파일 : 3차시\요일 한자.xlsx　　- 완성 파일 : 3차시\요일 한자_완성.xlsx
- 기호 입력 : ▶

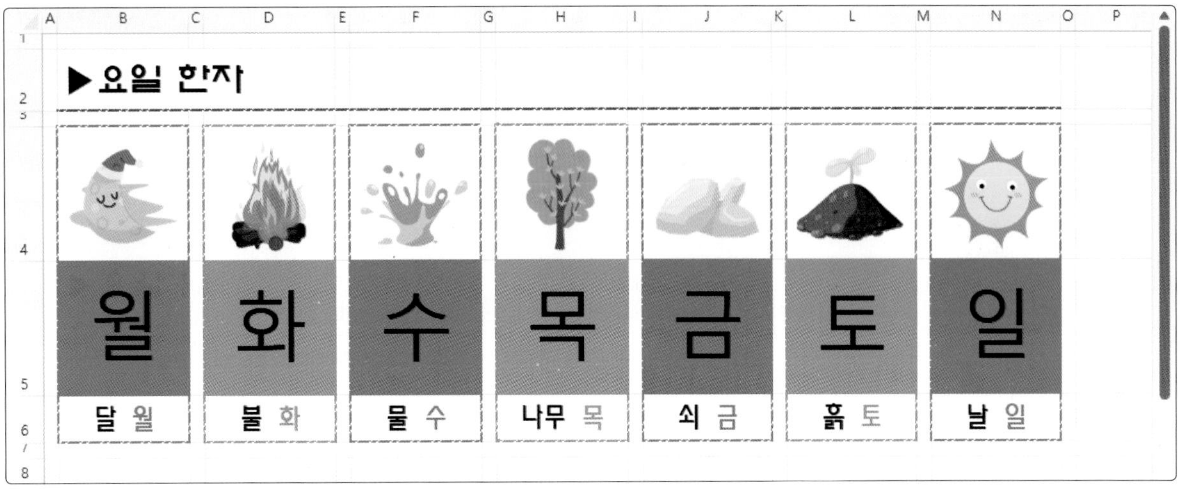

❷ 다음과 같이 한자를 입력한 후 다른 이름으로 문서를 저장해 보세요.

- 한자 입력 : 월 → 月, 화 → 火, 수 → 水, 목 → 木, 금 → 金, 토 → 土, 일 → 日
- 다른 이름으로 문서 저장 : 위치(문서), 파일 이름(요일 한자_완성)

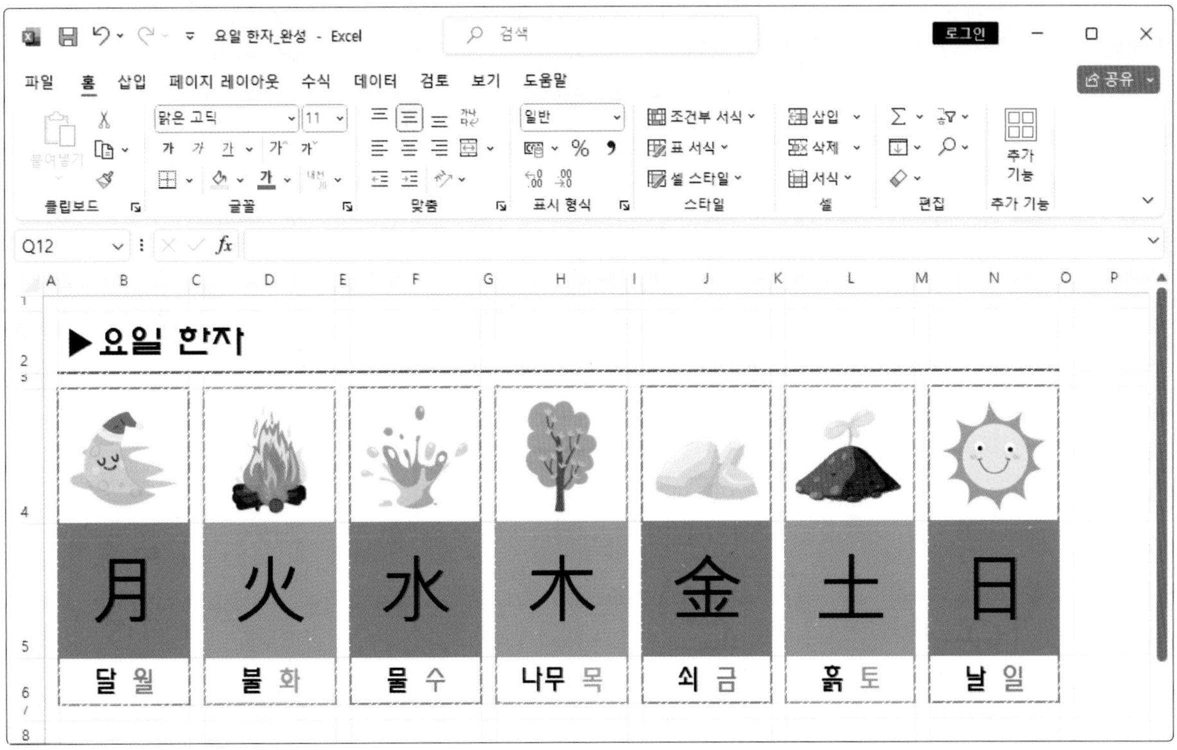

Lesson 04

배울 수 있어요!

- 자기 소개글을 입력하고 글꼴 서식과 맞춤 서식을 지정할 수 있어요.
- 내 캐릭터와 그림을 삽입할 수 있어요.

자기 소개글을 작성해요.

엑셀에서는 그림을 삽입할 수 있는데요. 그림을 삽입하면 문서를 돋보이게 작성할 수 있답니다. 그럼, 이번 시간에는 자기 소개글을 입력하고 글꼴 서식과 맞춤 서식을 지정하는 방법과 내 캐릭터와 그림을 삽입하는 방법에 대해 알아볼게요.

예제 파일 : 4차시\자기 소개.xlsx, '4차시' 폴더에 있는 그림 **완성 파일** : 4차시\자기 소개_완성.xlsx

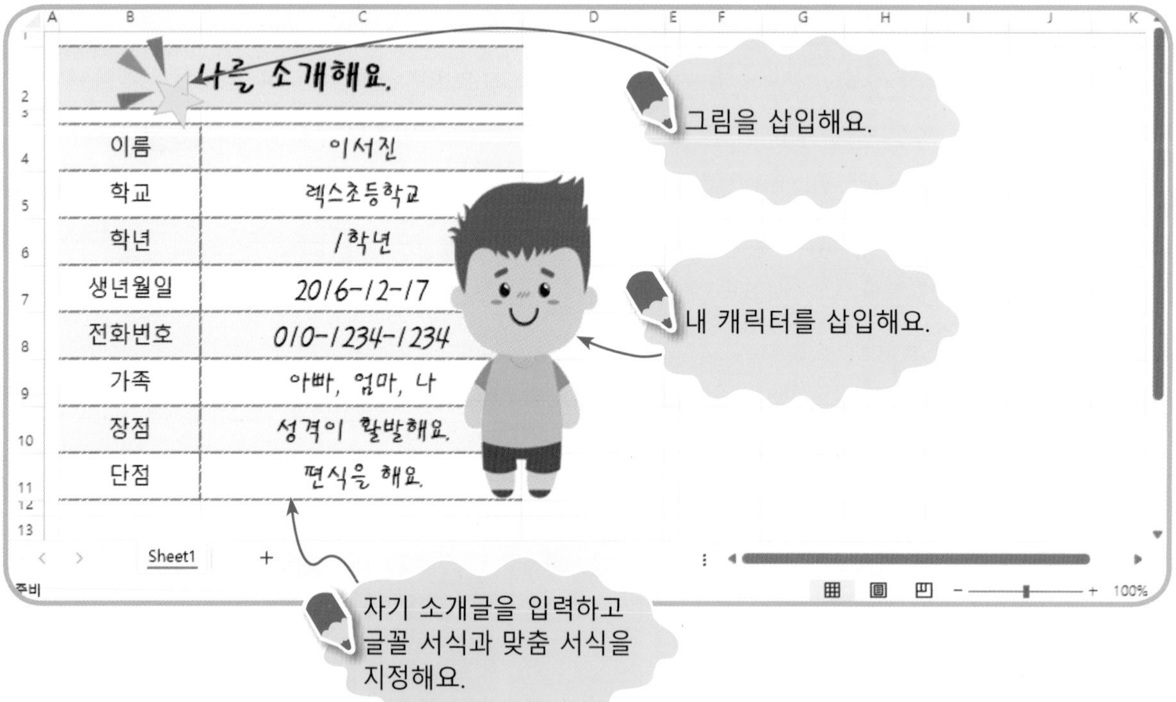

1 자기 소개글 입력하고 글꼴 서식과 맞춤 서식 지정하기

01 다음과 같이 '자기 소개.xlsx' 파일을 연 후 자기 소개글을 입력해요.

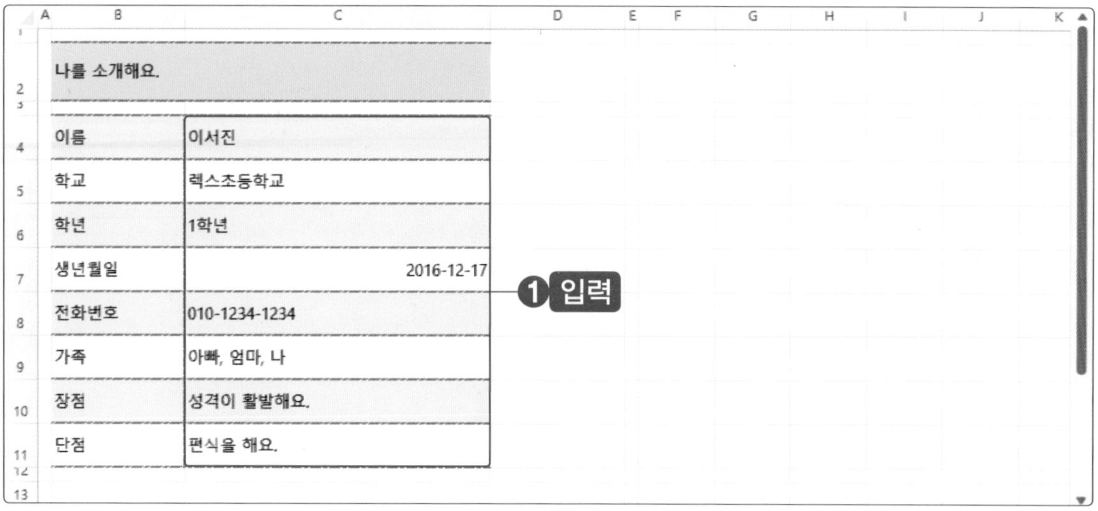

엑셀에서 날짜는 연도, 월, 일을 '2016–12–17'과 같이 하이픈(–)이나 '2016/12/17'과 같이 슬래시(/)로 구분하여 입력하고, 시간은 시, 분, 초를 '6:40:29'와 같이 콜론(:)으로 구분하여 입력해요.

02 글꼴 서식을 지정하기 위해 B2셀을 선택한 후 [홈] 탭-[글꼴] 그룹에서 글꼴(휴먼편지체)과 글꼴 크기(24)를 선택한 다음 [굵게(**가**)]를 클릭해요.

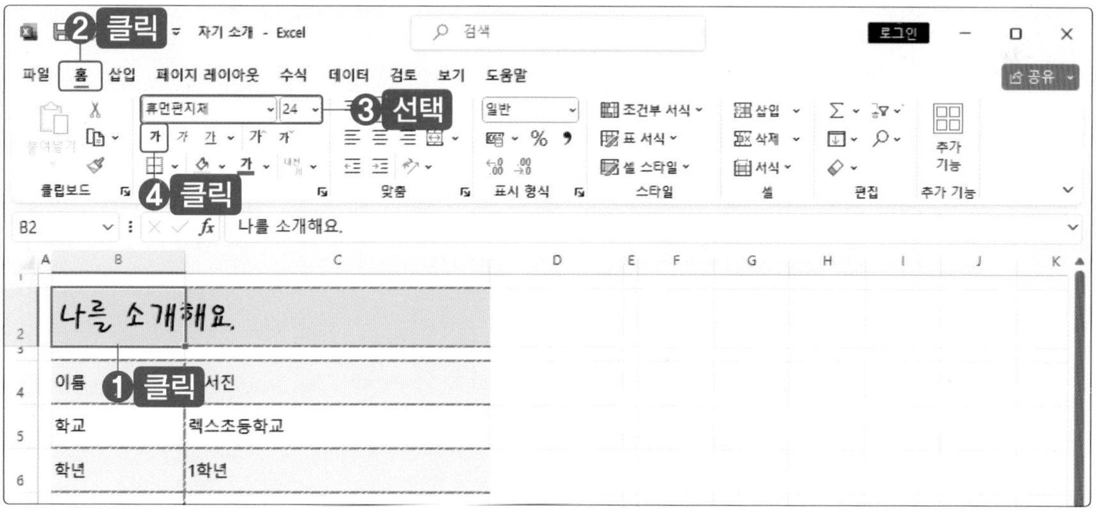

[굵게(**가**)]는 텍스트를 진하게 표시하고, [기울임꼴(*가*)]은 텍스트를 오른쪽으로 기울여서 표시해요. 그리고 [밑줄(가)]은 텍스트 아래에 밑줄이나 이중 밑줄을 표시해요.

03 B4:B11셀 범위를 선택한 후 [홈] 탭-[글꼴] 그룹에서 글꼴 크기(14)를 선택해요.

04 C4:C11셀 범위를 선택한 후 [홈] 탭-[글꼴] 그룹에서 글꼴(휴먼편지체)과 글꼴 크기(18)를 선택해요.

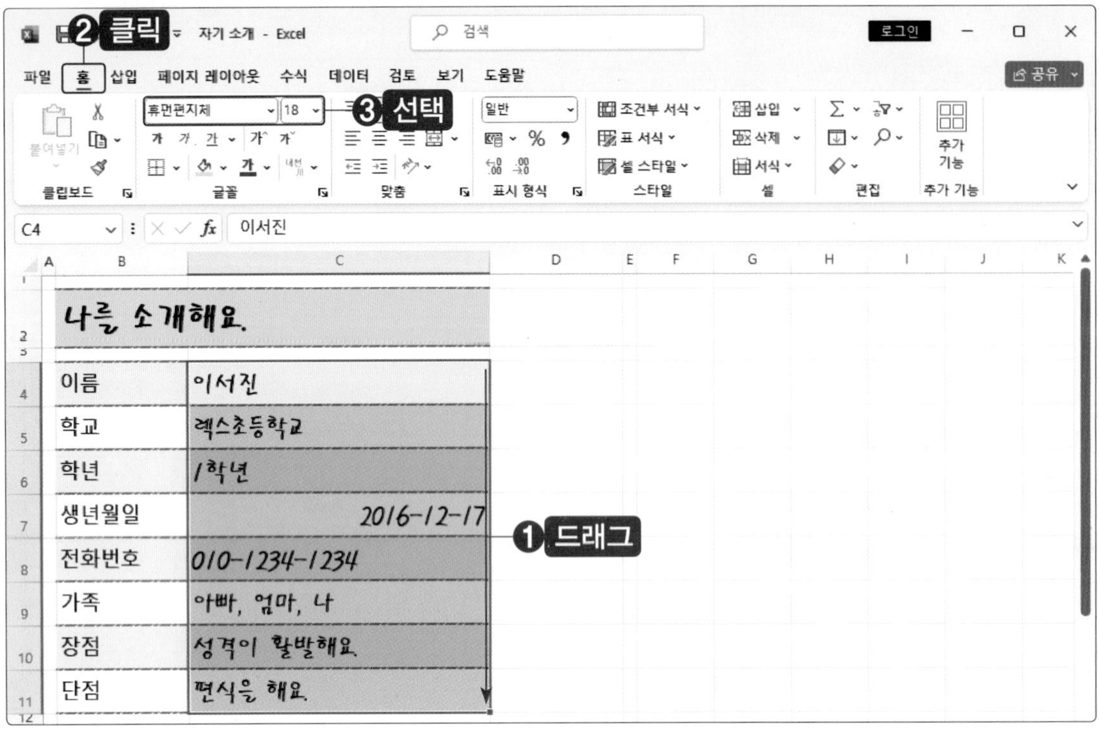

05 맞춤 서식을 지정하기 위해 B2:C2셀 범위를 선택한 후 [홈] 탭-[맞춤] 그룹에서 [병합하고 가운데 맞춤(⊟)]을 클릭해요.

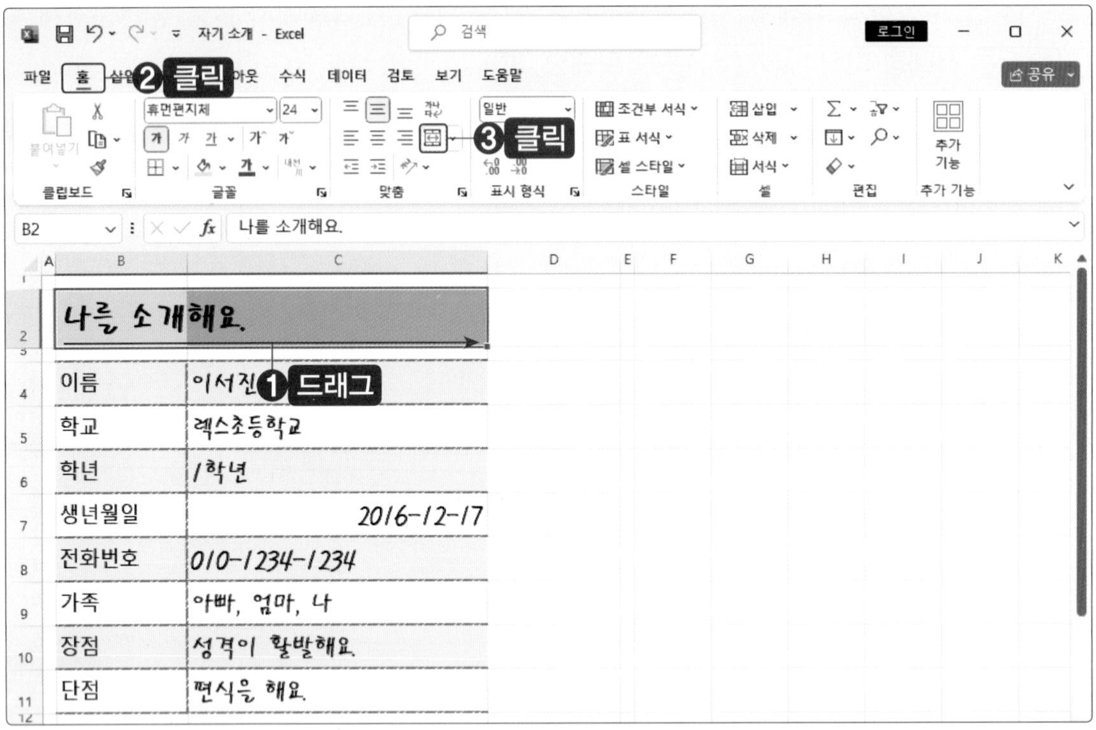

- 맞춤 서식은 텍스트를 셀의 원하는 위치에 맞추어 표시할 수 있는 기능이에요.
- 병합은 선택한 셀들을 합쳐서 하나의 셀로 만드는 것을 말하는데요. [병합하고 가운데 맞춤(⊟)]은 선택한 셀들을 병합한 후 가로 방향으로 병합된 셀의 가운데에 맞추어 텍스트를 표시해요.

06 B4:C11셀 범위를 선택한 후 [홈] 탭-[맞춤] 그룹에서 [가운데 맞춤(☰)]을 클릭해요.

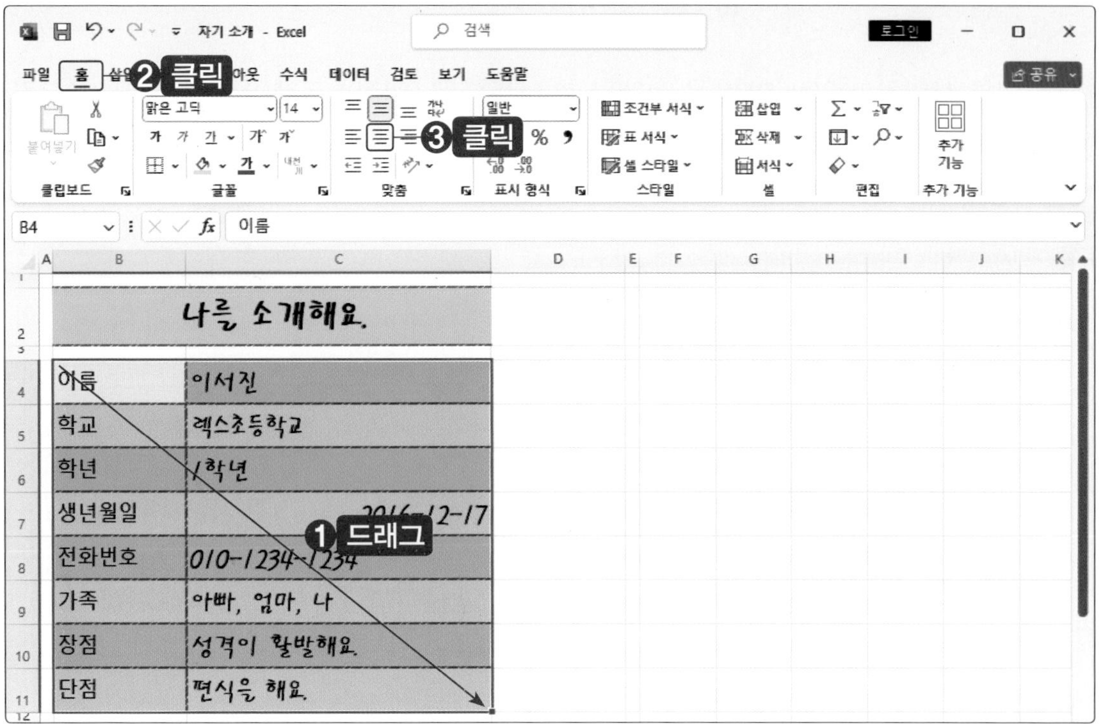

[왼쪽 맞춤(☰)]은 셀의 왼쪽에 맞추어 텍스트를 표시하고, [가운데 맞춤(☰)]은 가로 방향으로 셀의 가운데에 맞추어 텍스트를 표시해요. 그리고 [오른쪽 맞춤(☰)]은 셀의 오른쪽에 맞추어 텍스트를 표시해요.

07 다음과 같이 맞춤 서식이 지정돼요.

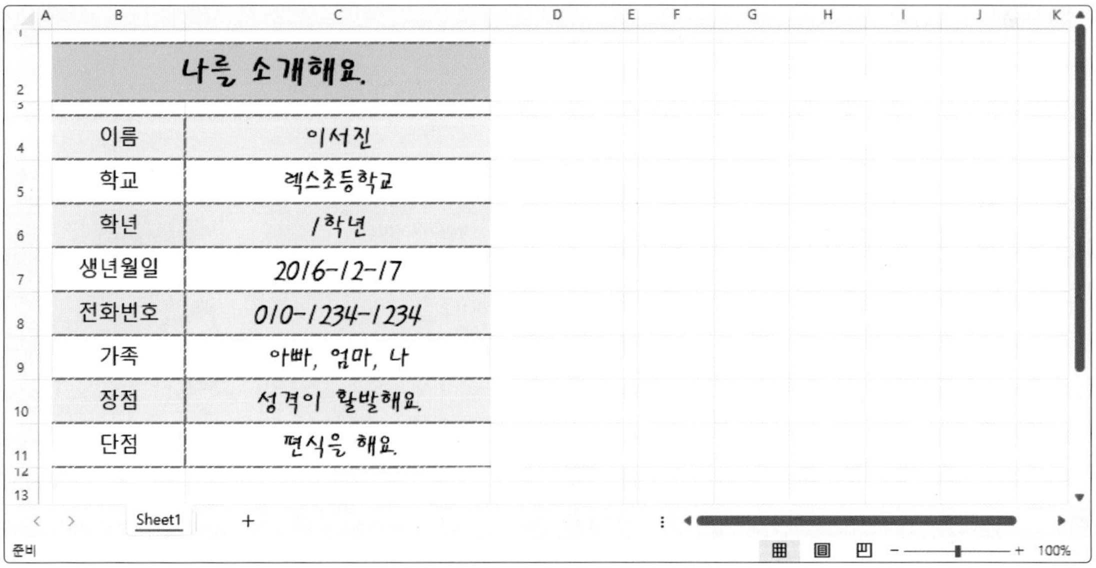

2 내 캐릭터와 그림 삽입하기

01 내 캐릭터를 삽입하기 위해 D5셀을 선택한 후 〔삽입〕 탭-〔일러스트레이션〕 그룹에서 〔그림〕을 클릭한 다음 〔이 디바이스〕를 클릭해요.

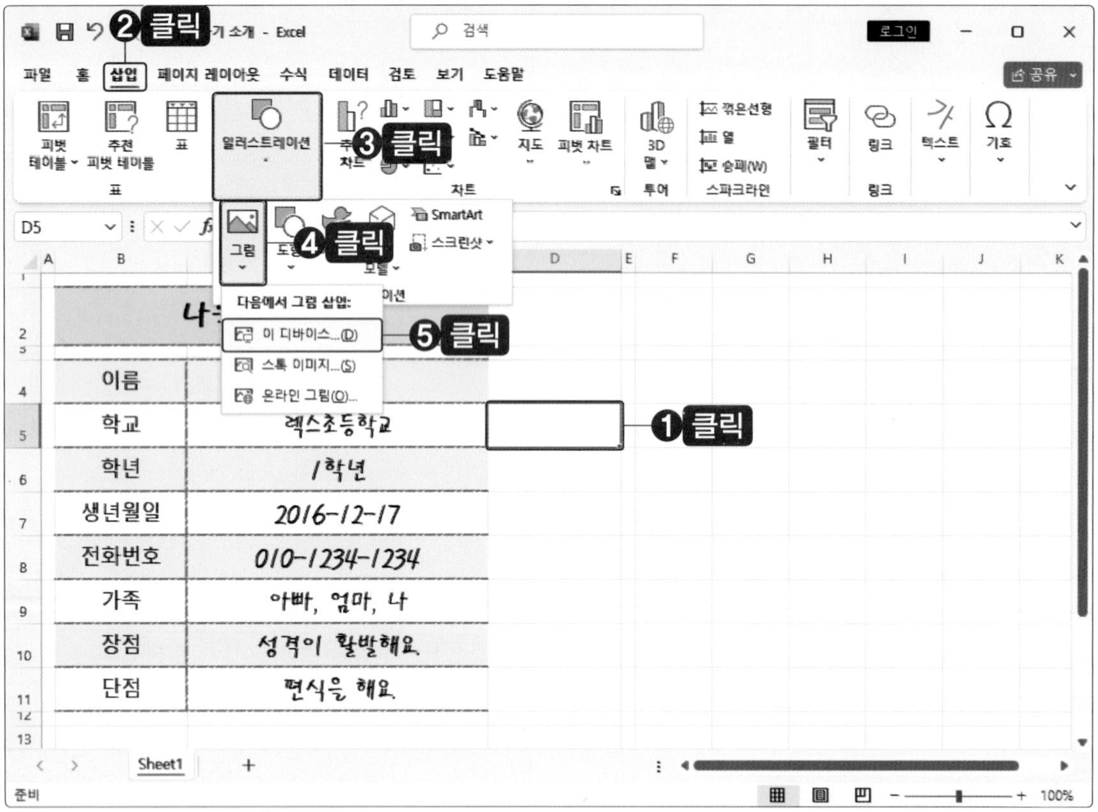

선택한 셀(여기서는 D5셀)에 내 캐릭터가 삽입돼요.

02 〔그림 삽입〕 대화상자가 나타나면 위치(C:\깨비뚝딱\엑셀2021\4차시)를 선택한 후 자기와 비슷한 캐릭터(여기서는 캐릭터02)를 선택한 다음 〔삽입〕 단추를 클릭해요.

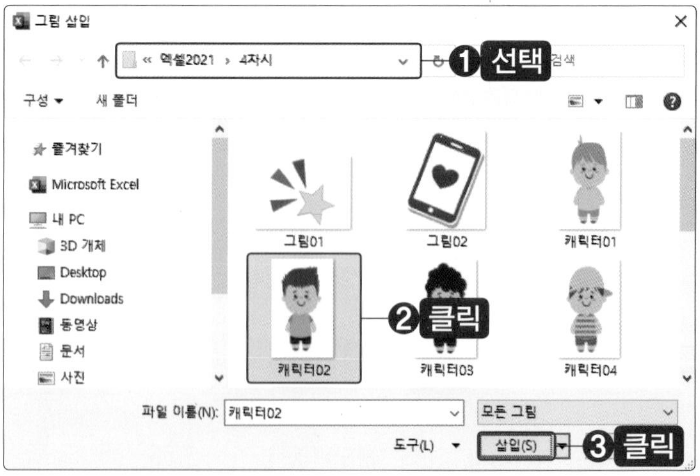

03 내 캐릭터가 삽입되면 내 캐릭터의 흰색 배경을 투명한 색으로 지정하기 위해 내 캐릭터를 선택한 후 〔그림 서식〕 탭-〔조정〕 그룹에서 〔색〕을 클릭한 다음 〔투명한 색 설정〕을 클릭해요.

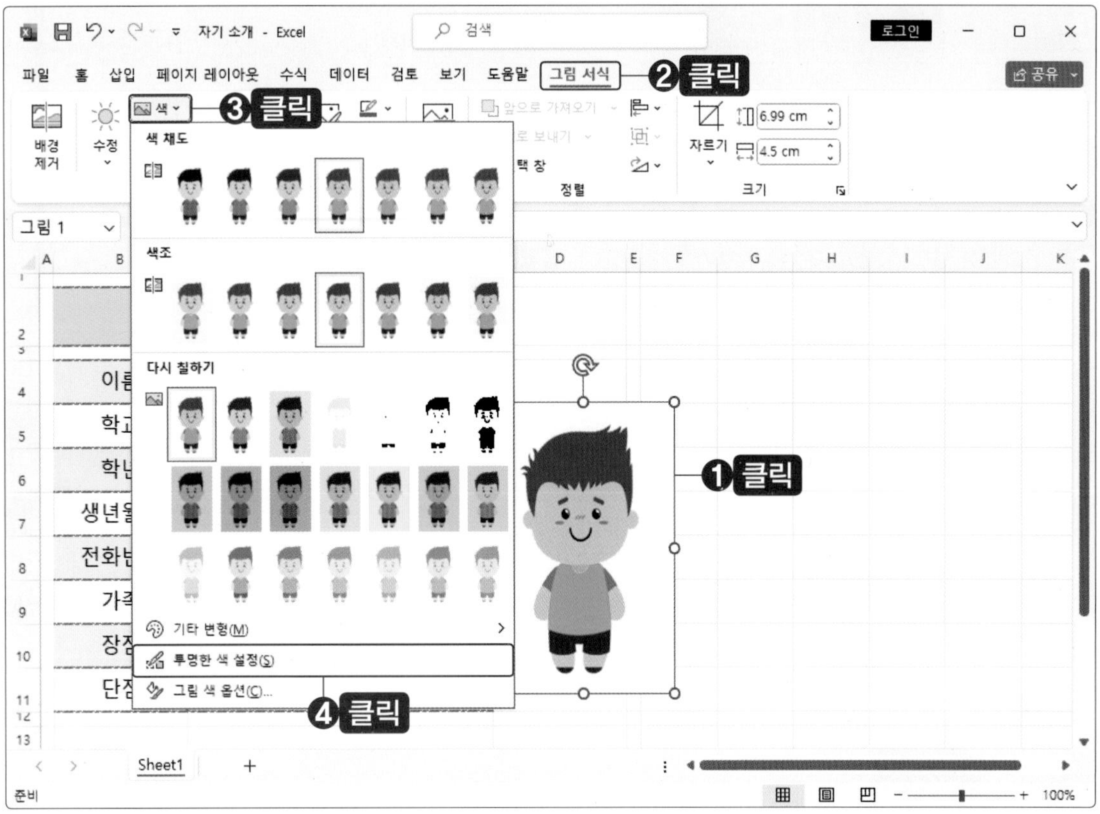

- 내 캐릭터로 마우스 포인터를 가져가서 마우스 포인터가 ✥ 모양으로 변경되었을 때 클릭하면 내 캐릭터를 선택할 수 있어요.
- 내 캐릭터를 선택한 후 Delete 키를 누르면 내 캐릭터를 삭제할 수 있어요.

04 마우스 포인터가 ✐ 모양으로 변경되면 내 캐릭터의 흰색 배경을 클릭해요.

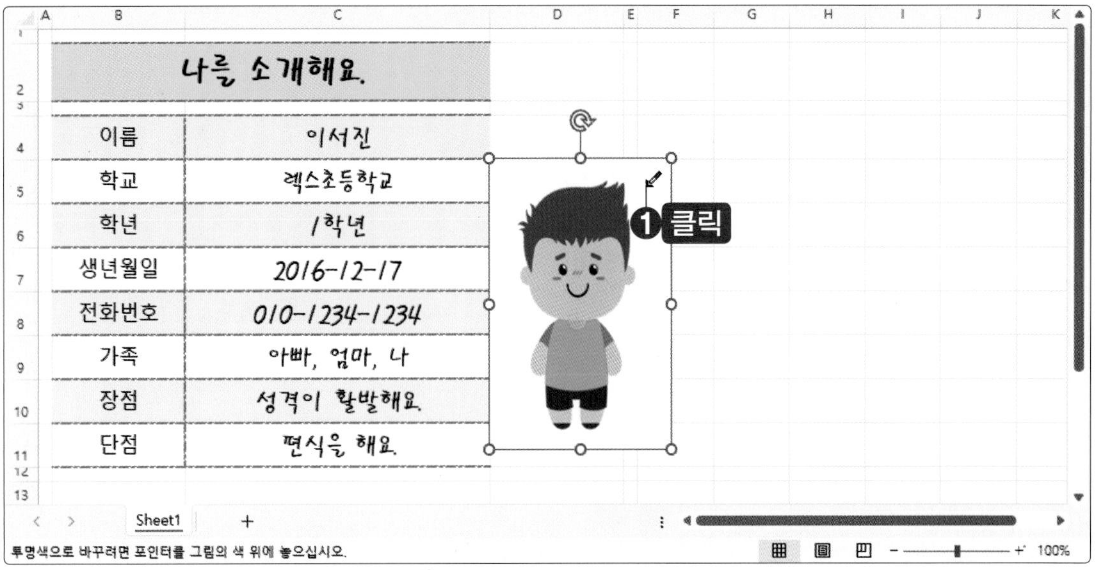

05 내 캐릭터의 흰색 배경이 투명한 색으로 지정되면 다음과 같이 내 캐릭터의 위치와 크기를 조정해요.

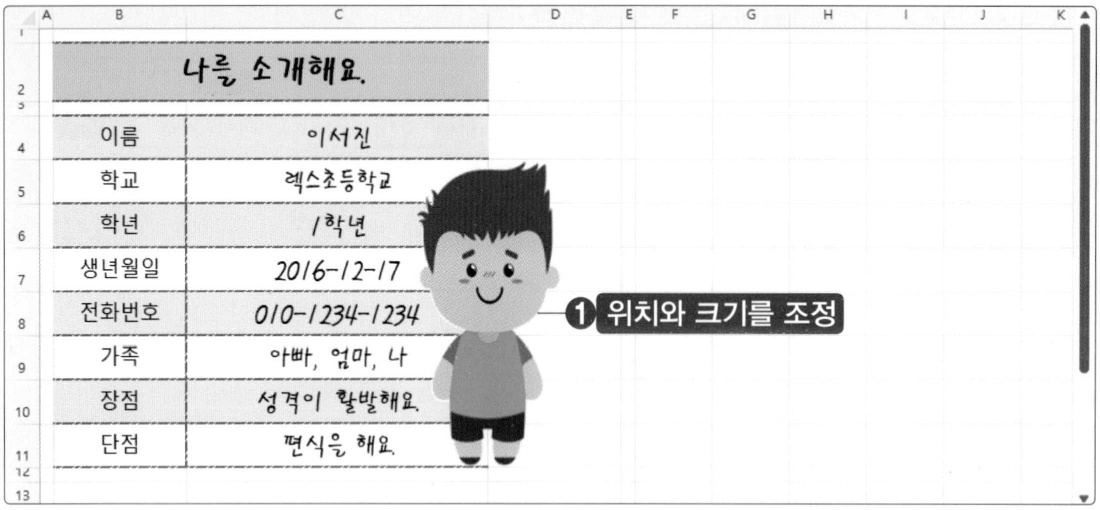

내 캐릭터로 마우스 포인터를 가져가서 마우스 포인터가 ✥ 모양으로 변경되었을 때 드래그하면 내 캐릭터의 위치를 조정할 수 있고, 내 캐릭터의 크기 조정 핸들(◎)을 드래그하면 내 캐릭터의 크기를 조정할 수 있어요.

◀ 내 캐릭터의 크기 조정 핸들

06 같은 방법으로 다음과 같이 그림을 삽입한 후 그림의 위치와 크기를 조정해요.

- **그림 삽입** : 위치(C:\깨비뚝딱\엑셀2021\4차시), 파일(그림01)

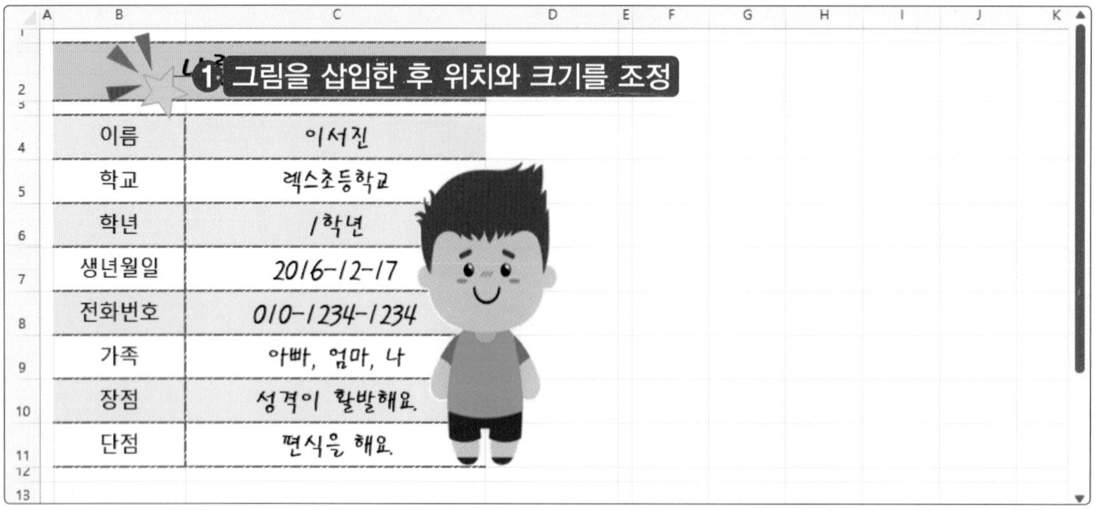

❶ 다음과 같이 '친구 전화번호.xlsx' 파일을 연 후 친구 이름과 전화번호를 입력한 다음 글꼴 서식과 맞춤 서식을 지정해 보세요.

- **예제 파일** : 4차시\친구 전화번호.xlsx　　- **완성 파일** : 4차시\친구 전화번호_완성.xlsx
- 친구 이름과 전화번호를 입력한 후 글꼴 서식과 맞춤 서식을 지정
  - B2:G2셀 범위 : 글꼴(휴먼둥근헤드라인), 글꼴 크기(28), 글꼴 색(파랑, 강조 5), [기울임꼴(가)], [병합하고 가운데 맞춤(⊞)]
  - B4:G5셀 범위 : 글꼴(맑은 고딕), 글꼴 크기(12), [가운데 맞춤(☰)]
  - B4:G4셀 범위 : [굵게(가)]

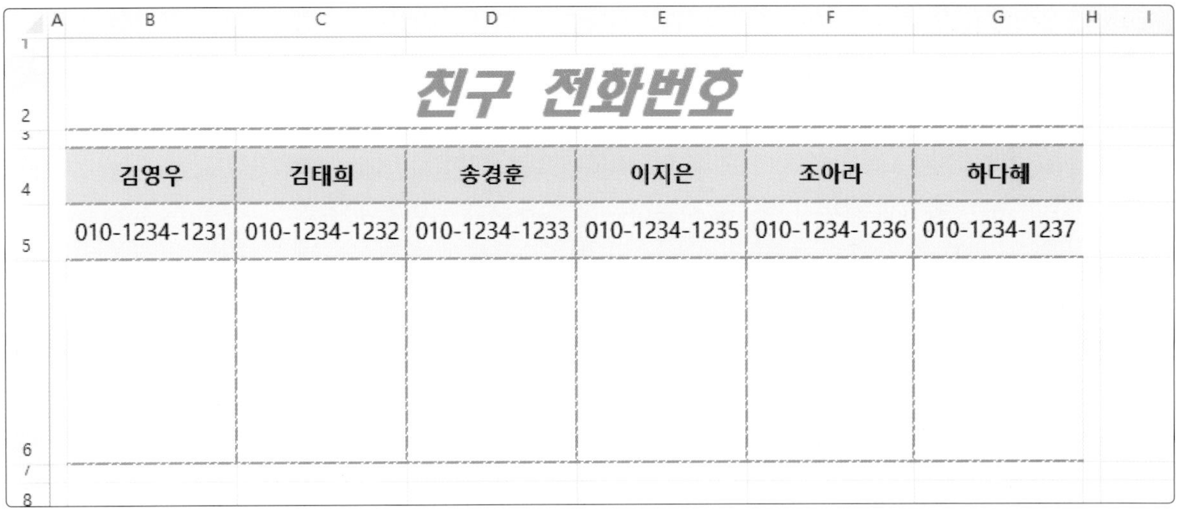

친구 전화번호					
김영우	**김태희**	**송경훈**	**이지은**	**조아라**	**하다혜**
010-1234-1231	010-1234-1232	010-1234-1233	010-1234-1235	010-1234-1236	010-1234-1237

❷ 다음과 같이 친구 캐릭터와 그림을 삽입해 보세요.

- **예제 파일** : '4차시' 폴더에 있는 그림　　- **완성 파일** : 4차시\친구 전화번호_완성.xlsx
- 친구와 비슷한 캐릭터(캐릭터01.tif ~ 캐릭터12.tif 중에서 선택)를 삽입한 후 친구 캐릭터의 위치와 크기를 조정
- 그림(그림02.png)을 삽입한 후 그림의 위치와 크기를 조정

친구 전화번호					
김영우	**김태희**	**송경훈**	**이지은**	**조아라**	**하다혜**
010-1234-1231	010-1234-1232	010-1234-1233	010-1234-1235	010-1234-1236	010-1234-1237

Lesson 05

배울 수 있어요!

- 채우기 기능을 사용할 수 있어요.
- 채우기 핸들을 사용할 수 있어요.

달력을 만들어요

자동 채우기는 같은 데이터나 일정한 간격으로 증가 또는 감소하는 데이터를 한 번에 입력할 수 있는 기능인데요. 채우기 기능이나 채우기 핸들을 사용하면 자동 채우기로 데이터를 입력할 수 있답니다. 그럼, 이번 시간에는 채우기 기능을 사용하는 방법과 채우기 핸들을 사용하는 방법에 대해 알아볼게요.

예제 파일 : 5차시\달력.xlsx **완성 파일** : 5차시\달력_완성.xlsx

1 채우기 기능 사용하기

01 '달력.xlsx' 파일을 연 후 일요일에 해당하는 날짜를 입력하기 위해 B6:B10셀 범위를 선택한 다음 〔홈〕 탭-〔편집〕 그룹에서 〔채우기( )〕를 클릭하고 〔계열〕을 클릭해요.

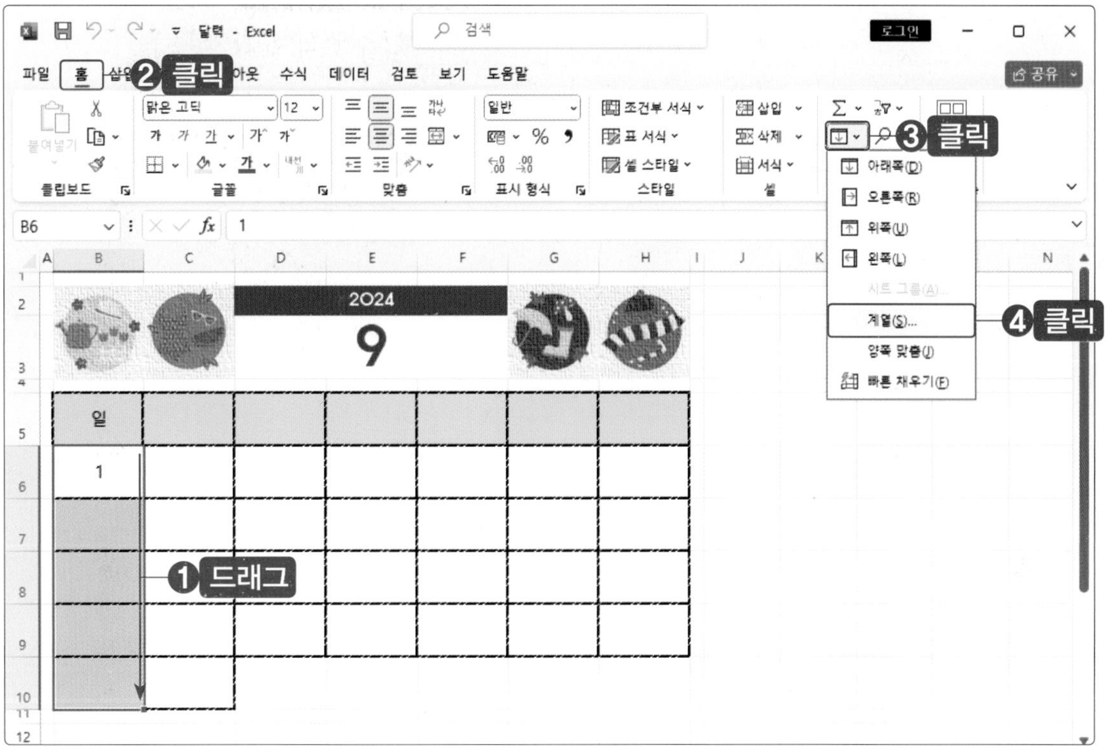

아래쪽/오른쪽/위쪽/왼쪽

셀 범위를 선택한 후 〔홈〕 탭-〔편집〕 그룹에서 〔채우기( )〕를 클릭한 다음 〔아래쪽〕/〔오른쪽〕/〔위쪽〕/〔왼쪽〕을 클릭하면 선택한 셀 범위의 맨 위쪽/맨 왼쪽/맨 아래쪽/맨 오른쪽 셀에 있는 데이터가 선택한 셀 범위의 다른 셀에 입력되는데요. 다음은 B6:B10셀 범위를 선택한 후 〔홈〕 탭-〔편집〕 그룹에서 〔채우기( )〕를 클릭한 다음 〔아래쪽〕을 클릭한 경우예요.

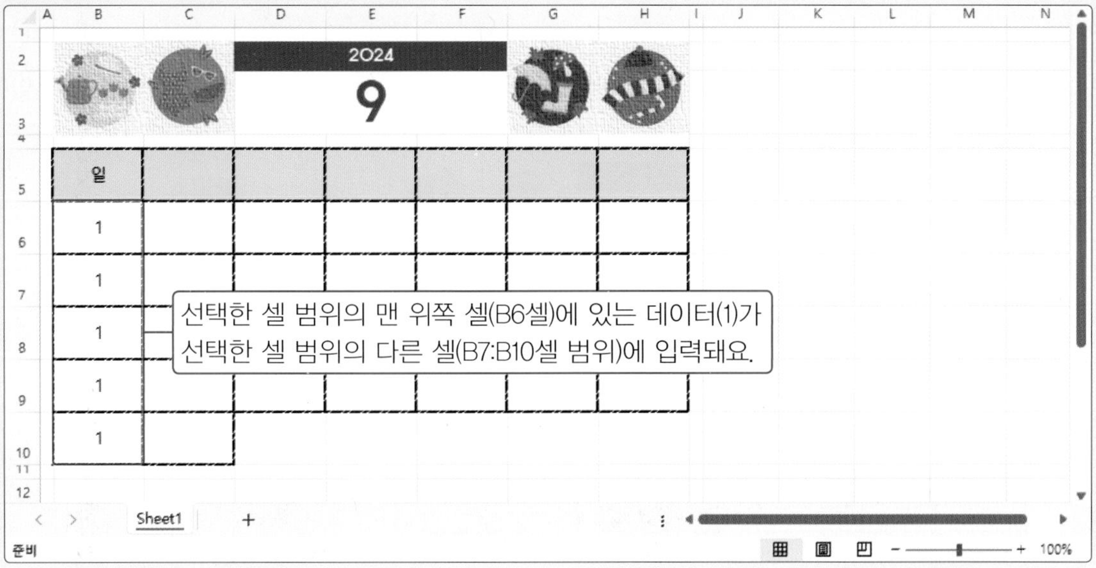

02 〔연속 데이터〕 대화상자가 나타나면 유형(선형)을 선택한 후 단계 값(7)을 입력한 다음 〔확인〕 단추를 클릭해요.

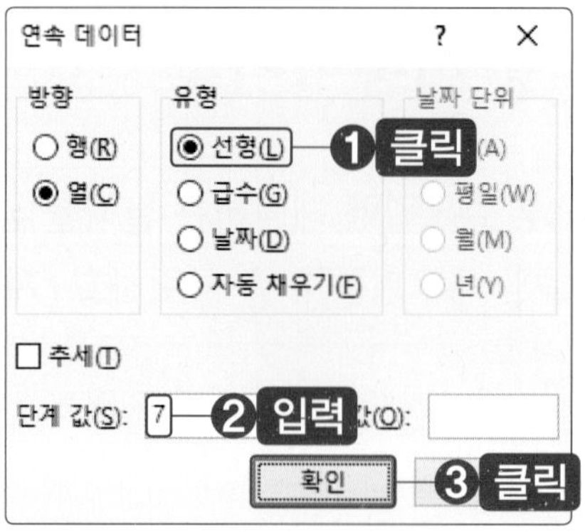

- B6셀의 데이터는 연도, 월, 일을 하이픈(–)이나 슬래시(/)로 구분하여 입력하지 않고 '1'과 같이 일만 입력했기 때문에 엑셀에서는 날짜 데이터가 아닌 숫자 데이터로 인식해요.
- 〔선형〕을 선택하면 단계 값을 더한 값이 입력되고, 〔급수〕를 선택하면 단계 값을 곱한 값이 입력돼요.

03 다음과 같이 일요일에 해당하는 날짜(7씩 증가한 숫자)가 입력돼요.

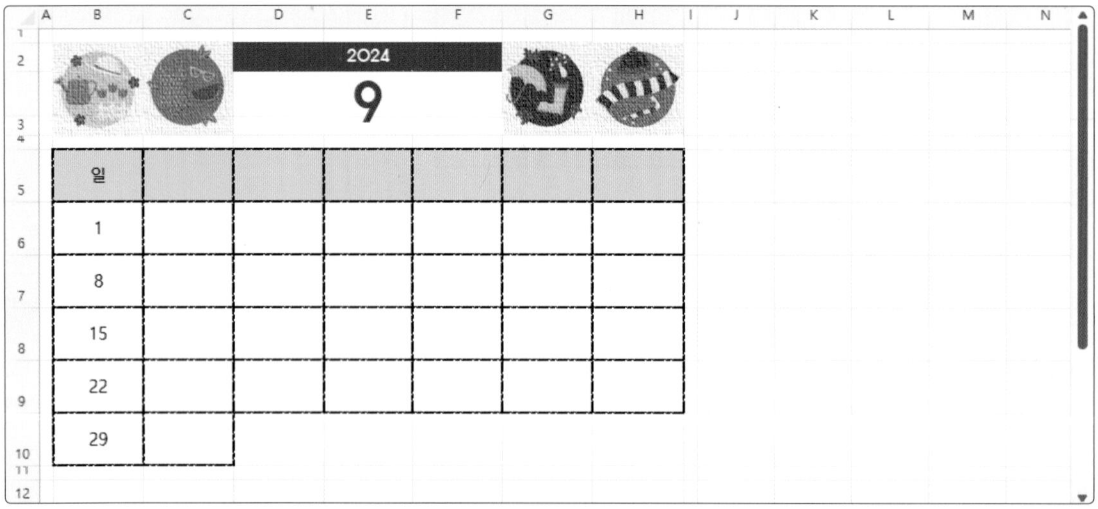

한 셀에 두 줄 이상 입력하기

다음과 같이 Alt키+Enter키를 사용하면 원하는 곳에서 줄을 바꾸어 한 셀에 두 줄 이상 입력할 수 있어요.

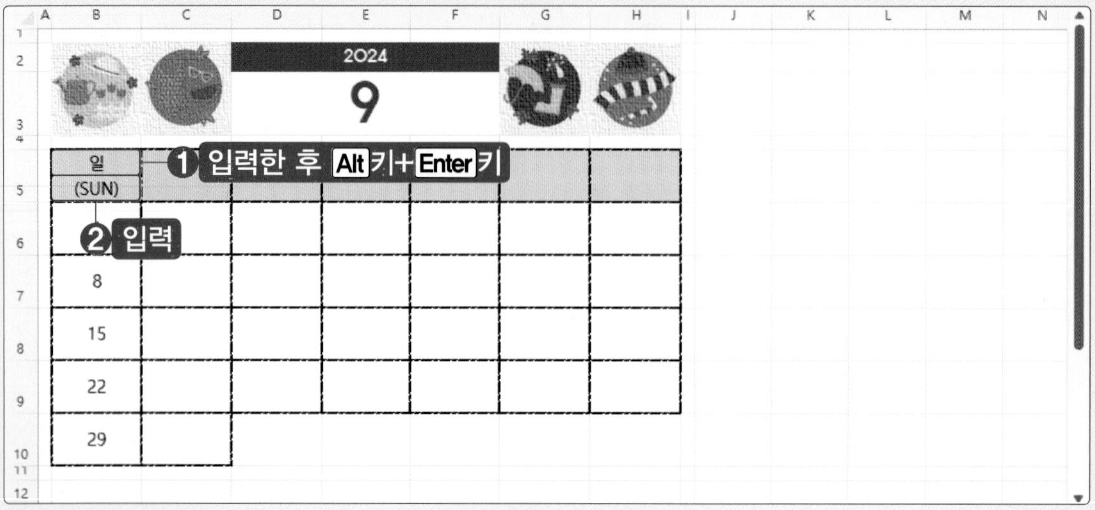

2 채우기 핸들 사용하기

01 요일을 입력하기 위해 B5셀을 선택한 후 채우기 핸들을 H5셀까지 드래그해요.

- 채우기 핸들은 셀 포인터 오른쪽 아래에 있는 정사각형( )을 말해요.
- '일'을 입력한 후 자동 채우기로 데이터를 입력하면 '월', '화', …가 입력되는데요. '일', '월', '화', …가 사용자 지정 목록에 등록되어 있기 때문이에요. 사용자 지정 목록에 등록되어 있는 데이터는 〔파일〕 탭에서 〔옵션〕을 클릭하면 나타나는 〔Excel 옵션〕 대화상자의 〔고급〕에서 〔일반〕–〔사용자 지정 목록 편집〕 단추를 클릭하면 확인할 수 있어요.

02 첫째 주에 해당하는 날짜를 입력하기 위해 B6셀을 선택한 후 채우기 핸들을 H6셀까지 드래그해요. 그런 다음 〔자동 채우기 옵션( )〕을 클릭한 후 〔연속 데이터 채우기〕를 클릭해요.

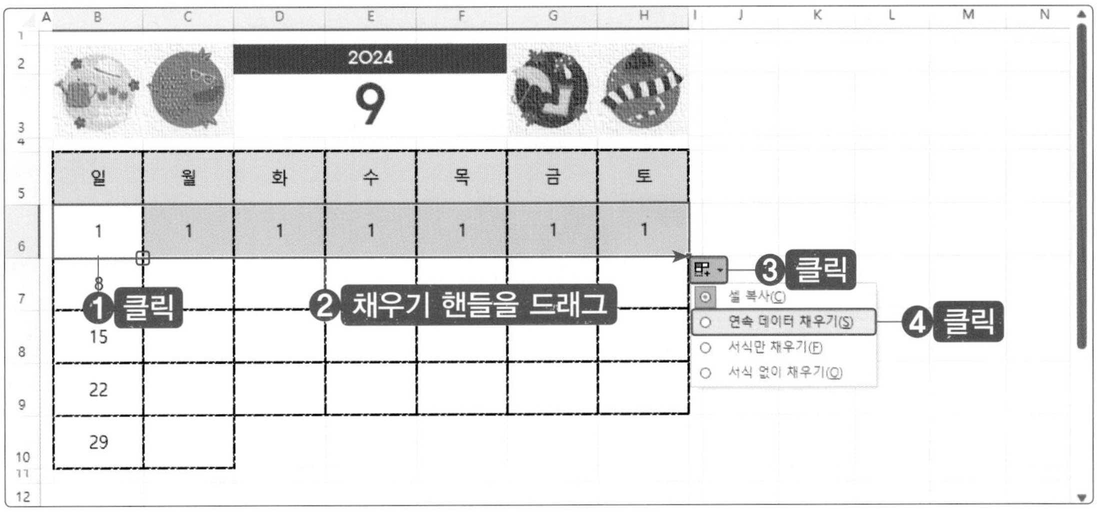

채우기 핸들을 사용하면 마지막 셀 오른쪽 아래에 〔자동 채우기 옵션( )〕이 나타나요.

03 둘째 주에 해당하는 날짜를 입력하기 위해 B7셀을 선택한 후 Ctrl키를 누른 상태에서 채우기 핸들을 H7셀까지 드래그해요.

채우기 핸들을 사용하는 경우, 데이터에 따른 자동 채우기 결과

- **문자** : 같은 문자가 입력돼요.
- **숫자** : 채우기 핸들을 드래그하면 같은 숫자가 입력되고, Ctrl키를 누른 상태에서 채우기 핸들을 드래그하면 1씩 증가한 숫자가 입력돼요.
- **문자와 숫자 조합** : 채우기 핸들을 드래그하면 같은 문자와 1씩 증가한 숫자가 입력되고, Ctrl키를 누른 상태에서 채우기 핸들을 드래그하면 같은 문자와 같은 숫자가 입력돼요.
- **날짜** : 채우기 핸들을 드래그하면 1일씩 증가한 날짜가 입력되고, Ctrl키를 누른 상태에서 채우기 핸들을 드래그하면 같은 날짜가 입력돼요.

04 같은 방법으로 다음과 같이 다른 날짜를 입력한 후 글꼴 서식을 지정해요.

- B5:B10셀 범위 : 글꼴 색(빨강), [굵게(**가**)]
- H5:H9셀 범위 : 글꼴 색(파랑), [굵게(**가**)]

오늘 수업의 미션!

❶ 다음과 같이 '식단표.xlsx' 파일을 연 후 채우기 핸들을 사용하여 요일을 입력해 보세요.

■ 예제 파일 : 5차시\식단표.xlsx　　■ 완성 파일 : 5차시\식단표_완성.xlsx

식단표

요일	월요일	화요일	수요일	목요일	금요일
날짜				02월 01일	
점심				혼합잡곡밥 두부된장국 메추리알조림 사과무생채 배추김치	수수밥 비지찌개 폭찹 건새우마늘쫑볶음 깍두기
간식				옥수수부추죽	브로콜리채소죽
날짜	02월 05일				
점심	혼합잡곡밥 닭개장 뱅어포구이 도라지나물 배추김치	옥수수밥 시금치된장국 떡사태찜 물미역무침 깍두기	친환경차조밥 유부장국 치킨까스/소스 양상추샐러드 배추김치	율무밥 조갯살콩나물국 고등어우거지조림 감자야채볶음 백김치	친환경차조밥 참치김치찌개 장떡 취나물무침 깍두기
간식	쇠고기죽	현미버섯죽	단팥죽	두부아욱죽	고구마죽

❷ 다음과 같이 채우기 명령을 사용하여 날짜를 입력해 보세요.

식단표

요일	월요일	화요일	수요일	목요일	금요일
날짜				02월 01일	02월 02일
점심				혼합잡곡밥 두부된장국 메추리알조림 사과무생채 배추김치	수수밥 비지찌개 폭찹 건새우마늘쫑볶음 깍두기
간식				옥수수부추죽	브로콜리채소죽
날짜	02월 05일	02월 06일	02월 07일	02월 08일	02월 09일
점심	혼합잡곡밥 닭개장 뱅어포구이 도라지나물 배추김치	옥수수밥 시금치된장국 떡사태찜 물미역무침 깍두기	친환경차조밥 유부장국 치킨까스/소스 양상추샐러드 배추김치	율무밥 조갯살콩나물국 고등어우거지조림 감자야채볶음 백김치	친환경차조밥 참치김치찌개 장떡 취나물무침 깍두기
간식	쇠고기죽	현미버섯죽	단팥죽	두부아욱죽	고구마죽

Lesson 06

위인 카드를 만들어요

배울 수 있어요!

- 눈금선을 숨길 수 있어요.
- 텍스트 상자를 삽입할 수 있어요.

텍스트 상자는 워크시트에 텍스트를 입력할 수 있는 도구인데요. 텍스트 상자를 사용하면 워크시트의 원하는 위치에 제목이나 위인 소개글 등을 입력할 수 있답니다. 그럼, 이번 시간에는 눈금선을 숨기는 방법과 텍스트 상자를 삽입하는 방법에 대해 알아볼게요.

예제 파일 : 6차시\세종대왕.xlsx **완성 파일** : 6차시\세종대왕_완성.xlsx

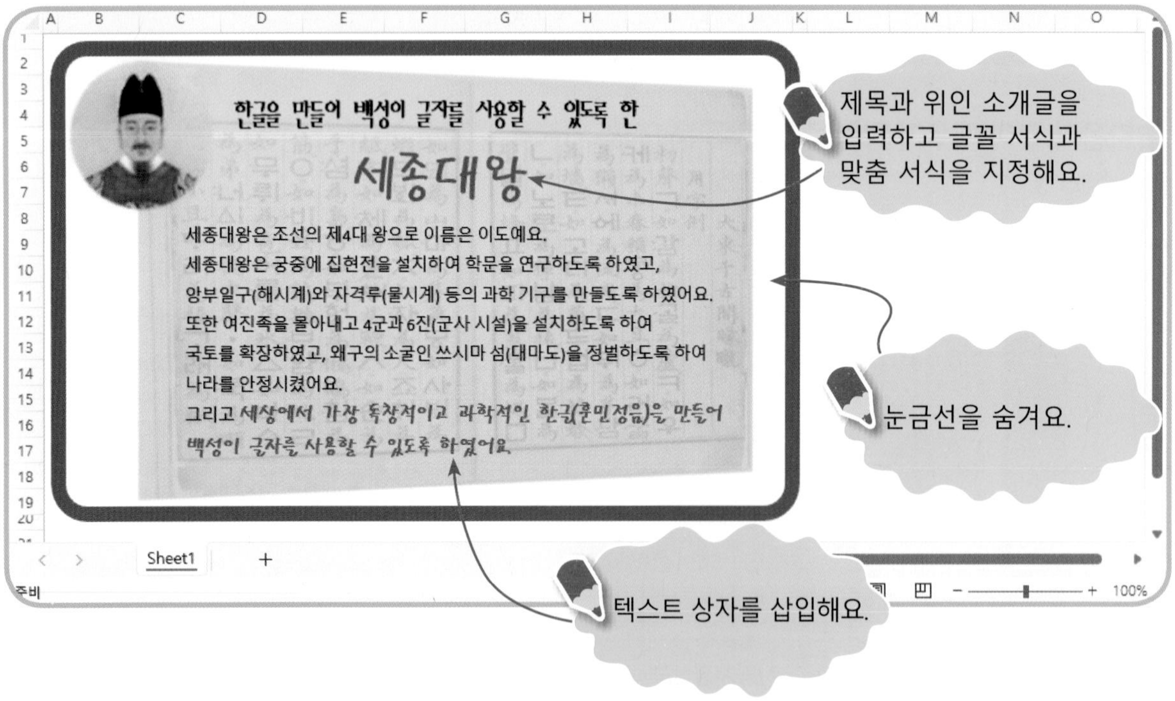

1 눈금선 숨기기

01 '세종대왕.xlsx' 파일을 연 후 눈금선을 숨기기 위해 [보기] 탭-[표시] 그룹에서 [눈금선]을 선택 해제해요.

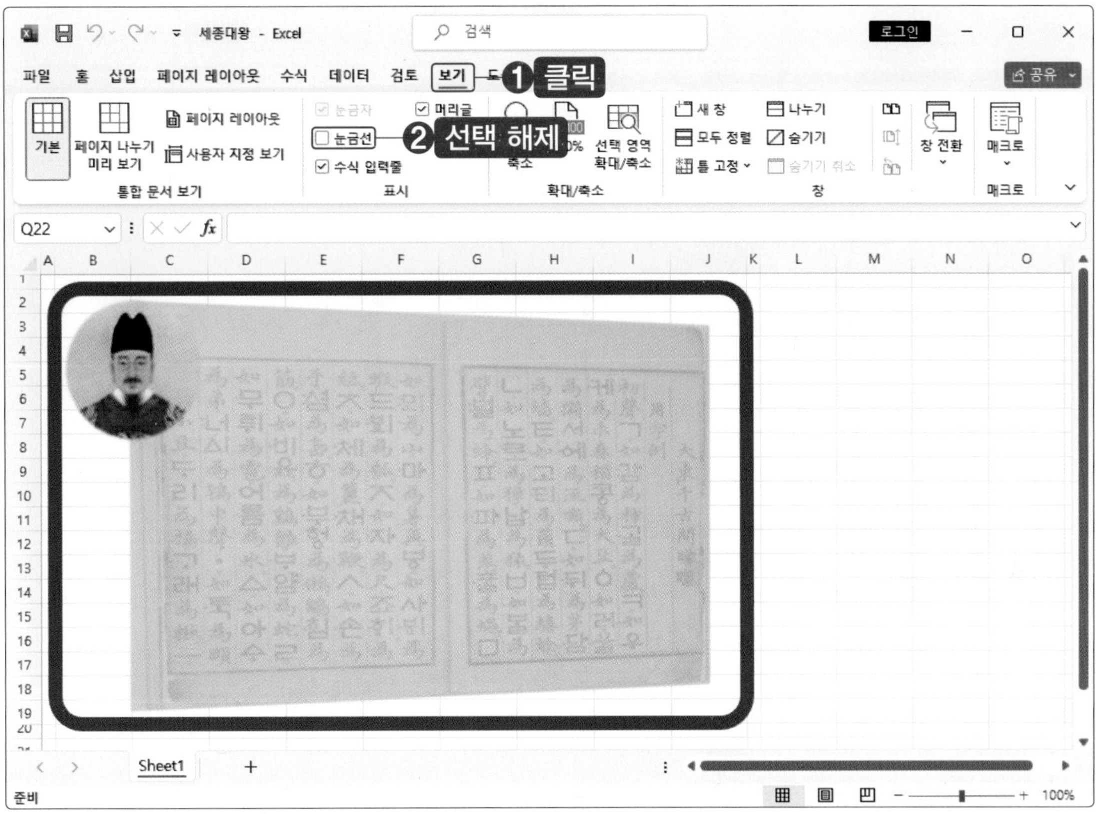

02 다음과 같이 눈금선이 숨겨져요.

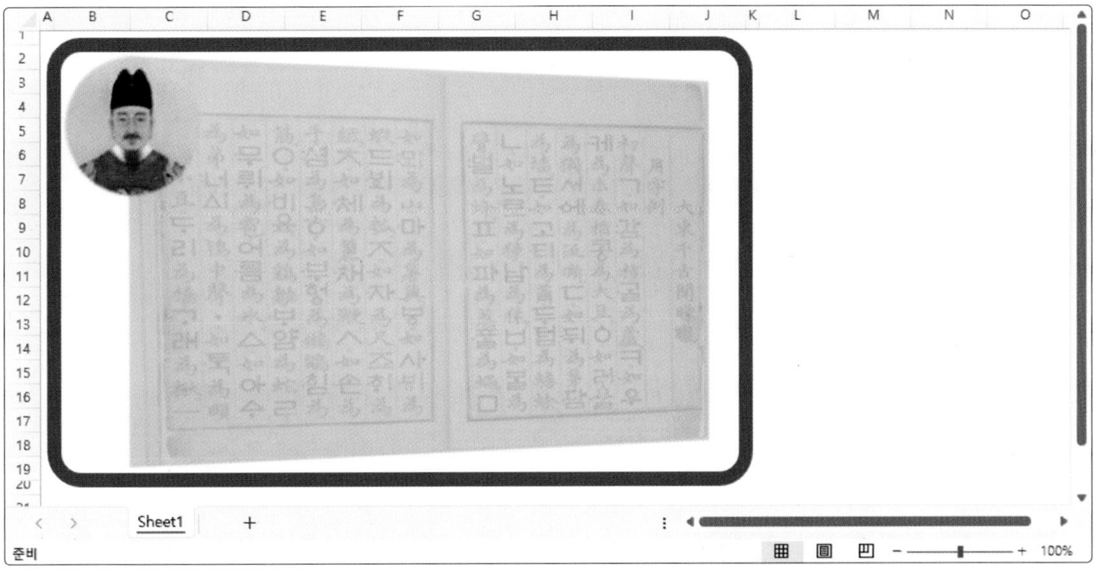

2 텍스트 상자 삽입하기

01 텍스트 상자를 삽입하기 위해 [삽입] 탭-[일러스트레이션] 그룹에서 [도형]을 클릭한 후 [텍스트 상자(가)]를 클릭해요.

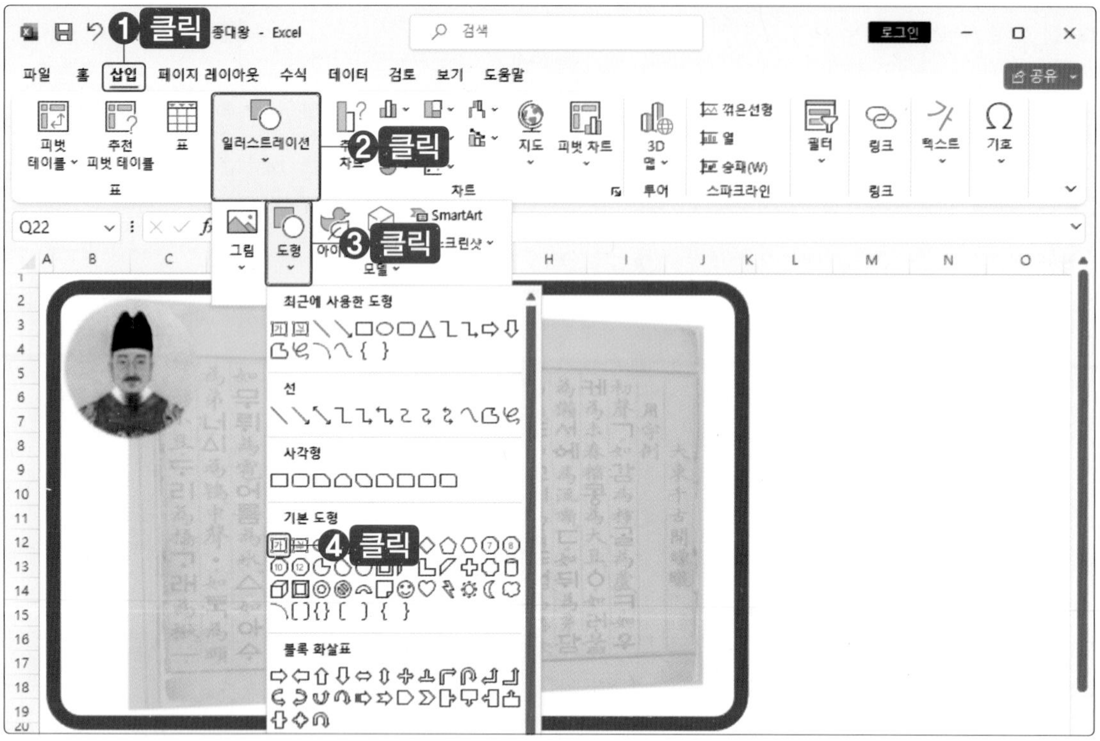

02 마우스 포인터가 ↓ 모양으로 변경되면 다음과 같이 텍스트 상자를 삽입하고 싶은 위치를 클릭한 후 제목을 입력해요.

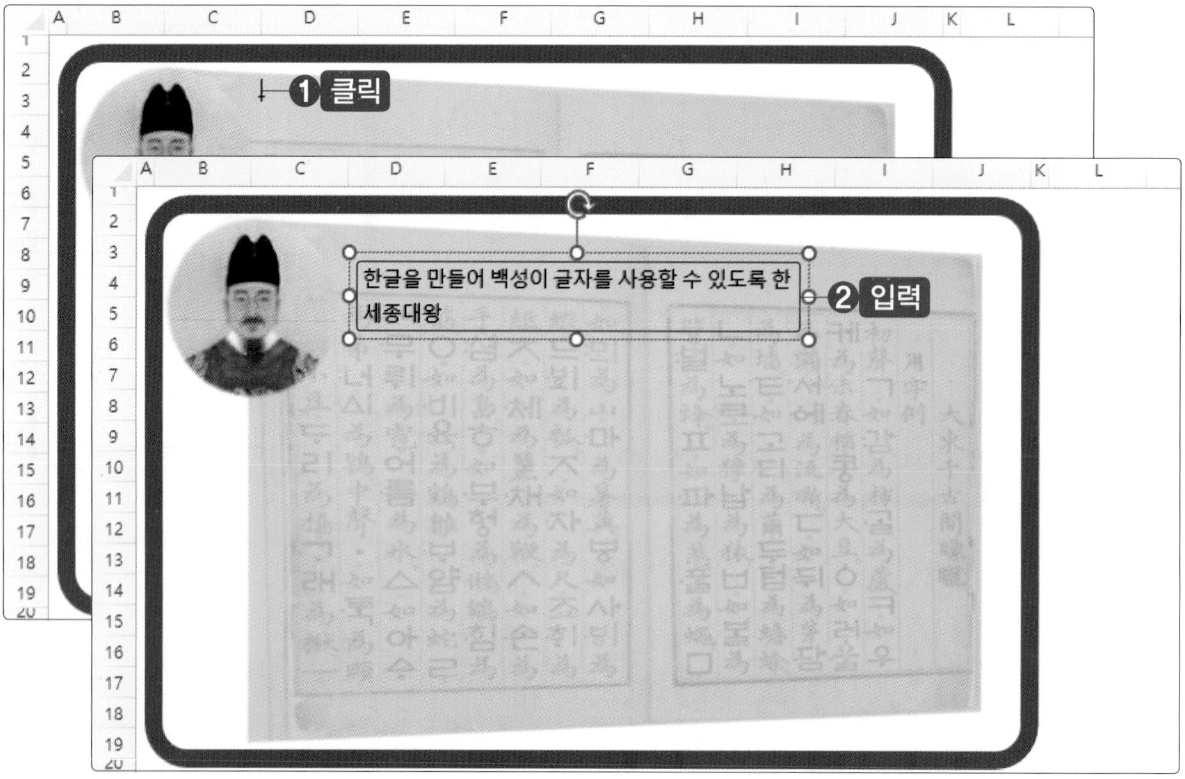

03 같은 방법으로 다음과 같이 텍스트 상자를 1개 더 삽입한 후 위인 소개글을 입력해요.

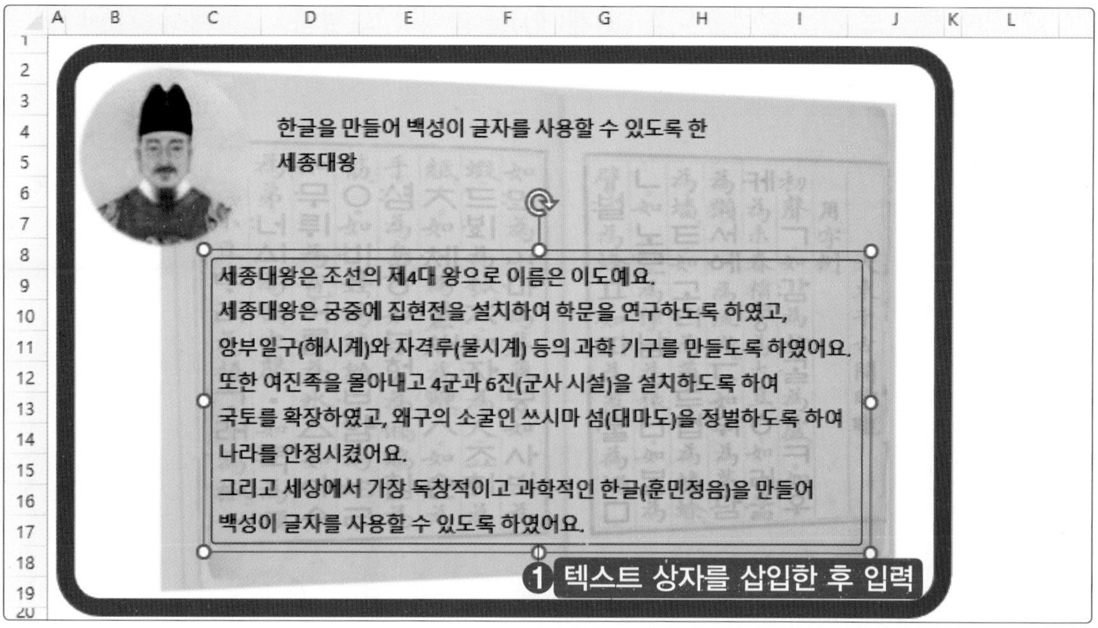

텍스트 상자로 마우스 포인터를 가져가서 마우스 포인터가 I 모양으로 변경되었을 때 클릭하면 텍스트를 입력하거나 수정할 수 있어요.

04 제목에 글꼴 서식과 맞춤 서식을 지정하기 위해 '한글을 ~ 있도록 한'을 드래그하여 선택한 후 〔홈〕 탭-〔글꼴〕 그룹에서 글꼴(휴먼아미체)과 글꼴 크기(20)를 선택한 다음 〔굵게(**가**)〕를 클릭해요.

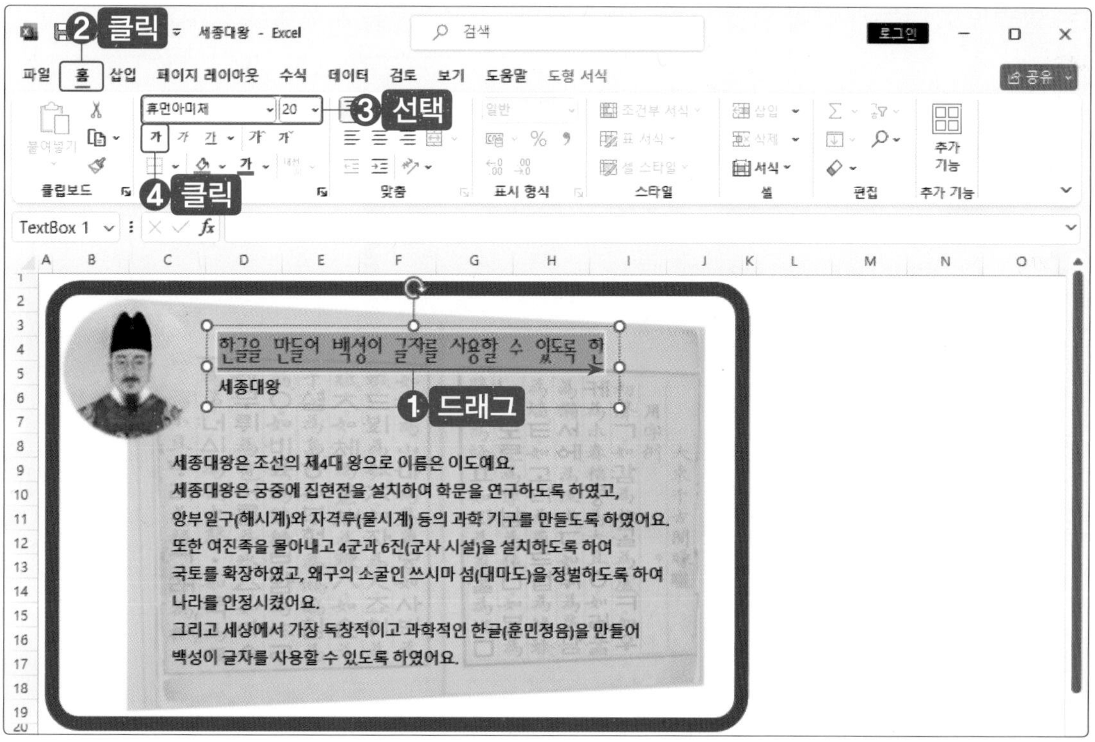

05 '세종대왕'을 드래그하여 선택한 후 〔홈〕 탭-〔글꼴〕 그룹에서 글꼴(휴먼편지체), 글꼴 크기(36), 글꼴 색(청회색, 텍스트 2)을 선택한 다음 〔굵게(가)〕를 클릭하고 〔맞춤〕 그룹에서 〔가운데 맞춤(☰)〕을 클릭해요.

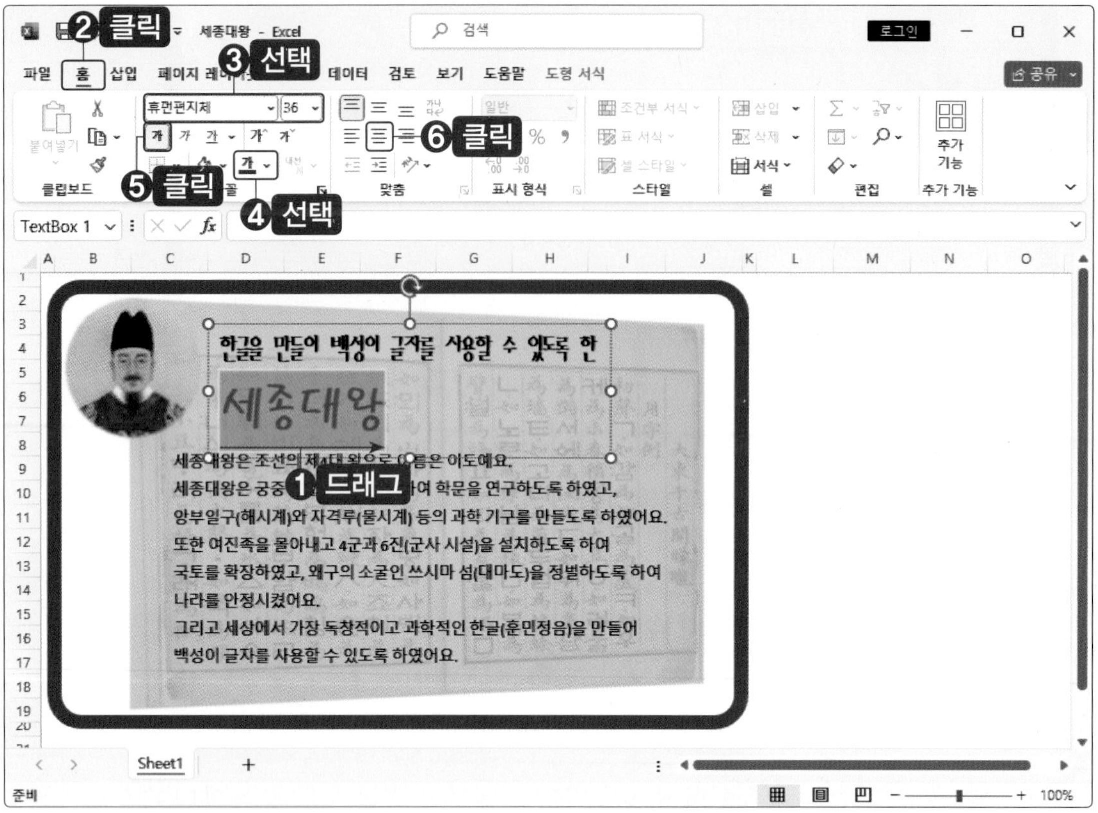

06 같은 방법으로 다음과 같이 위인 소개글에 지정하고 싶은 글꼴 서식을 지정해요.

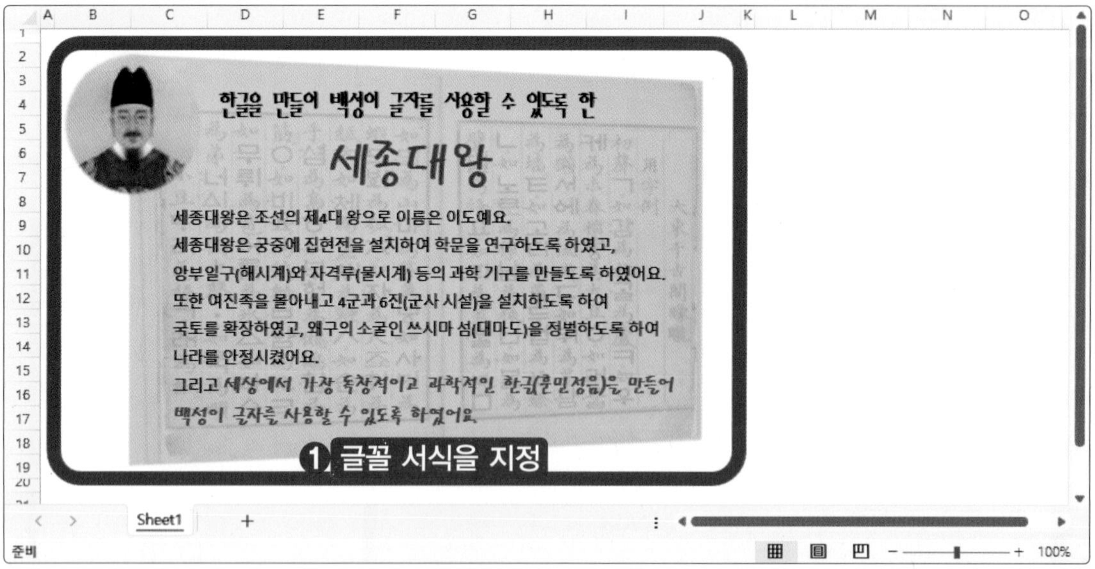

- 텍스트 상자로 마우스 포인터를 가져가서 마우스 포인터가 I 모양으로 변경되었을 때 클릭한 후 텍스트 상자의 테두리로 마우스 포인터를 가져가서 마우스 포인터가 ✥ 모양으로 변경되었을 때 클릭하면 텍스트 상자를 선택할 수 있어요.
- 텍스트 상자를 선택한 후 Delete 키를 누르면 텍스트 상자를 삭제할 수 있어요.

오늘 수업의 미션!

1 다음과 같이 '이순신 장군.xlsx' 파일을 연 후 눈금선을 숨겨 보세요.

■ 예제 파일 : 6차시\이순신 장군.xlsx ■ 완성 파일 : 6차시\이순신 장군_완성.xlsx

2 다음과 같이 텍스트 상자를 사용하여 제목과 위인 소개글을 입력한 후 제목과 위인 소개글에 지정하고 싶은 글꼴 서식과 맞춤 서식을 지정해 보세요.

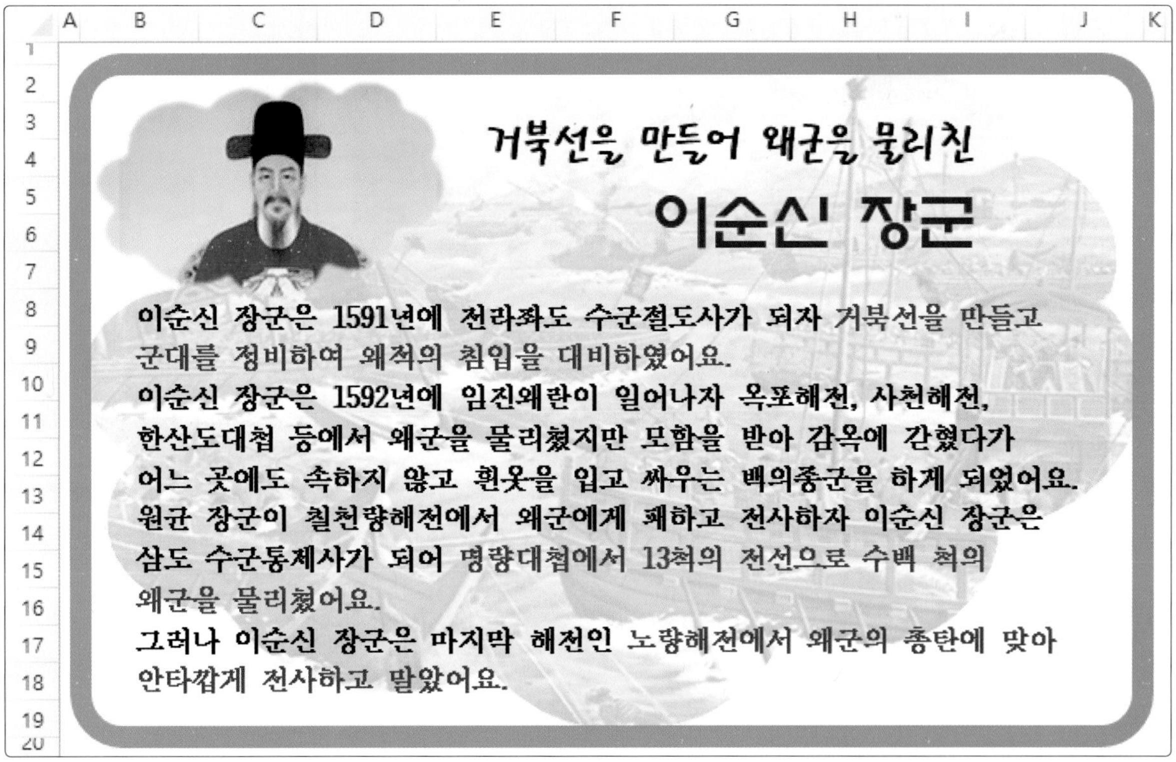

Lesson 07

배울 수 있어요!

- 도형을 삽입하고 도형 스타일을 지정할 수 있어요.
- 도형을 복사할 수 있어요.

민속의상 카드를 만들어요

엑셀에서는 선, 사각형, 블록 화살표, 수식 도형 등의 다양한 도형을 제공하는데요. 도형을 사용하면 문서를 돋보이게 작성할 수 있답니다. 그럼, 이번 시간에는 도형을 삽입하고 도형 스타일을 지정하는 방법과 도형을 복사하는 방법에 대해 알아볼게요.

예제 파일 : 7차시\아시아 민속의상.xlsx **완성 파일** : 7차시\아시아 민속의상_완성.xlsx

1 도형 삽입하고 도형 스타일 지정하기

01 '아시아 민속의상.xlsx' 파일을 연 후 도형을 삽입하기 위해 〔삽입〕 탭-〔일러스트레이션〕 그룹에서 〔도형〕을 클릭한 다음 〔사각형: 둥근 모서리(▢)〕를 클릭해요.

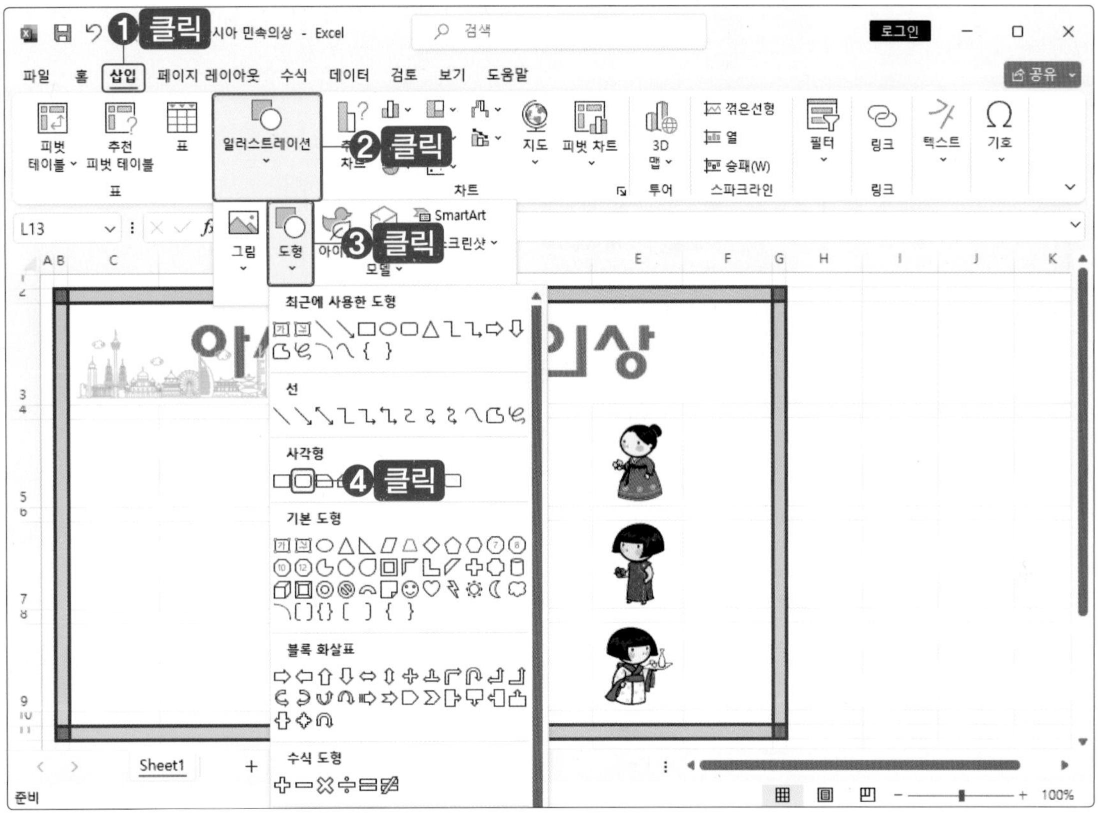

02 마우스 포인터가 + 모양으로 변경되면 다음과 같이 드래그하여 도형을 삽입해요.

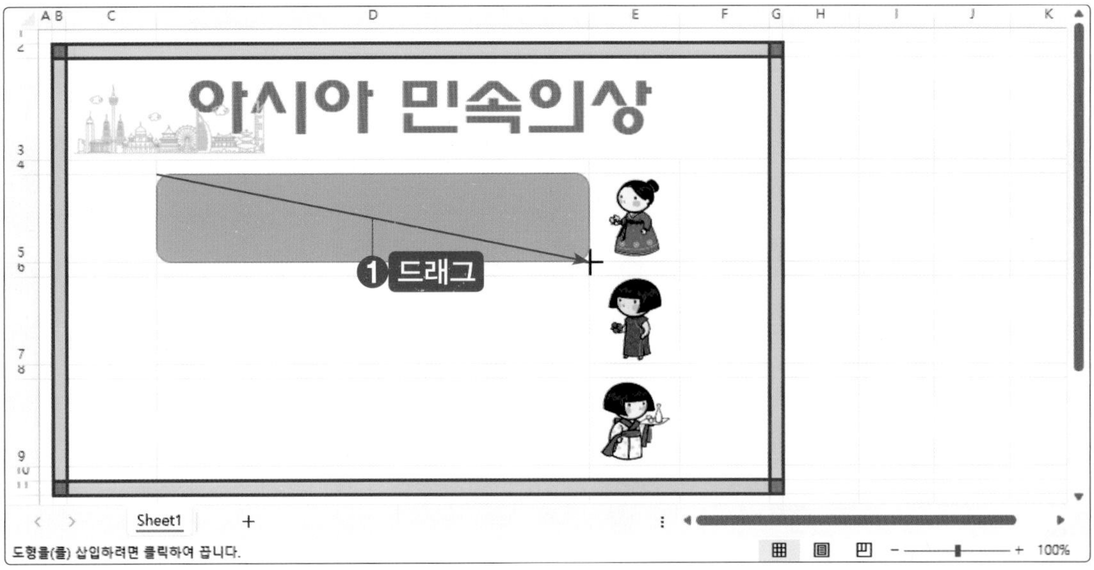

- Alt키를 누른 상태에서 도형을 삽입하면 눈금선에 맞추어 도형을 삽입할 수 있어요.
- Shift키를 누른 상태에서 직사각형이나 타원을 삽입하면 정사각형이나 정원(완전히 동그란 원)이 삽입돼요.

03 도형 스타일을 지정하기 위해 도형을 선택한 후 〔도형 서식〕 탭-〔도형 스타일〕 그룹에서 〔빠른 스타일()〕 단추를 클릭해요.

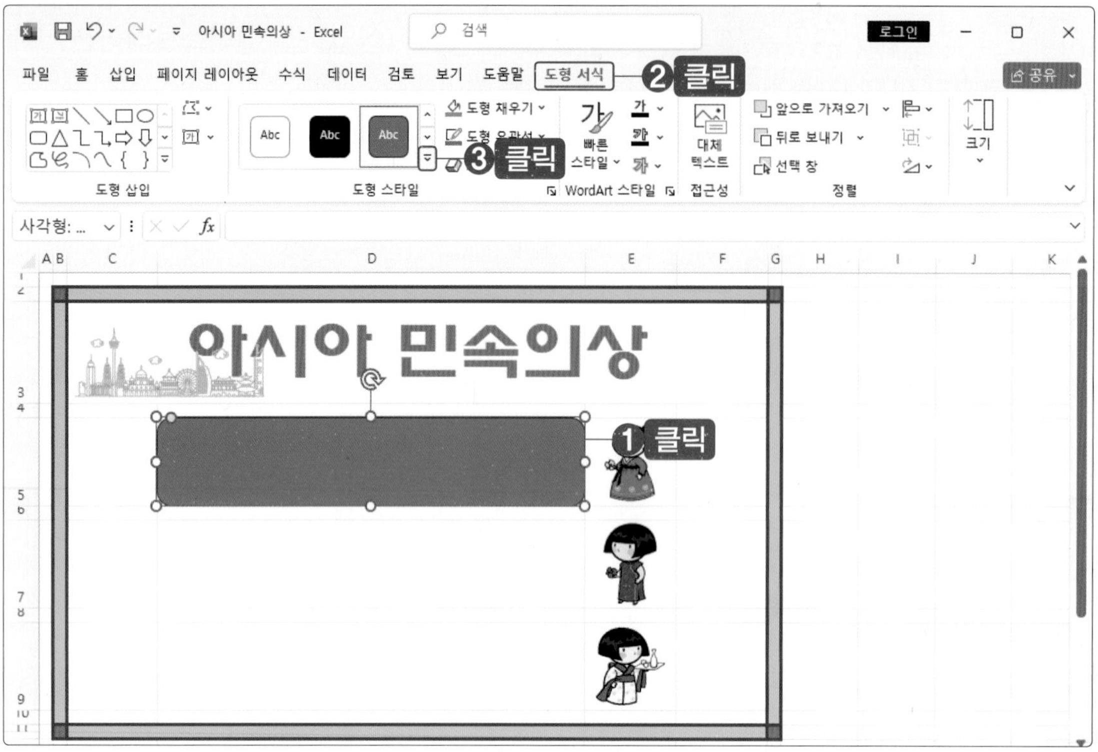

도형으로 마우스 포인터를 가져가서 마우스 포인터가 모양으로 변경되었을 때 클릭하면 도형을 선택할 수 있어요.

04 도형 스타일 목록이 나타나면 〔강한 효과 - 파랑, 강조 5()〕를 클릭해요.

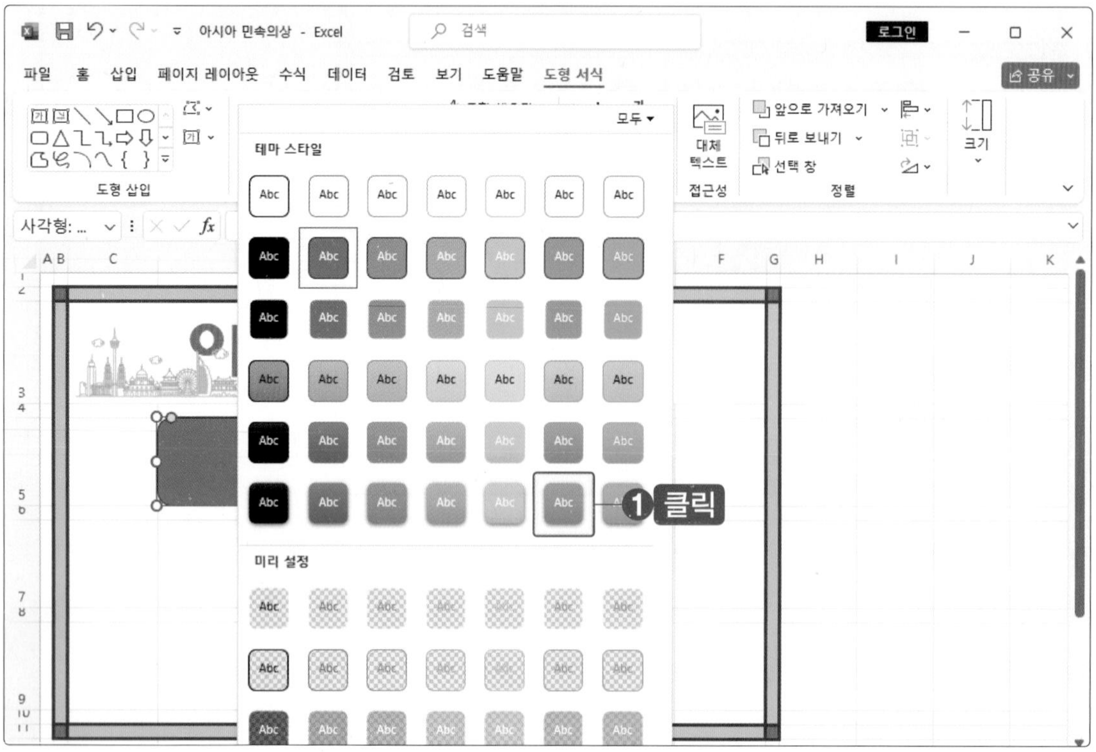

05 도형 텍스트(대한민국 : 한복)를 입력해요. 그런 다음 도형 텍스트에 글꼴 서식과 맞춤 서식을 지정하기 위해 도형 텍스트(대한민국 : 한복)를 드래그하여 선택한 후 〔홈〕 탭-〔글꼴〕 그룹에서 글꼴(휴먼엑스포)과 글꼴 크기(28)를 선택한 다음 〔맞춤〕 그룹에서 〔가운데 맞춤(세로(☰))〕을 클릭하고 〔가운데 맞춤(가로(☰))〕을 클릭해요.

도형을 선택한 후 바로 도형 텍스트를 입력하거나 도형의 바로 가기 메뉴에서 〔텍스트 편집〕을 클릭하면 도형 텍스트를 입력할 수 있고, 도형 텍스트로 마우스 포인터를 가져가서 마우스 포인터가 I 모양으로 변경되었을 때 클릭하면 도형 텍스트를 수정할 수 있어요.

06 도형 텍스트(한복)를 드래그하여 선택한 후 〔홈〕 탭-〔글꼴〕 그룹에서 글꼴(휴먼편지체)을 선택해요.

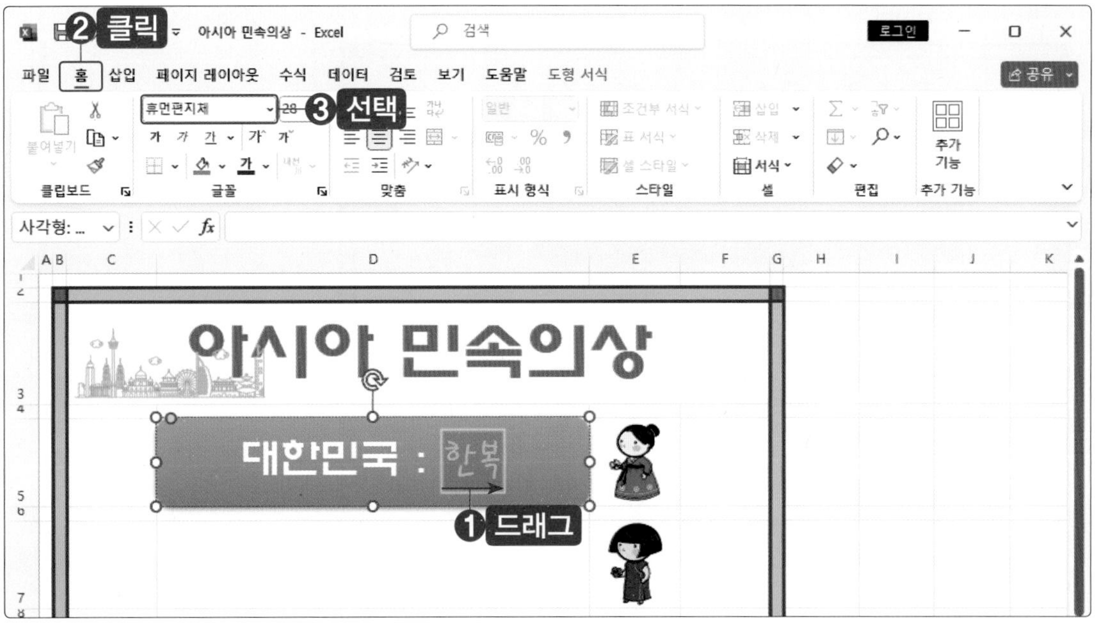

07 도형 텍스트에 글꼴 서식과 맞춤 서식이 지정돼요.

2 도형 복사하기

01 도형을 복사하기 위해 다음과 같이 Ctrl키와 Shift키를 누른 상태에서 도형을 드래그해요.

- 도형을 선택한 후 Ctrl키를 누른 상태에서 드래그하면 도형이 복사되고, Shift키를 누른 상태에서 드래그하면 수평이나 수직 방향으로 이동돼요.
- Ctrl키를 누른 상태에서 도형으로 마우스 포인터를 가져가면 마우스 포인터가 모양으로 변경돼요.

02 같은 방법으로 다음과 같이 도형을 1개 더 복사한 후 도형 스타일을 지정한 다음 도형 텍스트를 수정해요.

- **두 번째 도형** : 도형 스타일(강한 효과 – 황금색, 강조 4( ))
- **세 번째 도형** : 도형 스타일(강한 효과 – 주황, 강조 2( ))

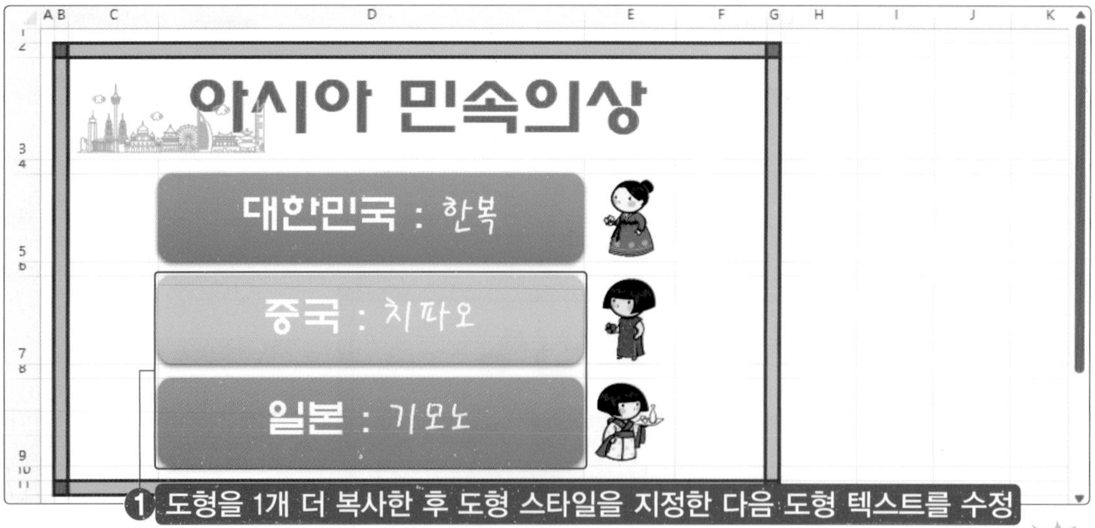

도형을 선택한 후 Delete키를 누르면 도형을 삭제할 수 있어요.

오늘 수업의 미션!

1 **다음과 같이 '유럽 민속의상.xlsx' 파일을 연 후 도형을 삽입한 다음 도형 스타일을 지정해 보세요.**

- **예제 파일** : 7차시\유럽 민속의상.xlsx　■ **완성 파일** : 7차시\유럽 민속의상_완성.xlsx
- **도형 삽입** : 도형 모양(배지( ))
- **도형 스타일 지정** : 〔그라데이션 채우기 – 녹색, 강조 6, 윤곽선 없음( )〕
- **도형 텍스트에 글꼴 서식과 맞춤 서식 지정** : 글꼴(맑은 고딕(스코틀랜드 :), 휴먼편지체(킬트)), 글꼴 크기(32), 〔가운데 맞춤(세로( ))〕, 〔가운데 맞춤(가로( ))〕

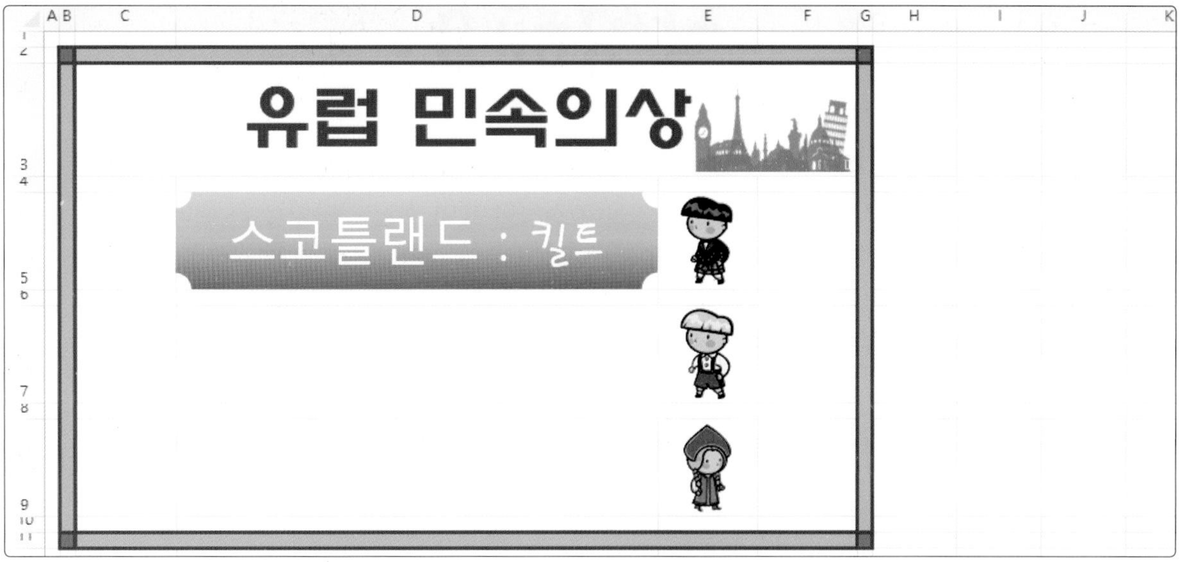

2 **다음과 같이 도형을 2개 복사한 후 도형 스타일을 지정한 다음 도형 텍스트를 수정해 보세요.**

- **두 번째 도형** : 도형 스타일(그라데이션 채우기 – 회색, 강조 3, 윤곽선 없음( ))
- **세 번째 도형** : 도형 스타일(그라데이션 채우기 – 파랑, 강조 1, 윤곽선 없음( ))

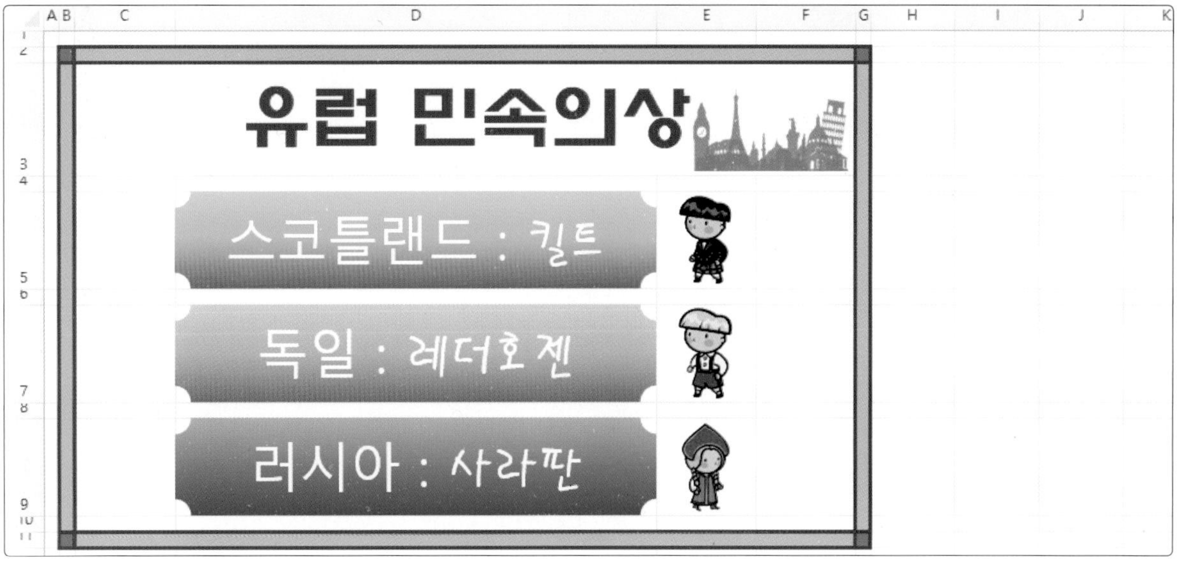

Lesson 08

배울 수 있어요!

- 도형에 그림 채우기를 지정할 수 있어요.
- 셀 스타일을 지정할 수 있어요.
- 테마를 지정할 수 있어요.

가락 악기를 작성해요

셀 스타일은 미리 정의되어 있는 셀 서식(글꼴 서식이나 채우기 서식 등)을 지정할 수 있는 기능인데요. 셀 스타일을 지정하면 셀의 전체 스타일을 한 번에 지정할 수 있답니다. 그럼, 이번 시간에는 도형에 그림 채우기를 지정하는 방법, 셀 스타일을 지정하는 방법, 테마를 지정하는 방법에 대해 알아볼게요.

예제 파일 : 8차시\가락 악기.xlsx, '8차시' 폴더에 있는 그림 **완성 파일** : 8차시\가락 악기_완성.xlsx

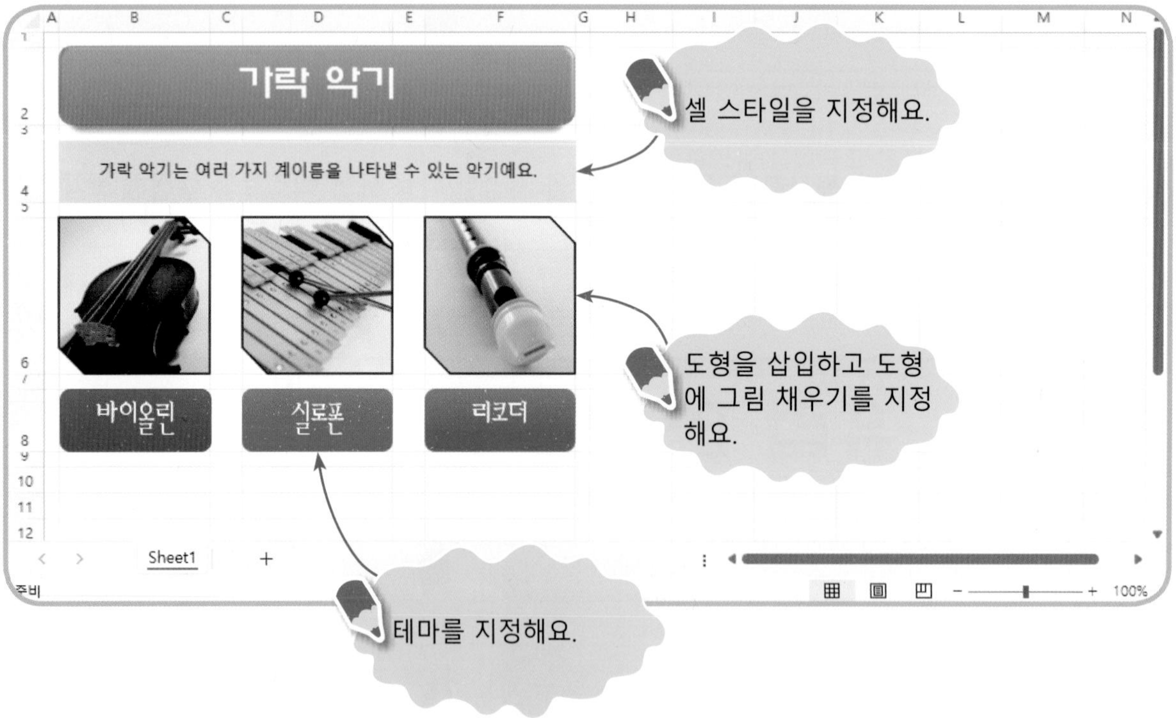

1 도형에 그림 채우기 지정하기

01 다음과 같이 '가락 악기.xlsx' 파일을 연 후 도형(사각형: 잘린 대각선 방향 모서리(◯))을 삽입해요. 그런 다음 도형에 그림 채우기를 지정하기 위해 〔도형 서식〕 탭-〔도형 스타일〕 그룹에서 〔도형 채우기〕의 〔목록(⌄)〕 단추를 클릭한 후 〔그림〕을 클릭해요.

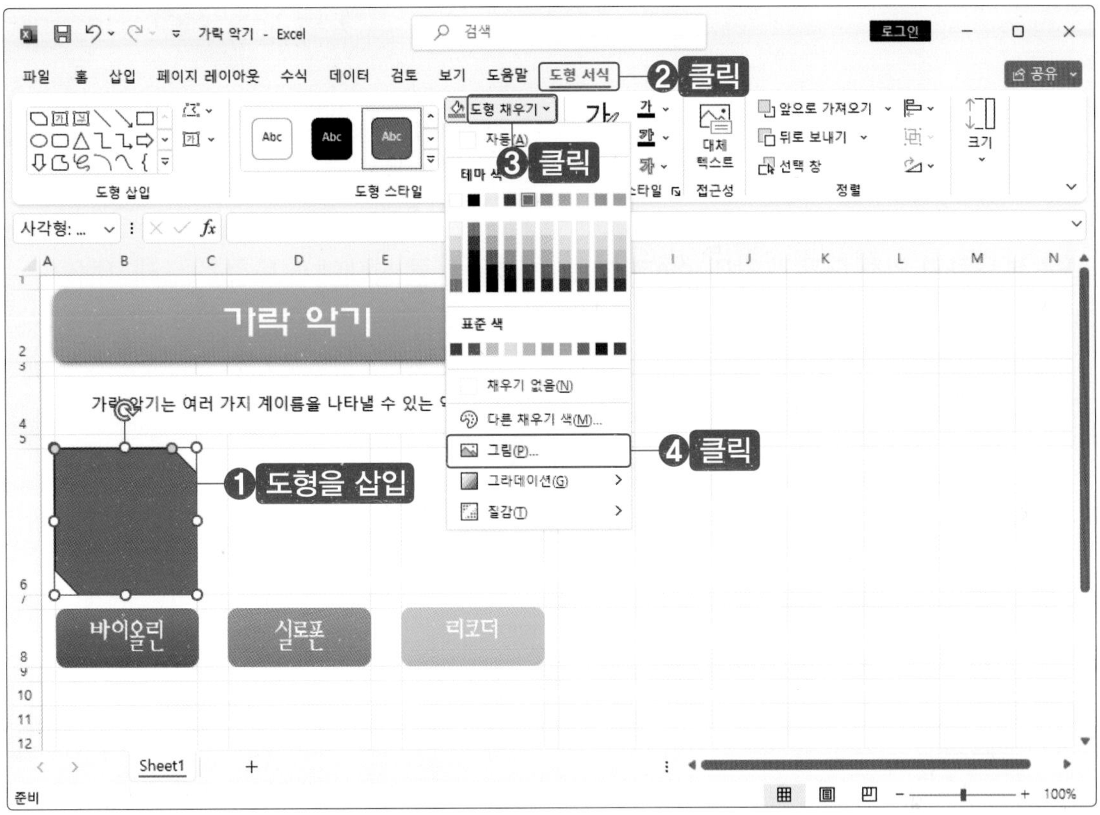

02 〔그림 삽입〕 창이 나타나면 〔파일에서〕를 클릭해요.

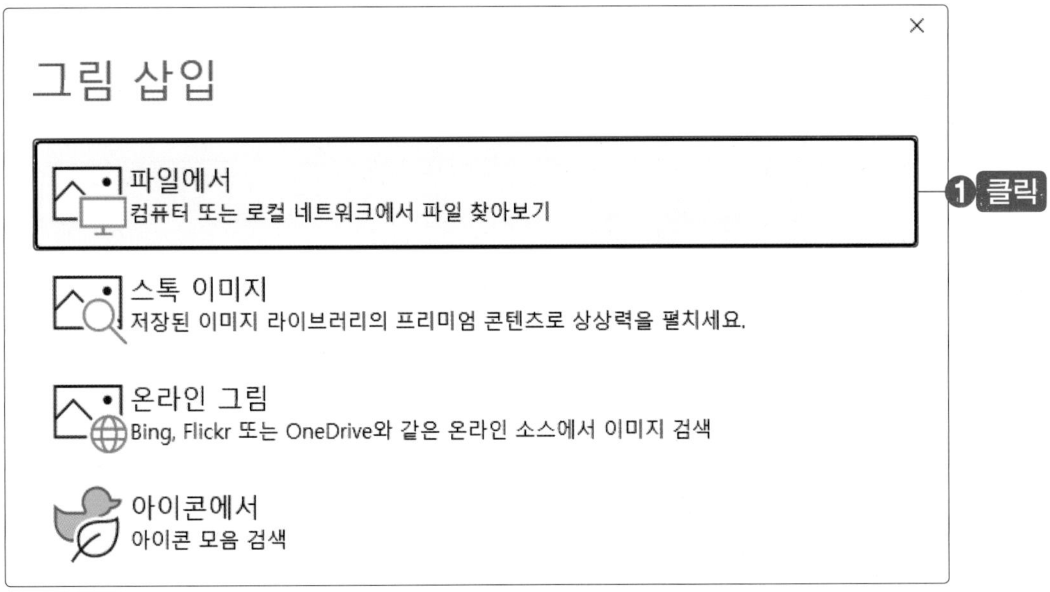

03 [그림 삽입] 대화상자가 나타나면 위치(C:\깨비뚝딱\엑셀2021\8차시)를 선택한 후 파일(바이올린)을 선택한 다음 [삽입] 단추를 클릭해요.

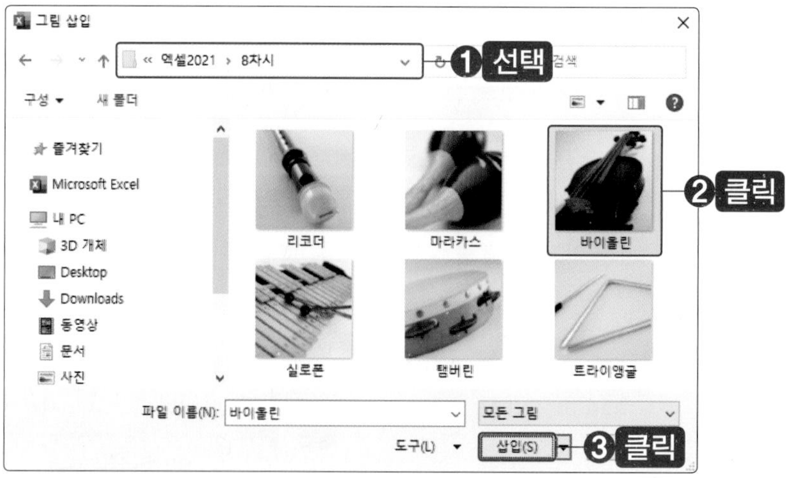

04 도형을 복사하기 위해 다음과 같이 Ctrl키와 Shift키를 누른 상태에서 도형을 드래그해요.

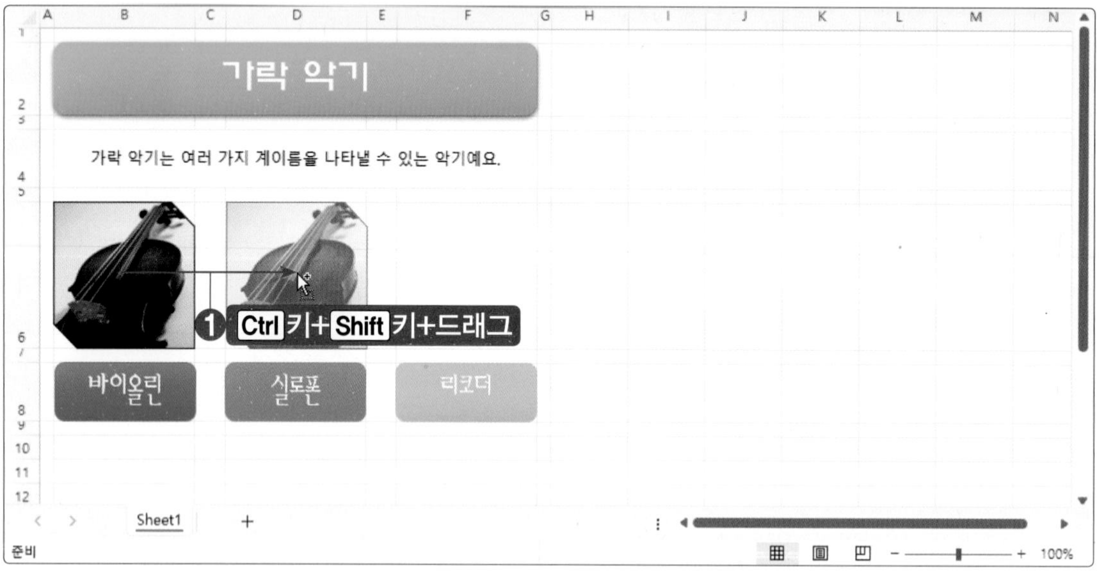

05 같은 방법으로 다음과 같이 도형을 1개 더 복사한 후 도형에 그림 채우기를 지정해요.

- **두 번째 도형** : 그림 채우기(위치(C:\깨비뚝딱\엑셀2021\8차시), 파일(실로폰))
- **세 번째 도형** : 그림 채우기(위치(C:\깨비뚝딱\엑셀2021\8차시), 파일(리코더))

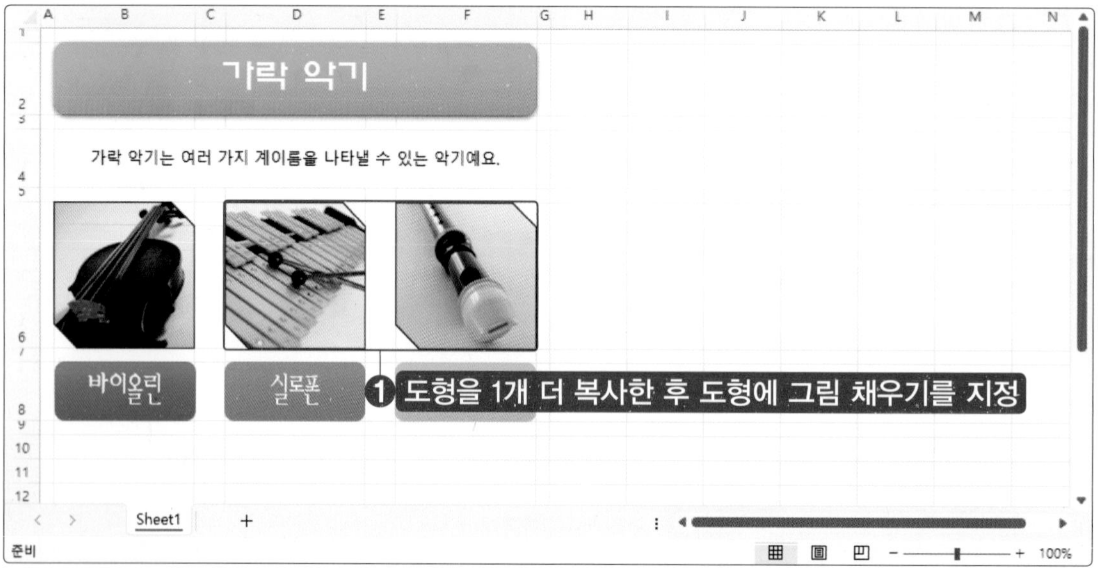

2 셀 스타일 지정하기

01 셀 스타일을 지정하기 위해 B4셀을 선택한 후 〔홈〕 탭-〔스타일〕 그룹에서 〔셀 스타일〕을 클릭한 다음 〔연한 녹색, 40% - 강조색6〕을 클릭해요.

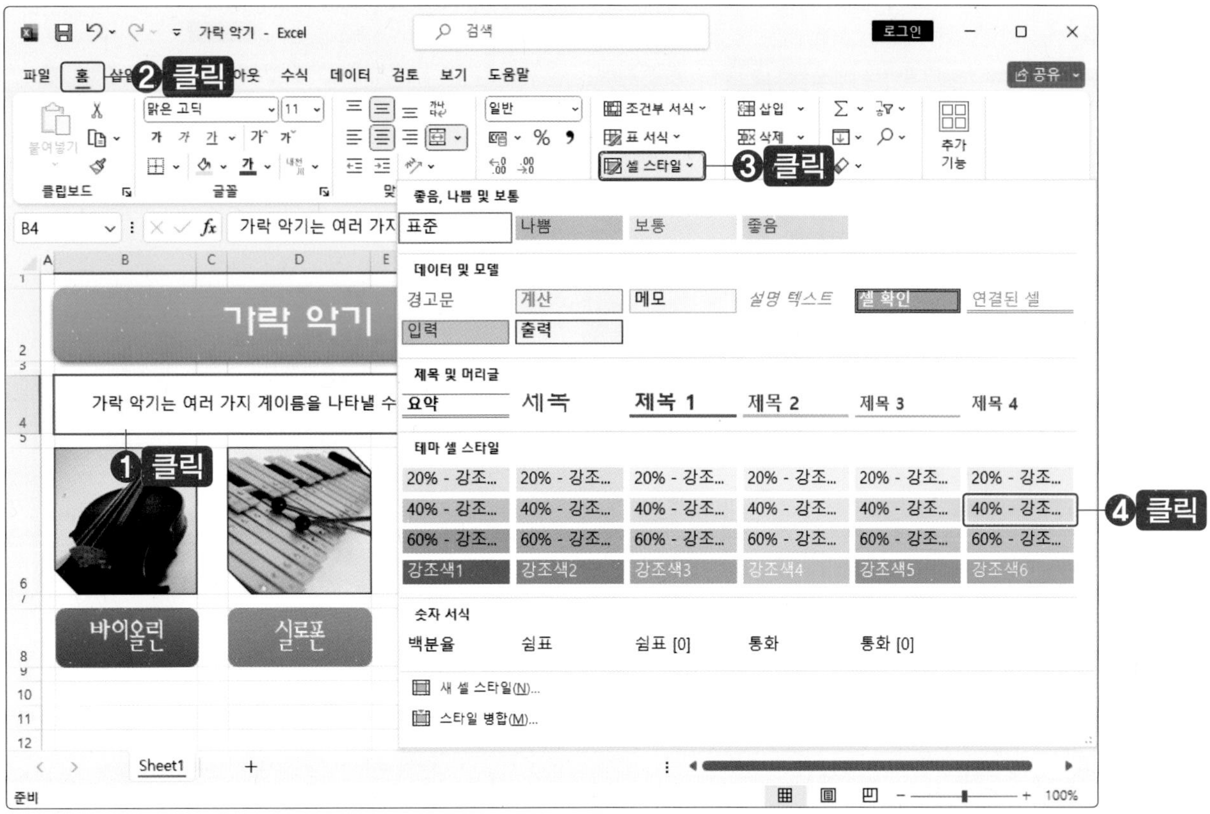

〔표준〕을 클릭하면 지정한 셀 스타일뿐만 아니라 셀 스타일을 지정하기 전에 지정한 모든 셀 서식이 제거돼요.

02 다음과 같이 셀 스타일이 지정돼요.

3 테마 지정하기

01 테마를 지정하기 위해 [페이지 레이아웃] 탭-[테마] 그룹에서 [테마]를 클릭한 후 [갤러리]를 클릭해요.

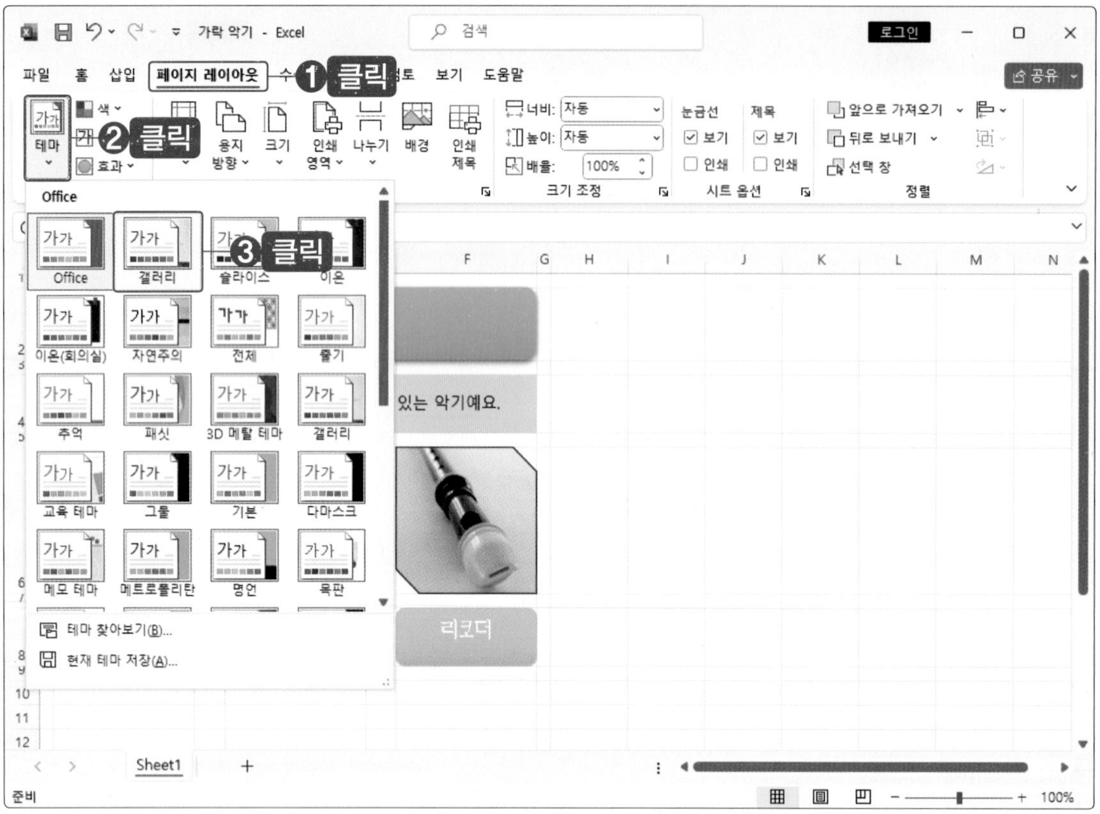

엑셀에서는 문서의 전반적인 디자인을 변경할 수 있는 테마를 제공하는데요. 테마를 지정하면 셀 서식뿐만 아니라 도형이나 차트 등의 스타일도 일관성 있게 변경되므로 깔끔하고 세련된 문서를 작성할 수 있어요.

02 다음과 같이 테마가 지정돼요.

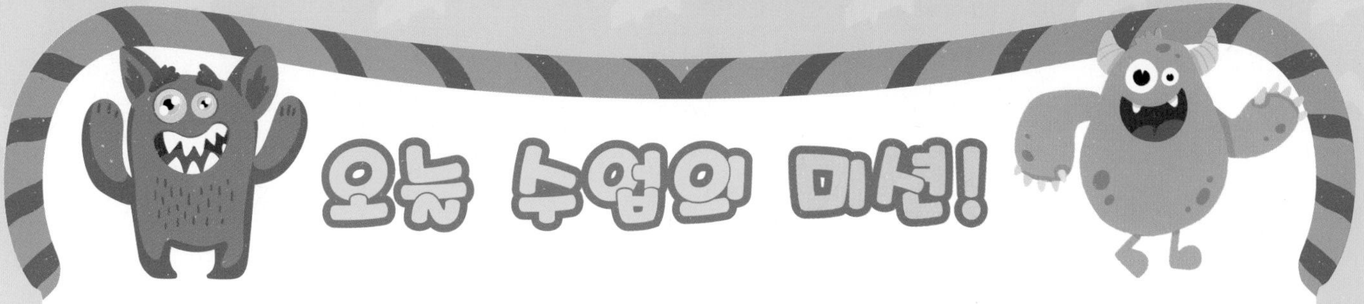

오늘 수업의 미션!

1 다음과 같이 '리듬 악기.xlsx' 파일을 연 후 도형을 삽입한 다음 도형에 그림 채우기를 지정하고 셀 스타일을 지정해 보세요.

- **예제 파일** : 8차시\리듬 악기.xlsx, '8차시' 폴더에 있는 그림 ■ **완성 파일** : 8차시\리듬 악기_완성.xlsx
- 도형을 삽입한 후 도형에 그림 채우기를 지정
  - **첫 번째 도형** : 도형 모양(직사각형(□)), 그림 채우기(위치(C:\깨비뚝딱\엑셀2021\8차시), 파일(탬버린))
  - **두 번째 도형** : 도형 모양(직사각형(□)), 그림 채우기(위치(C:\깨비뚝딱\엑셀2021\8차시), 파일(트라이앵글))
  - **세 번째 도형** : 도형 모양(직사각형(□)), 그림 채우기(위치(C:\깨비뚝딱\엑셀2021\8차시), 파일(마라카스))
- **B4셀** : 셀 스타일(연한 주황, 20% – 강조색2)

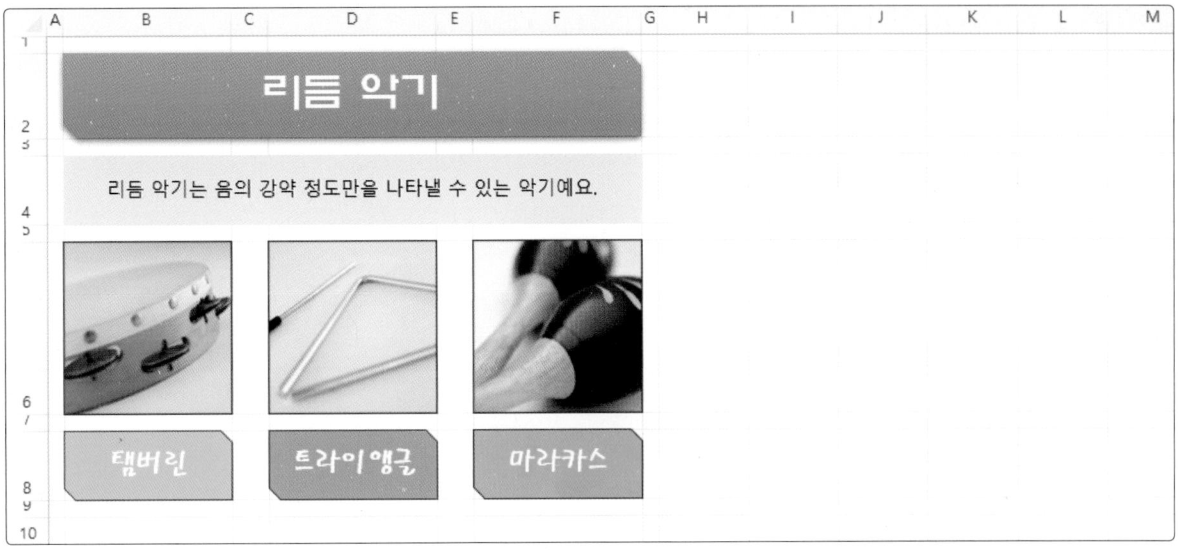

2 다음과 같이 테마를 지정해 보세요.

- **테마 지정** : 3D 메탈 테마

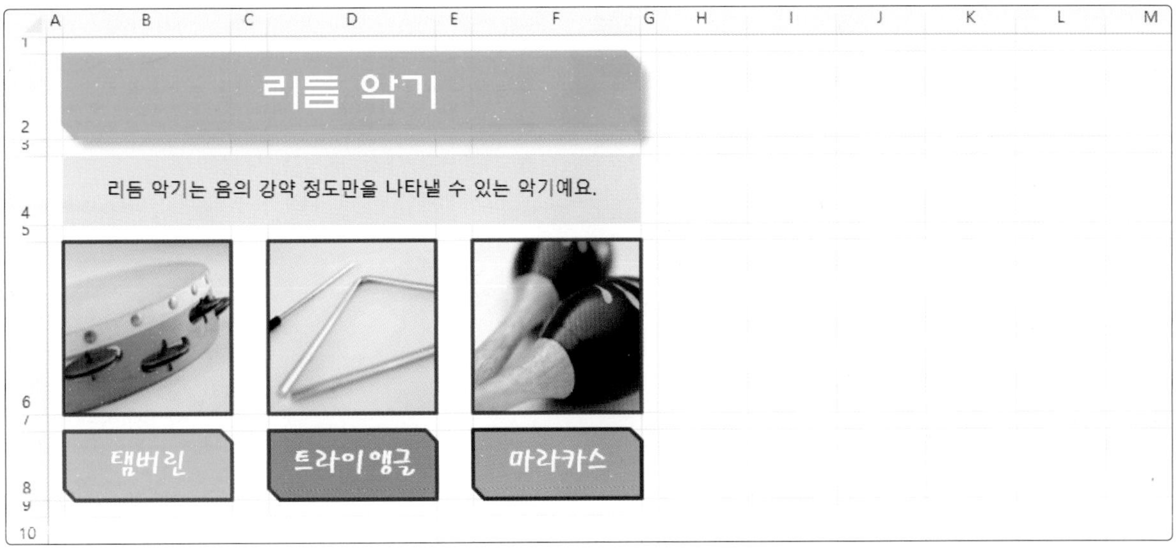

Lesson 09

배울 수 있어요!

- 데이터 막대와 아이콘 집합을 사용할 수 있어요.
- 셀 강조 규칙과 상위/하위 규칙을 사용할 수 있어요.

타자 경진 대회를 작성해요

조건부 서식은 조건을 만족하는 경우에만 셀에 지정되는 서식인데요. 조건부 서식을 지정하면 조건을 만족하는 셀을 시각화할 수 있기 때문에 원하는 사항을 쉽고 빠르게 확인할 수 있답니다. 그럼, 이번 시간에는 데이터 막대와 아이콘 집합을 사용하는 방법과 셀 강조 규칙과 상위/하위 규칙을 사용하는 방법에 대해 알아볼게요.

예제 파일 : 9차시\타자 경진 대회.xlsx　**완성 파일** : 9차시\타자 경진 대회_완성.xlsx

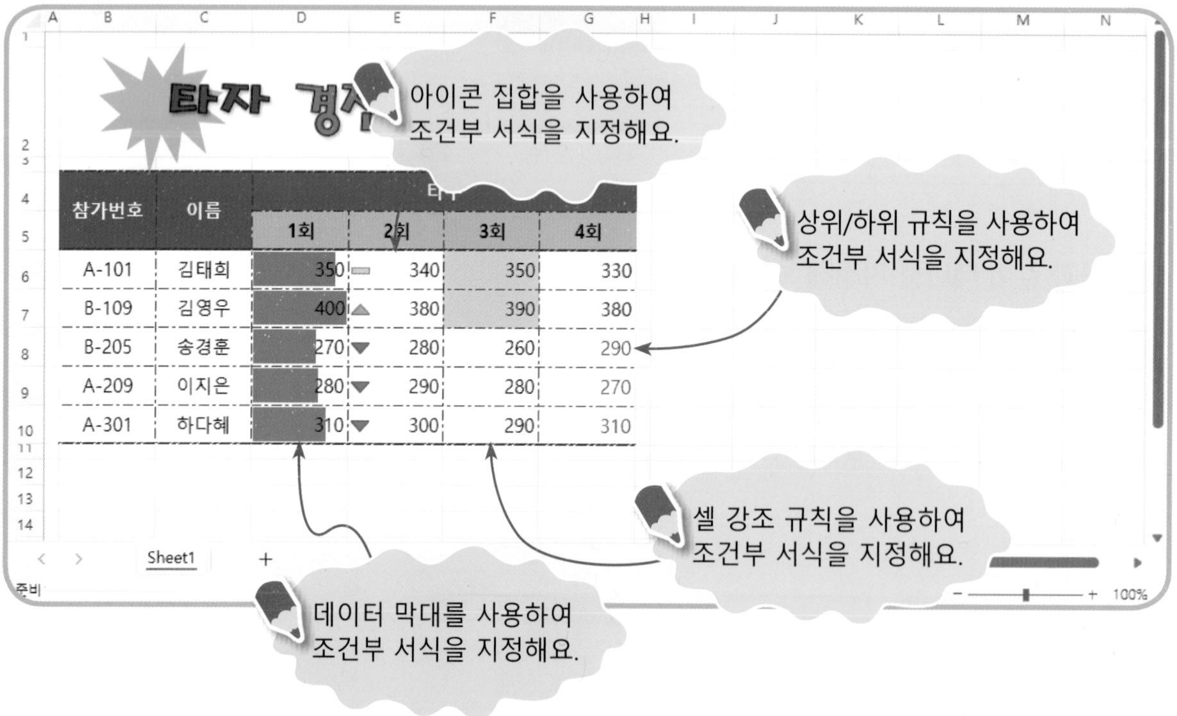

1 데이터 막대와 아이콘 집합 사용하기

01 '타자 경진 대회.xlsx' 파일을 연 후 데이터 막대를 사용하기 위해 D6:D10셀 범위를 선택한 다음 〔홈〕 탭-〔스타일〕 그룹에서 〔조건부 서식〕을 클릭하고 〔데이터 막대〕-〔단색 채우기〕-〔빨강 데이터 막대( )〕를 클릭해요.

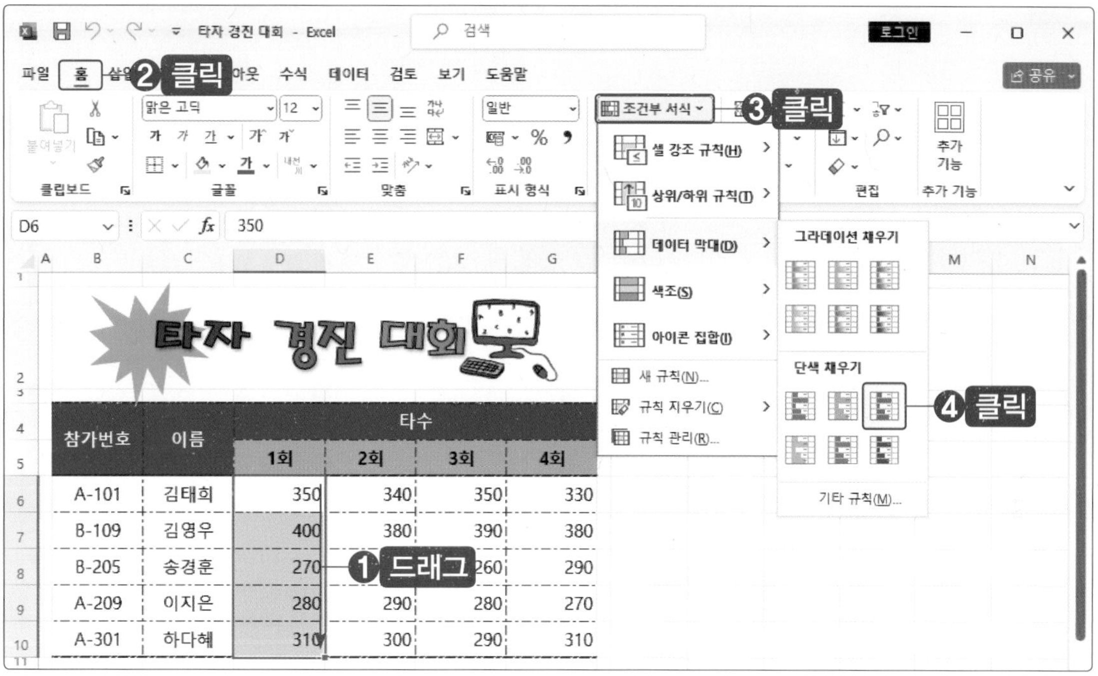

데이터 막대는 셀 값을 다른 셀 값과 비교하여 막대의 길이로 표시할 수 있는 조건부 서식이에요.

02 다음과 같이 1회 타수에 따라 빨간색 막대의 길이로 표시돼요.

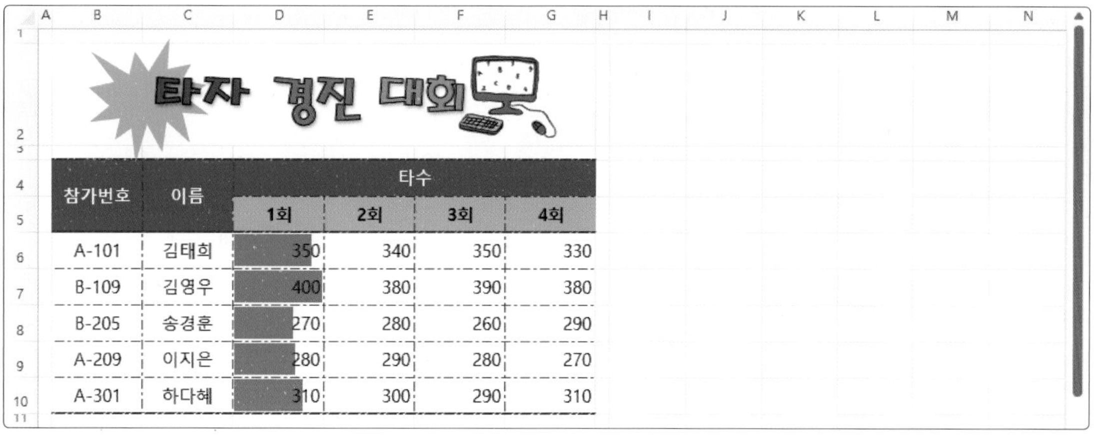

1회 타수가 가장 많은 데이터는 가장 긴 빨간색 막대로 표시되고, 가장 적은 데이터는 가장 짧은 빨간색 막대로 표시돼요.

03 아이콘 집합을 사용하기 위해 E6:E10셀 범위를 선택한 후 〔홈〕 탭-〔스타일〕 그룹에서 〔조건부 서식〕을 클릭한 다음 〔아이콘 집합〕-〔삼각형 3개(▲ ▬ ▼)〕를 클릭해요.

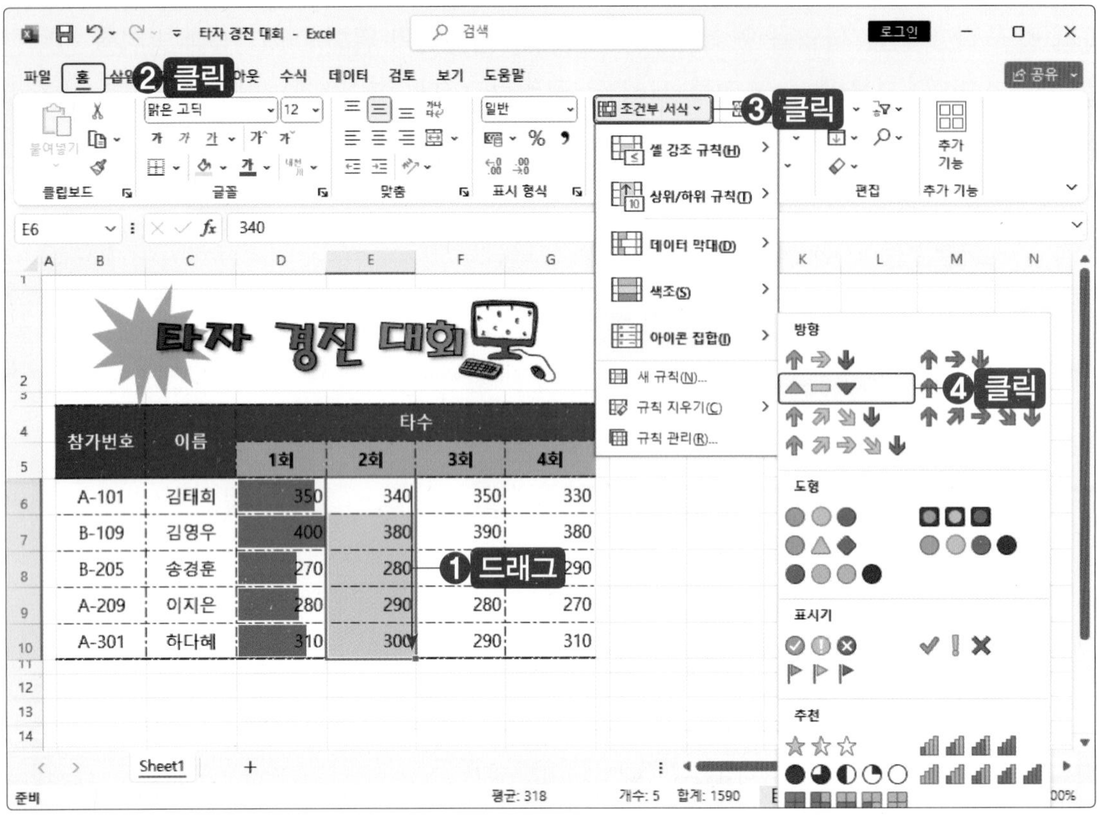

아이콘 집합은 셀 값을 3~5개의 범위를 나타내는 아이콘으로 표시할 수 있는 조건부 서식이에요.

04 다음과 같이 2회 타수에 따라 삼각형 3개 아이콘으로 표시돼요.

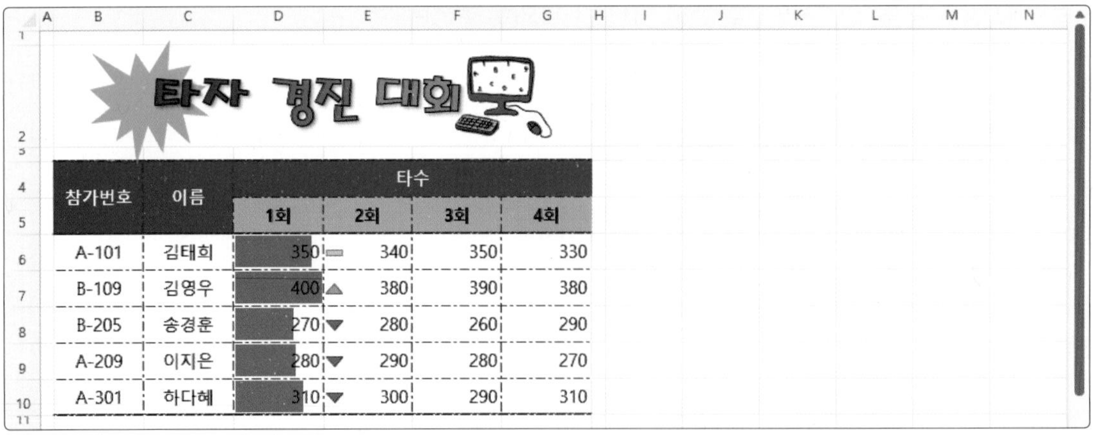

2회 타수가 상위 범위에 해당하면 ▲ 아이콘, 중간 범위에 해당하면 ▬ 아이콘, 하위 범위에 해당하면 ▼ 아이콘으로 표시돼요.

2 셀 강조 규칙과 상위/하위 규칙 사용하기

01 셀 강조 규칙을 사용하기 위해 F6:F10셀 범위를 선택한 후 [홈] 탭-[스타일] 그룹에서 [조건부 서식]을 클릭한 다음 [셀 강조 규칙]-[보다 큼]을 클릭해요.

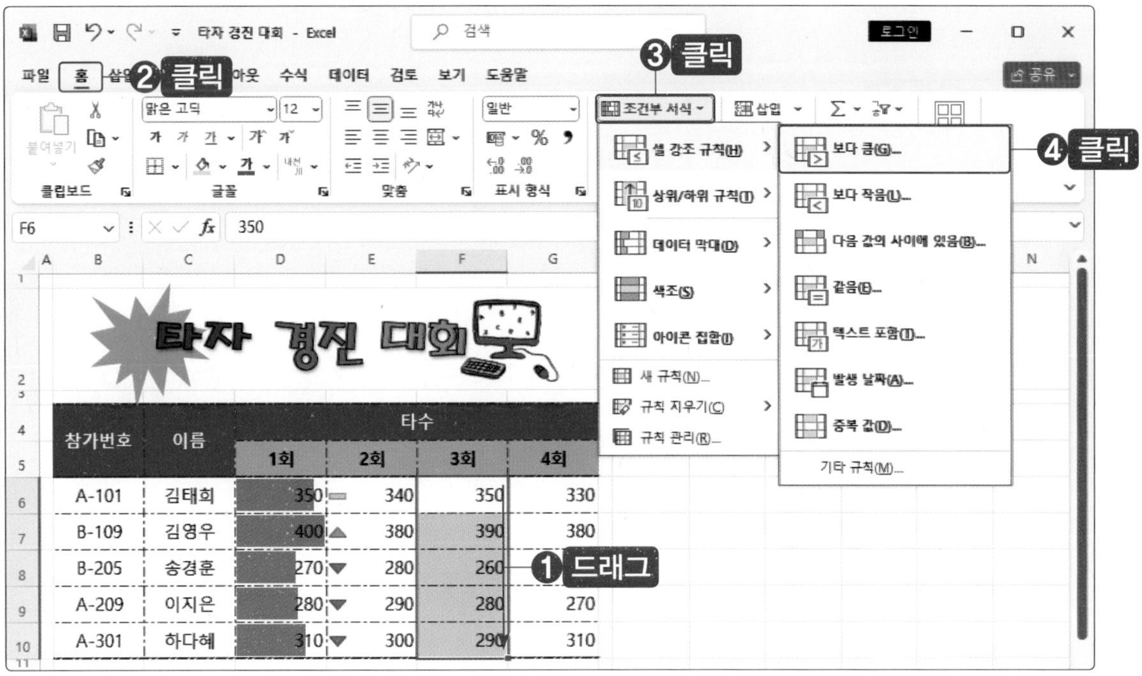

셀 강조 규칙은 조건을 만족하는 데이터에만 서식을 지정할 수 있는 조건부 서식이에요.

02 [보다 큼] 대화상자가 나타나면 값(300)을 입력한 후 적용할 서식(연한 빨강 채우기)을 선택한 다음 [확인] 단추를 클릭해요.

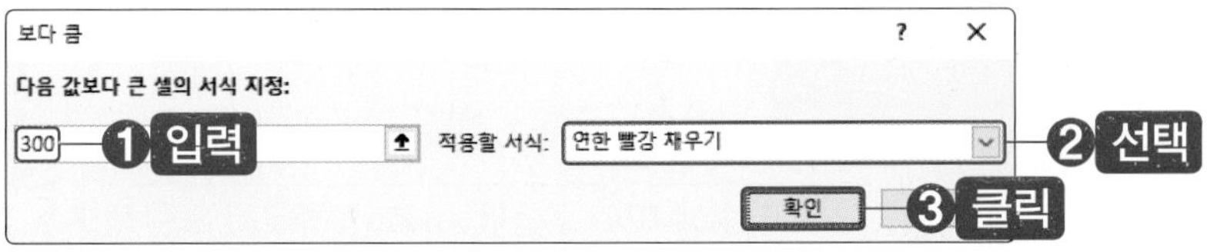

03 다음과 같이 3회 타수가 300보다 많은 데이터에만 서식이 지정돼요.

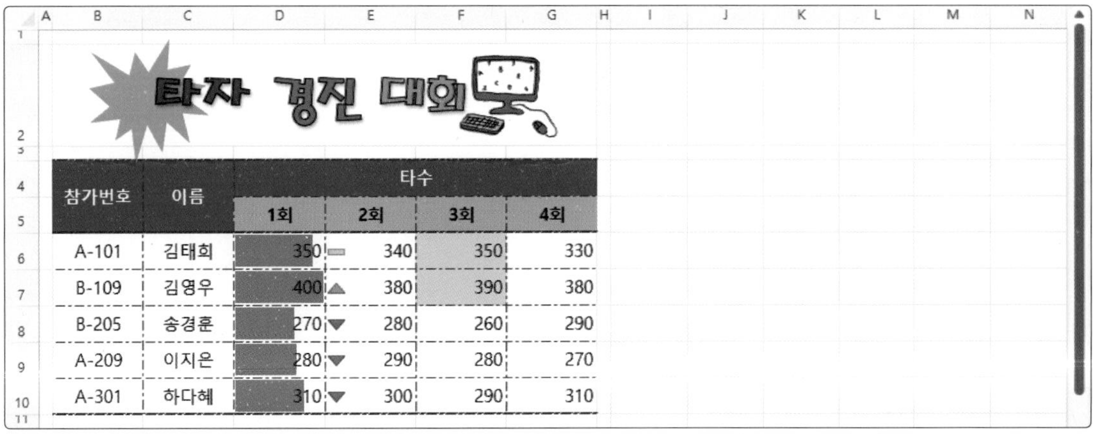

색조

색조는 셀 값을 다른 셀 값과 비교하여 2색 또는 3색의 그라데이션(점진적으로 한 색에서 다른 색으로 변해 가는 것)으로 표시할 수 있는 조건부 서식인데요. 다음은 F6:F10셀 범위를 선택한 후 [홈] 탭-[스타일] 그룹에서 [조건부 서식]을 클릭한 다음 [색조]-[녹색 - 노랑 색조(▦)]를 클릭한 경우예요.

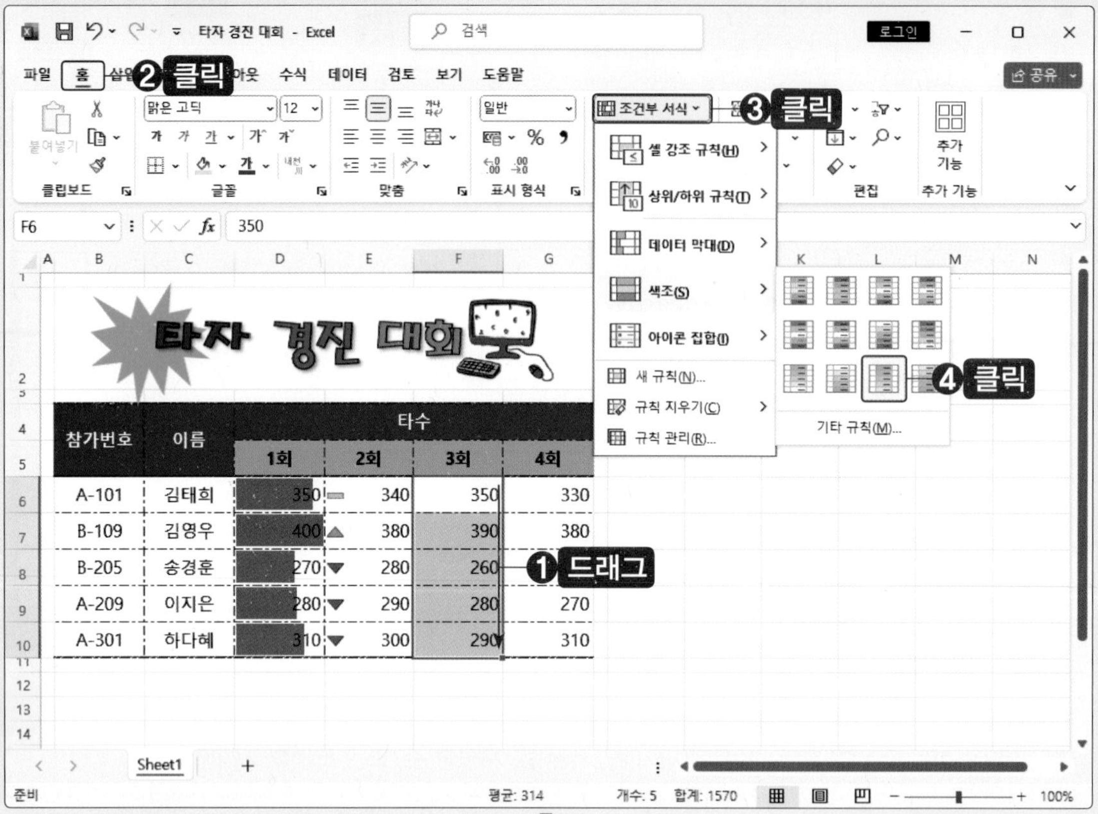

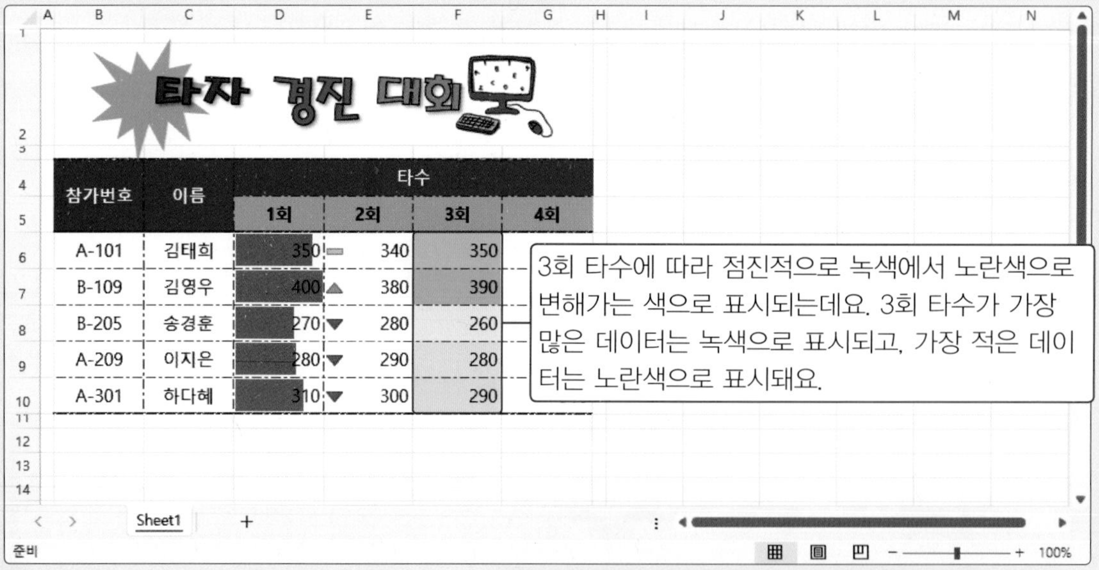

04 상위/하위 규칙을 사용하기 위해 G6:G10셀 범위를 선택한 후 〔홈〕 탭-〔스타일〕 그룹에서 〔조건부 서식〕을 클릭한 다음 〔상위/하위 규칙〕-〔하위 10개 항목〕을 클릭해요.

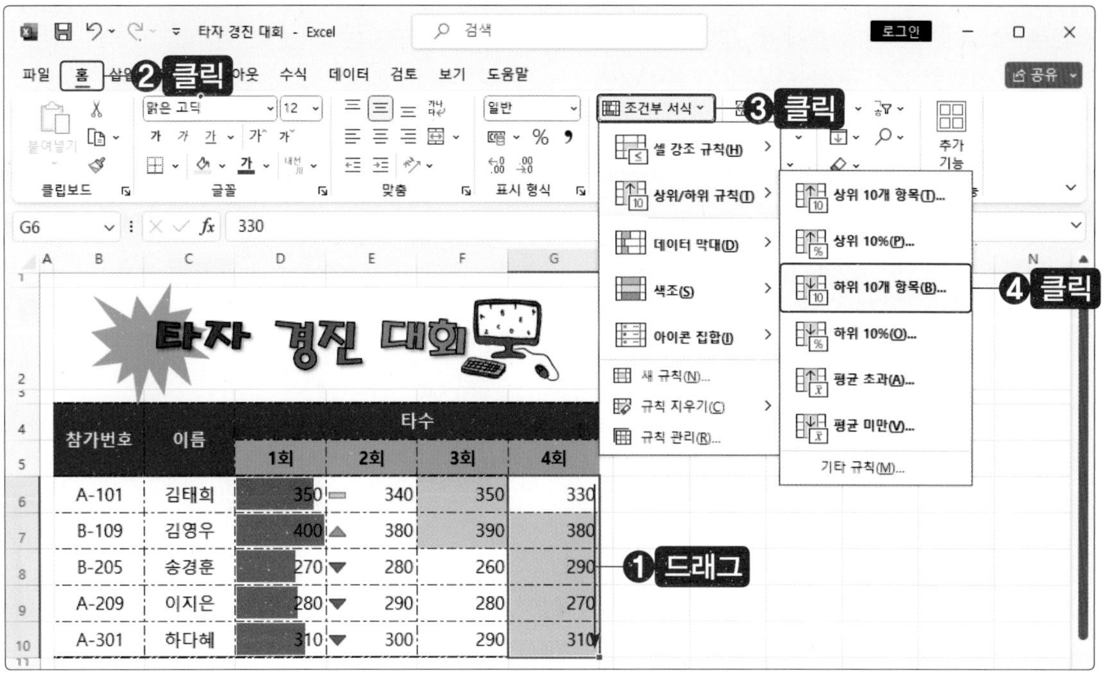

상위/하위 규칙은 셀 값이 큰 순서나 작은 순서대로 원하는 만큼의 데이터에만 서식을 지정할 수 있는 조건부 서식이에요.

05 〔하위 10개 항목〕 대화상자가 나타나면 하위 순위(3)를 입력한 후 적용할 서식(빨강 텍스트)을 선택한 다음 〔확인〕 단추를 클릭해요.

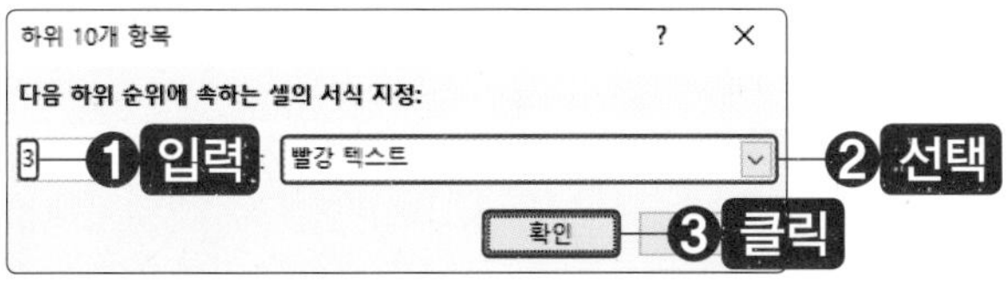

06 다음과 같이 4회 타수가 적은 순서대로 3개의 데이터에만 서식이 지정돼요.

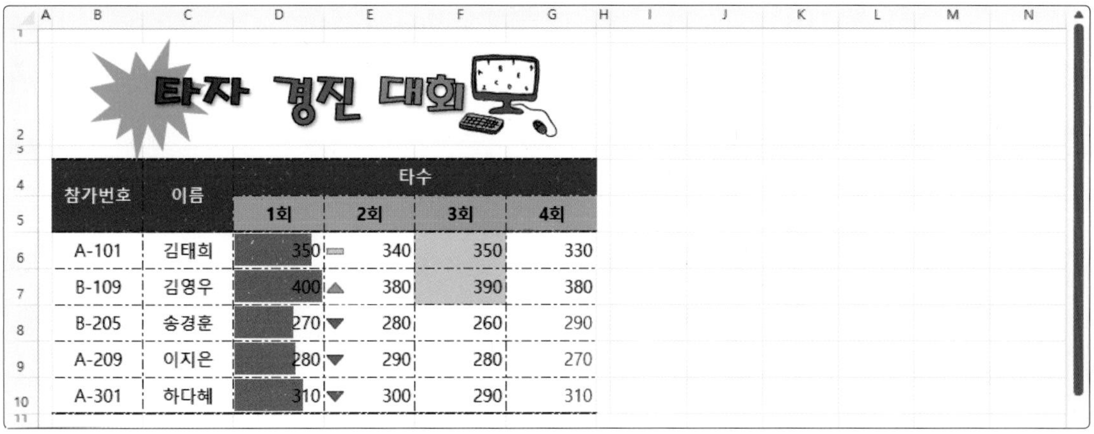

조건부 서식 지우기

조건부 서식이 지정된 셀 범위를 선택한 후 [홈] 탭-[스타일] 그룹에서 [조건부 서식]을 클릭한 다음 [규칙 지우기]-[선택한 셀의 규칙 지우기]를 클릭하면 선택한 셀 범위에 지정된 조건부 서식을 지울 수 있고, [규칙 지우기]-[시트 전체에서 규칙 지우기]를 클릭하면 현재 워크시트에 지정된 모든 조건부 서식을 지울 수 있는데요. 다음은 D6:D10셀 범위를 선택한 후 [홈] 탭-[스타일] 그룹에서 [조건부 서식]을 클릭한 다음 [규칙 지우기]-[선택한 셀의 규칙 지우기]를 클릭한 경우예요.

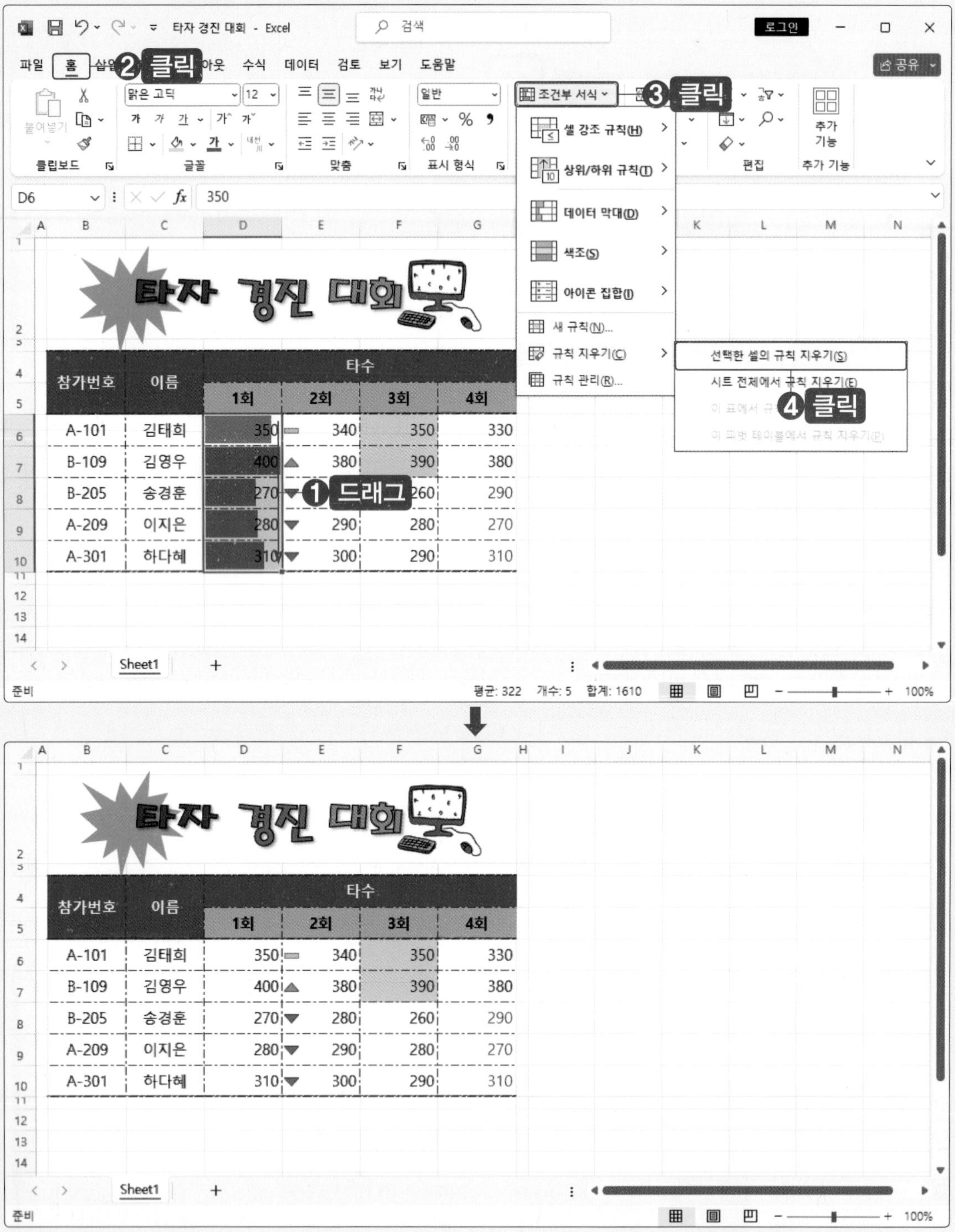

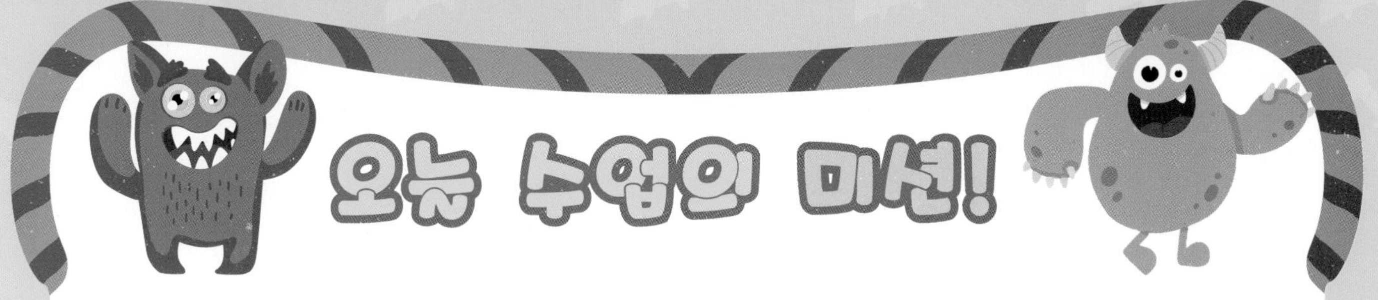

1 다음과 같이 '과학 경진 대회.xlsx' 파일을 연 후 색조와 아이콘 집합을 사용하여 조건부 서식을 지정해 보세요.

- **예제 파일** : 9차시\과학 경진 대회.xlsx　■ **완성 파일** : 9차시\과학 경진 대회_완성.xlsx
- **D5:D9셀 범위** : 색조(빨강 – 흰색 – 파랑 색조)
- **E5:E9셀 범위** : 아이콘 집합(평점 4)

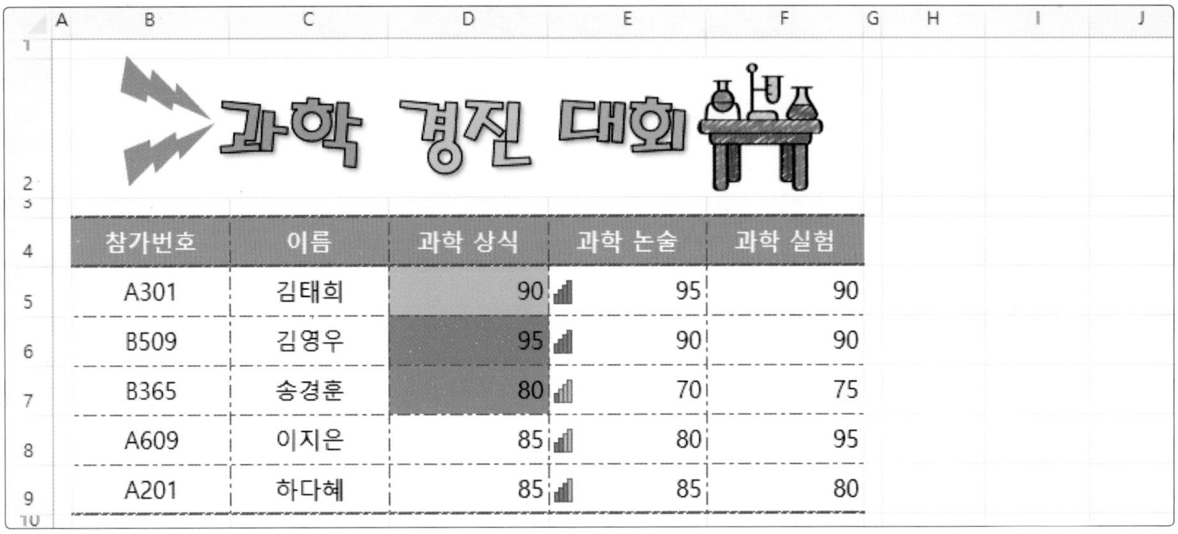

참가번호	이름	과학 상식	과학 논술	과학 실험
A301	김태희	90	95	90
B509	김영우	95	90	90
B365	송경훈	80	70	75
A609	이지은	85	80	95
A201	하다혜	85	85	80

2 다음과 같이 셀 강조 규칙을 사용하여 조건부 서식을 지정해 보세요.

- **F5:F9셀 범위** : 셀 강조 규칙(보다 작음(값(90), 적용할 서식(진한 노랑 텍스트가 있는 노랑 채우기)))

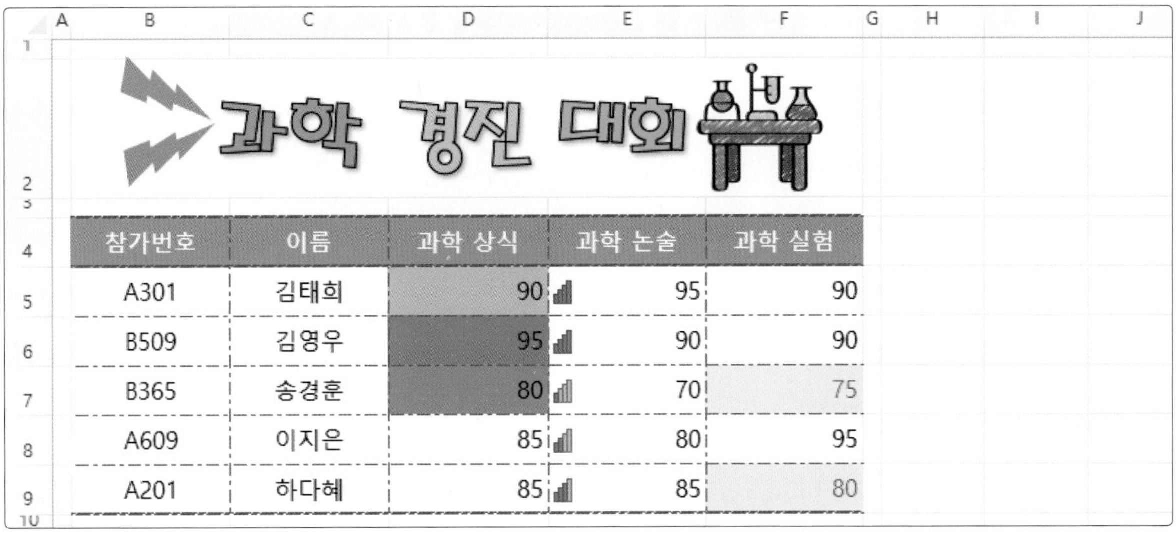

참가번호	이름	과학 상식	과학 논술	과학 실험
A301	김태희	90	95	90
B509	김영우	95	90	90
B365	송경훈	80	70	75
A609	이지은	85	80	95
A201	하다혜	85	85	80

Lesson 10

배울 수 있어요!

- 개체의 겹치는 순서를 다시 정할 수 있어요.
- 개체를 회전할 수 있어요.

개체의 겹치는 순서를 다시 정해요.

그림, 텍스트 상자, 도형 등을 개체라고 하는데요. 개체를 서로 겹치면 나중에 삽입한 개체가 먼저 삽입한 개체 위에 겹쳐지지만 개체의 겹치는 순서는 언제든지 다시 정할 수 있답니다. 그럼, 이번 시간에는 개체의 겹치는 순서를 다시 정하는 방법과 개체를 회전하는 방법에 대해 알아볼게요.

예제 파일 : 10차시\서진이 방.xlsx **완성 파일** : 10차시\서진이 방_완성.xlsx

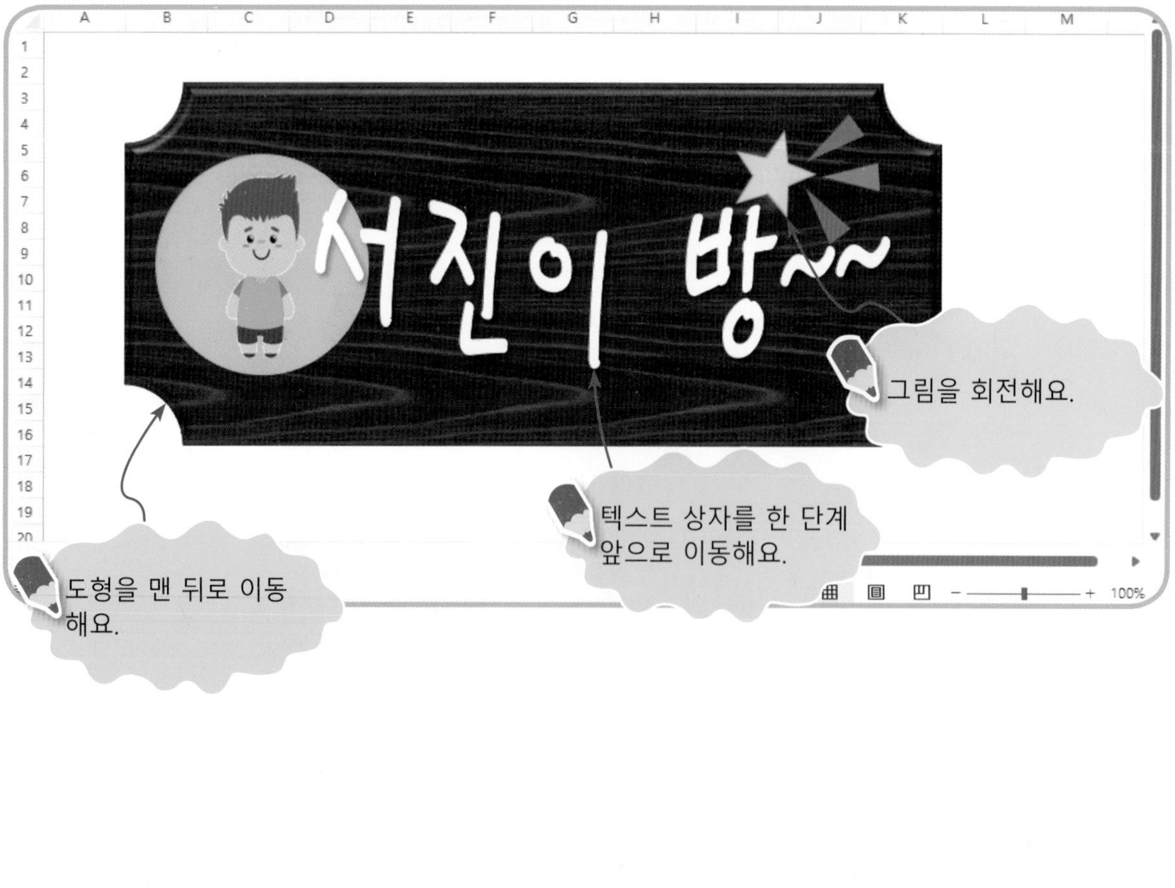

1 개체의 겹치는 순서 다시 정하기

01 '서진이 방.xlsx' 파일을 연 후 개체의 겹치는 순서를 다시 정하기 위해 도형의 바로 가기 메뉴에서 〔맨 뒤로 보내기〕-〔맨 뒤로 보내기〕를 클릭해요.

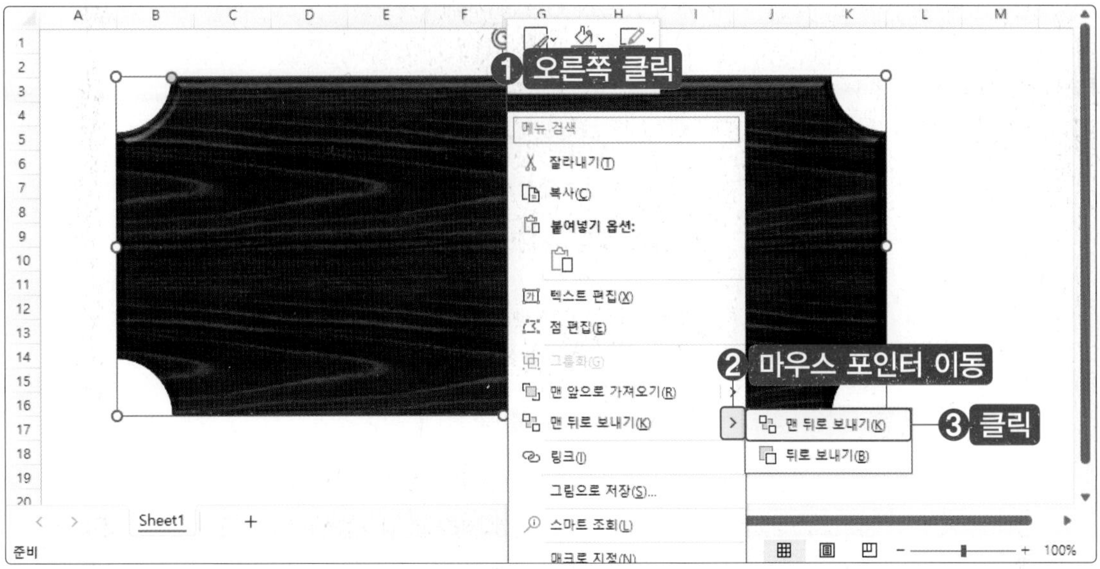

개체의 바로 가기 메뉴에서 〔맨 앞으로 가져오기〕-〔맨 앞으로 가져오기〕를 클릭하면 개체를 맨 앞으로 이동할 수 있고, 〔맨 앞으로 가져오기〕-〔앞으로 가져오기〕를 클릭하면 개체를 한 단계 앞으로 이동할 수 있어요. 그리고 〔맨 뒤로 보내기〕-〔맨 뒤로 보내기〕를 클릭하면 개체를 맨 뒤로 이동할 수 있고, 〔맨 뒤로 보내기〕-〔뒤로 보내기〕를 클릭하면 개체를 한 단계 뒤로 이동할 수 있어요.

02 도형이 맨 뒤로 이동되면 텍스트 상자를 선택한 후 텍스트 상자의 바로 가기 메뉴에서 〔맨 앞으로 가져오기〕-〔앞으로 가져오기〕를 클릭해요.

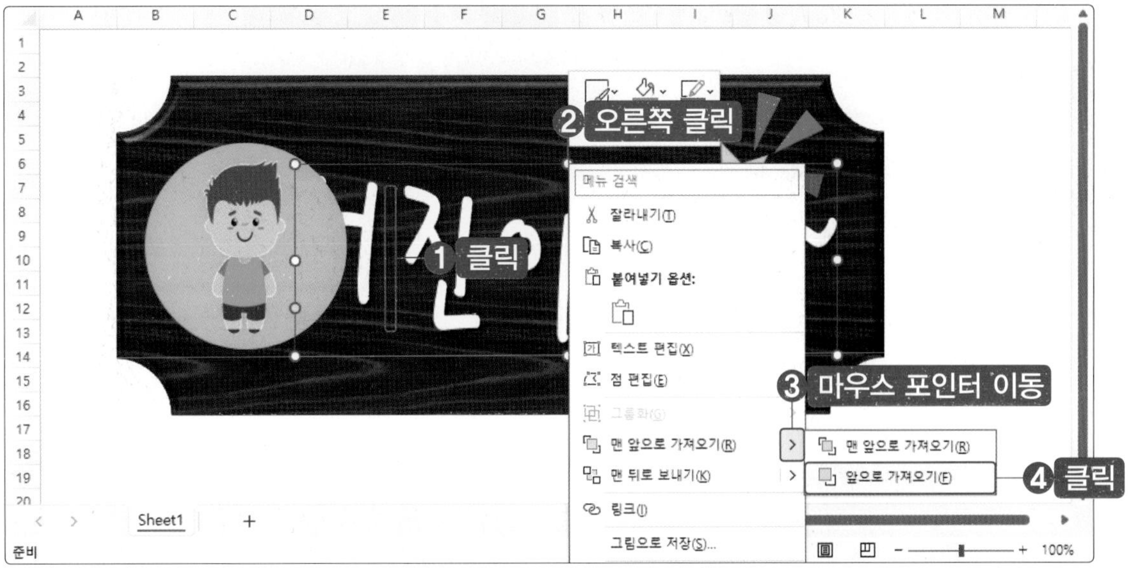

03 텍스트 상자가 한 단계 앞으로 이동돼요.

2 개체 회전하기

01 그림을 회전하기 위해 그림을 선택한 후 다음과 같이 그림의 회전 조정 핸들(⟳)을 드래그해요.

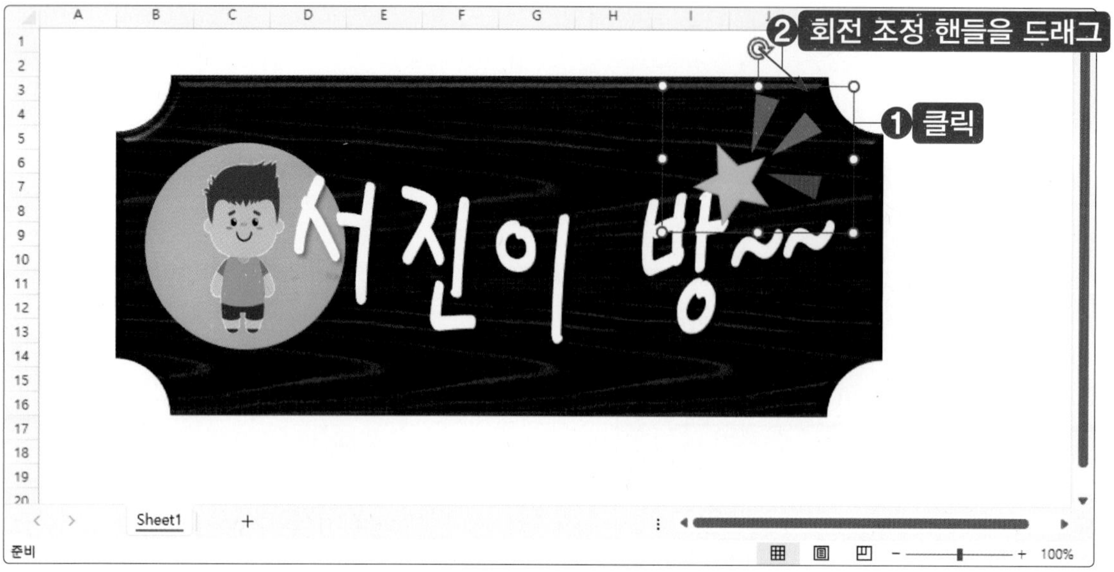

개체의 회전 조정 핸들(⟳)로 마우스 포인터를 가져가면 마우스 포인터가 ⟳ 모양으로 변경돼요.

02 다음과 같이 그림이 회전돼요.

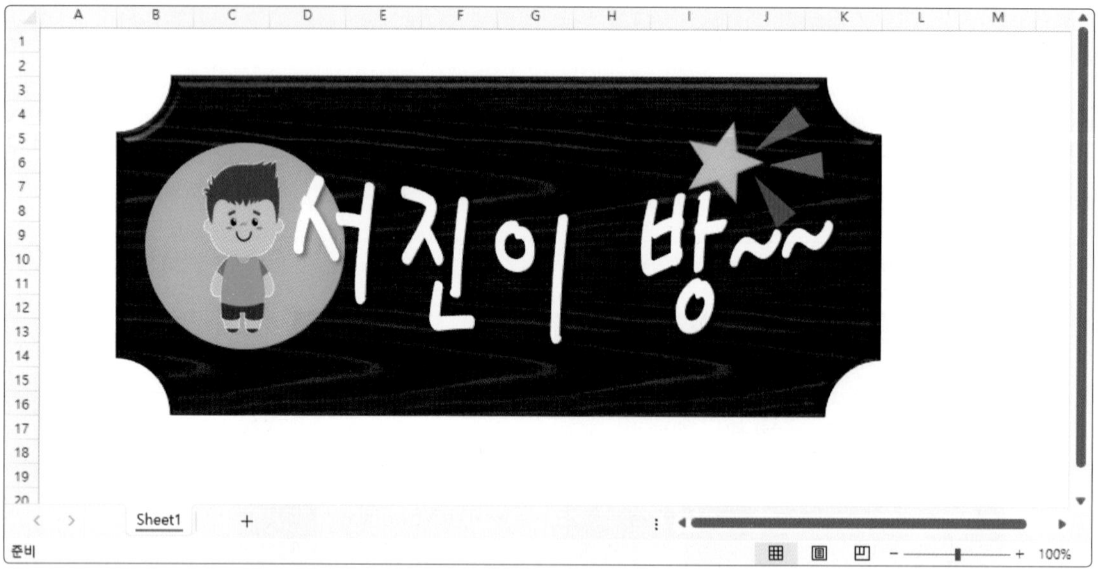

오늘 수업의 미션!

1 다음과 같이 '조이네.xlsx' 파일을 연 후 도형을 맨 뒤로 이동해 보세요.

■ 예제 파일 : 10차시\조이네.xlsx ■ 완성 파일 : 10차시\조이네_완성.xlsx

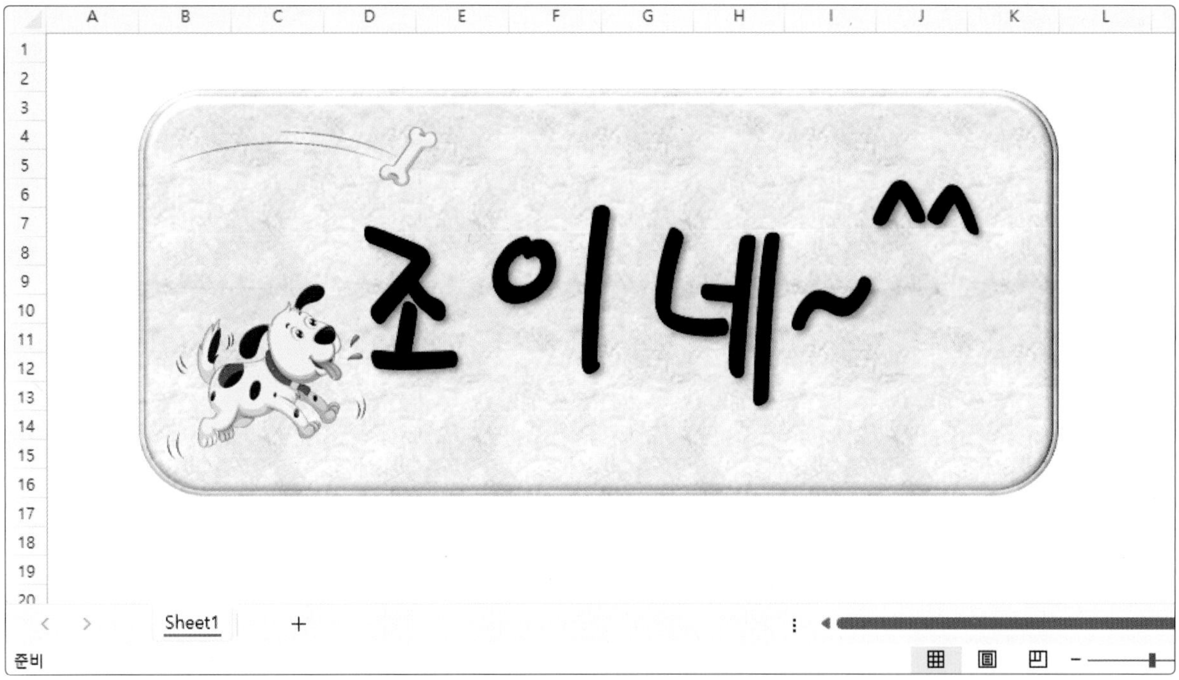

2 다음과 같이 텍스트 상자를 회전해 보세요.

Lesson 11

배울 수 있어요!

◆ 잠자리를 그릴 수 있어요.
◆ 잠자리를 그룹화하고 회전할 수 있어요.

잠자리를 그려요

도형은 겹칠 수도 있고, 도형 채우기나 도형 윤곽선 등을 지정할 수도 있는데요. 그리려는 대상의 특징을 파악하여 도형을 겹치고, 도형 채우기나 도형 윤곽선 등을 지정하면 도형으로 그림을 그릴 수 있답니다. 그럼, 이번 시간에는 잠자리를 그리는 방법과 잠자리를 그룹화하고 회전하는 방법에 대해 알아볼게요.

예제 파일 : 없음 **완성 파일** : 11차시\잠자리_완성.xlsx

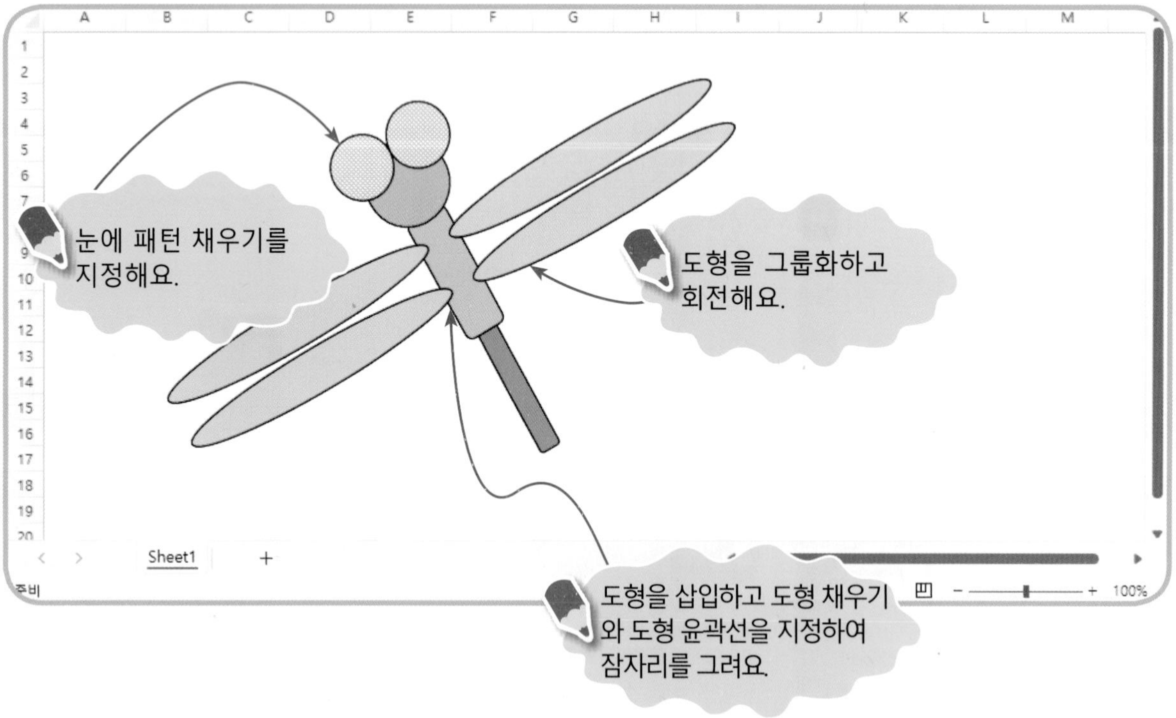

1 잠자리 그리기

01 엑셀을 실행한 후 새 문서를 만든 다음 눈금선을 숨겨요.

02 눈금선이 숨겨지면 다음과 같이 도형(사각형: 둥근 모서리(▢))을 삽입해요. 그런 다음 도형 채우기를 지정하기 위해 [도형 서식] 탭-[도형 스타일] 그룹에서 [도형 채우기]의 [목록(⌄)] 단추를 클릭한 후 [주황, 강조 2]를 클릭해요.

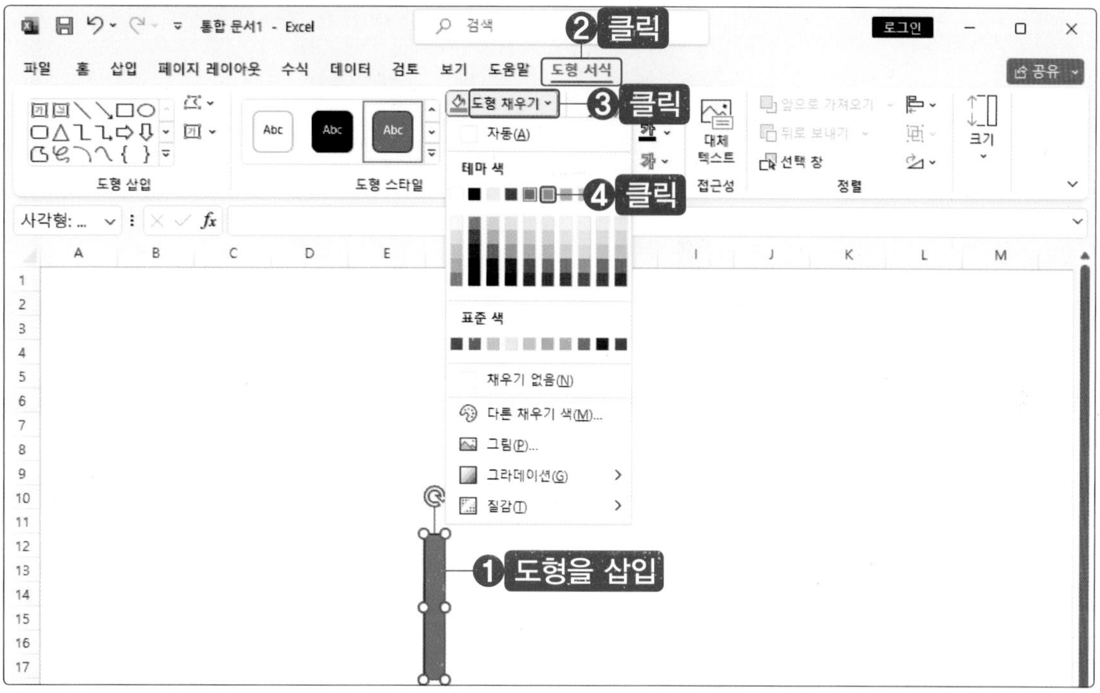

03 도형 윤곽선을 지정하기 위해 [도형 서식] 탭-[도형 스타일] 그룹에서 [도형 윤곽선]의 [목록(⌄)] 단추를 클릭한 후 [검정, 텍스트 1]을 클릭해요.

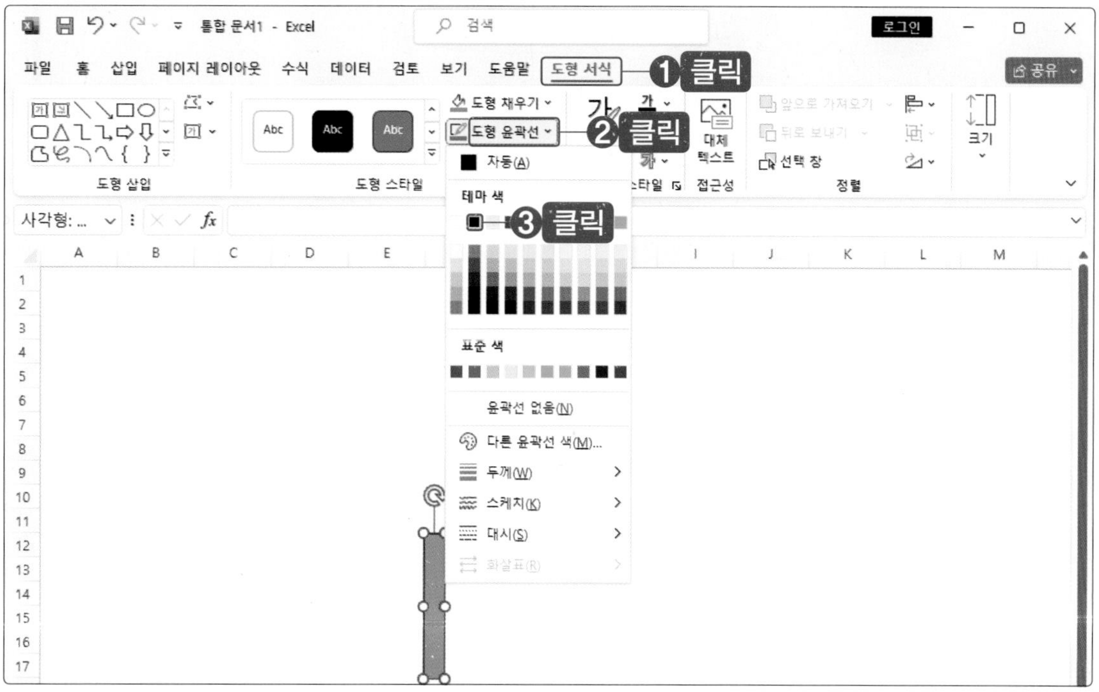

04 같은 방법으로 다음과 같이 도형을 삽입한 후 도형 채우기와 도형 윤곽선을 지정하여 잠자리를 그려요.

- **가슴** : 도형 모양(사각형: 둥근 모서리(▢)), 도형 채우기(색(주황)), 도형 윤곽선(색(검정, 텍스트 1))
- **머리** : 도형 모양(타원(◯)), 도형 채우기(색(주황, 강조 2, 40% 더 밝게)), 도형 윤곽선(색(검정, 텍스트 1))
- **눈** : 도형 모양(타원(◯)), 도형 채우기(색(흰색, 배경 1)), 도형 윤곽선(색(검정, 텍스트 1))
- **날개** : 도형 모양(타원(◯)), 도형 채우기(색(파랑, 강조 1, 60% 더 밝게)), 도형 윤곽선(색(검정, 텍스트 1))

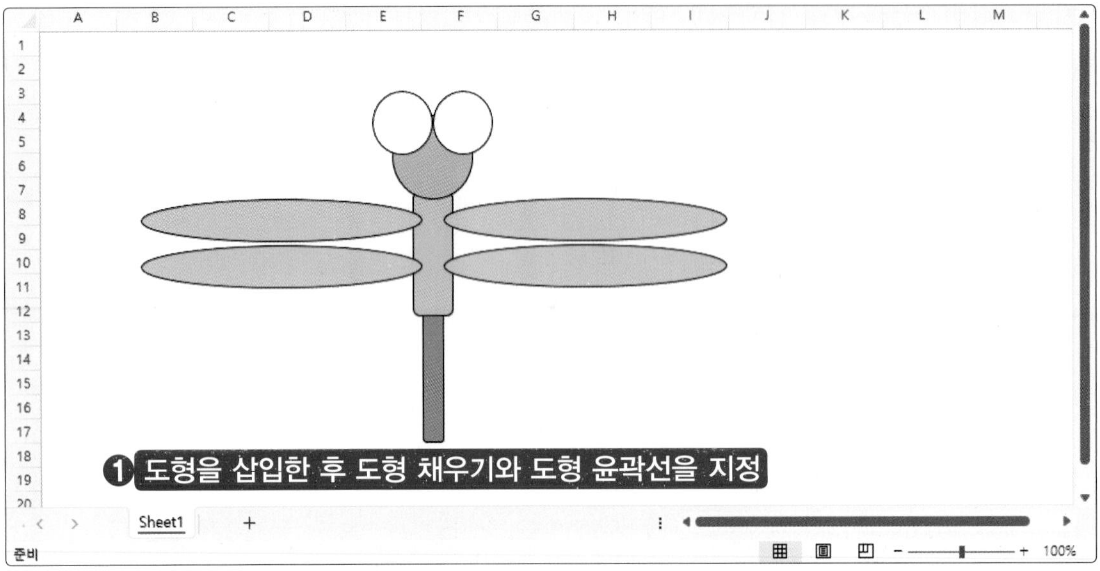

05 눈에 패턴 채우기를 지정하기 위해 눈을 선택한 후 눈의 바로 가기 메뉴에서 [개체 서식]을 클릭해요.

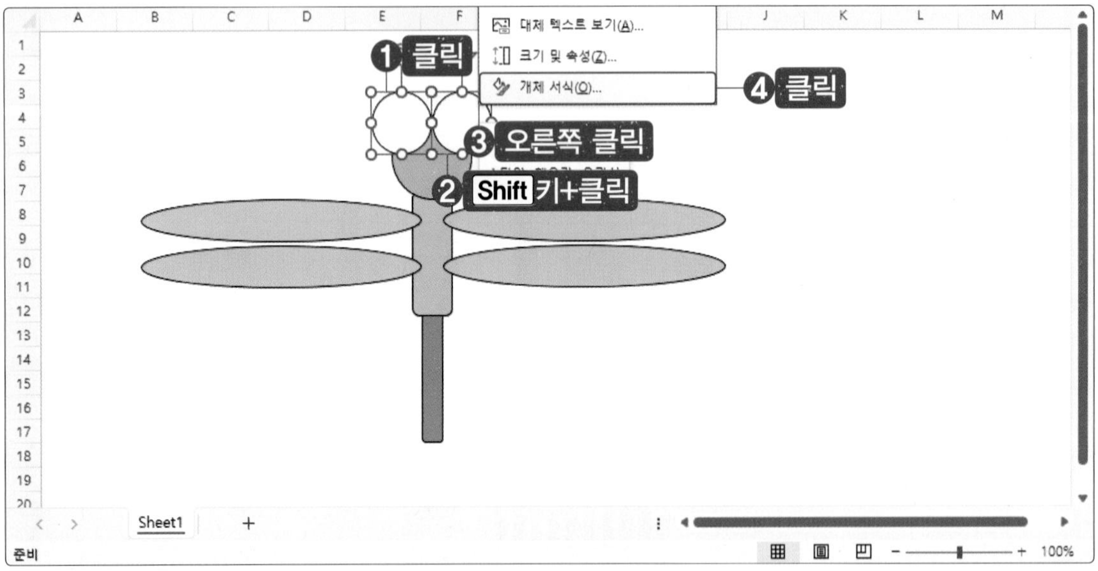

개체(여기서는 도형)를 선택한 후 Shift 키를 누른 상태에서 다른 개체를 선택하면 여러 개체를 한꺼번에 선택할 수 있어요.

06 〔도형 서식〕 작업 창이 나타나면 〔도형 옵션〕-〔채우기 및 선( )〕-〔채우기〕에서 〔패턴 채우기〕를 선택한 후 패턴(점선: 30%( ))을 선택한 다음 전경색(녹색, 강조 6)을 선택하고 〔닫기(×)〕를 클릭해요.

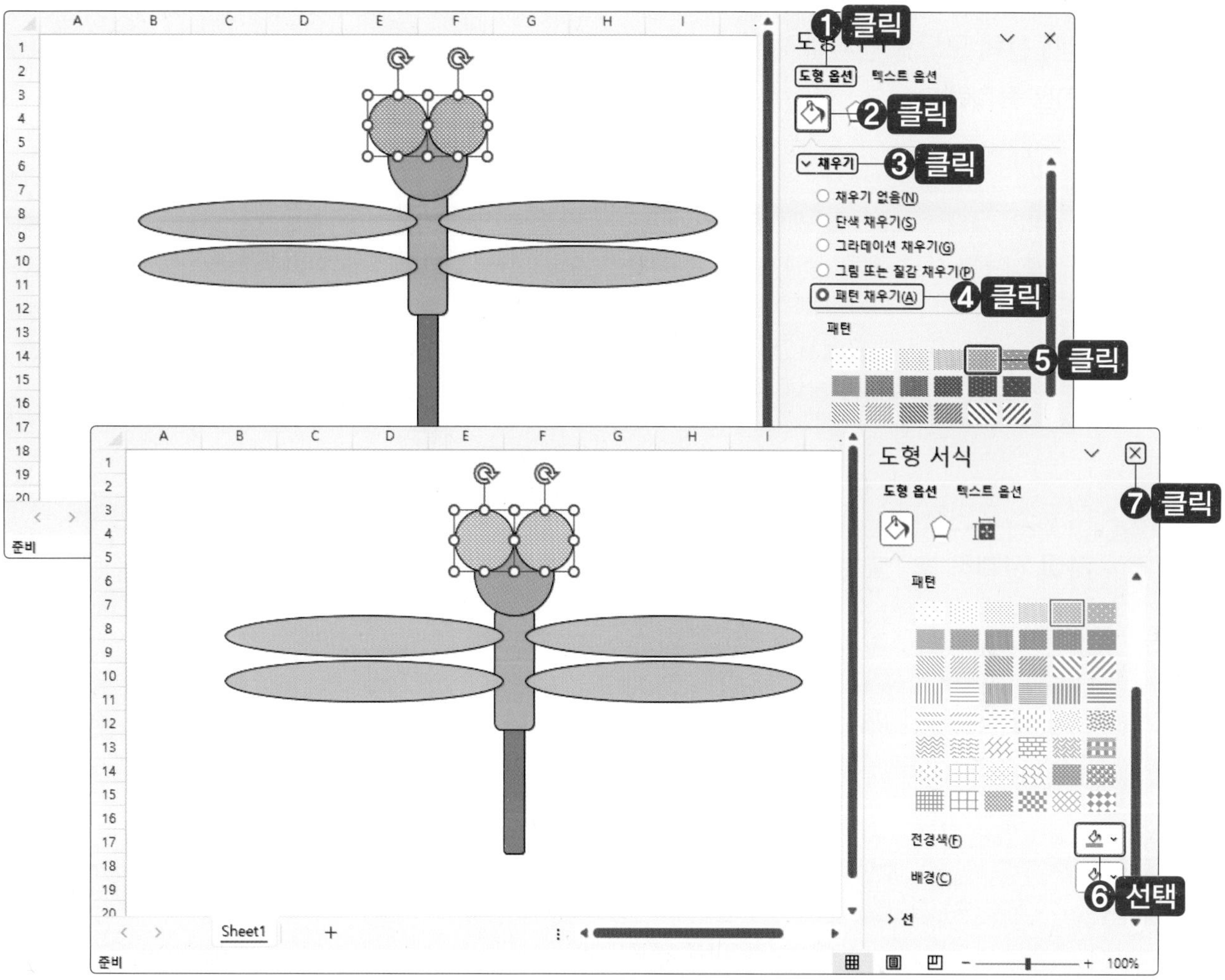

전경색은 패턴의 색을 말하고, 배경은 면(패턴과 윤곽선 제외)의 색을 말해요.

07 다음과 같이 눈에 패턴 채우기가 지정돼요.

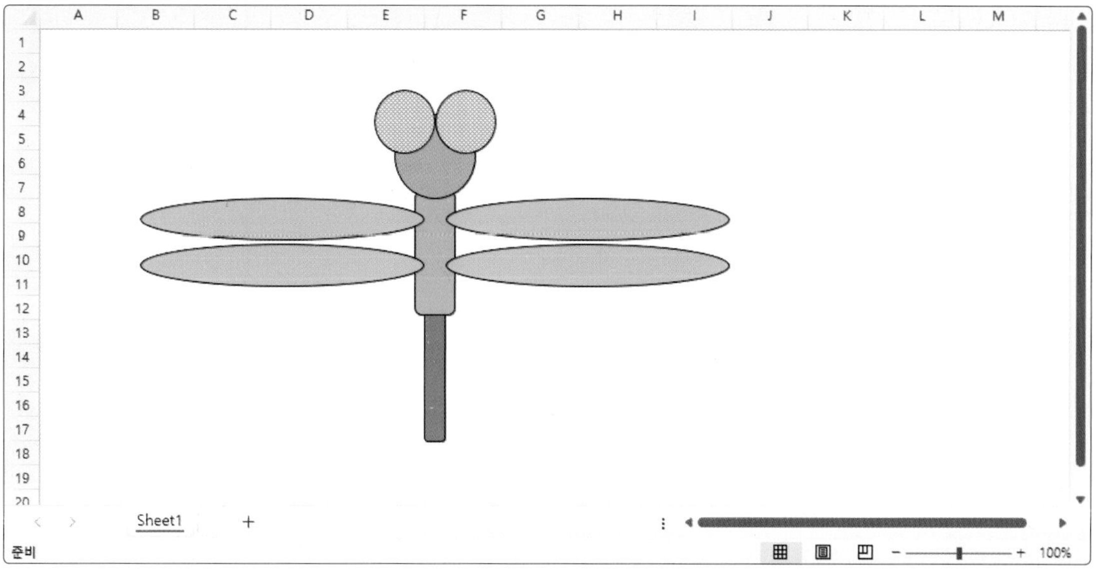

2 잠자리 그룹화하고 회전하기

01 개체 선택 모드로 전환하기 위해 〔홈〕 탭-〔편집〕 그룹에서 〔찾기 및 선택(🔍)〕을 클릭한 후 〔개체 선택〕을 클릭해요.

• 여러 개체를 한꺼번에 선택하려면 개체를 선택한 후 Shift키를 누른 상태에서 다른 개체를 일일이 선택해야 하는데요. 개체 선택 모드로 전환하면 드래그하여 쉽고 빠르게 여러 개체를 한꺼번에 선택할 수 있어요.

• 〔홈〕 탭-〔편집〕 그룹에서 〔찾기 및 선택(🔍)〕을 클릭한 후 〔개체 선택〕을 클릭하면 개체 선택 모드로 전환되고, 다시 클릭하면 개체 선택 모드가 해제돼요.

02 마우스 포인터가 ↖ 모양으로 변경되면 잠자리를 그룹화하기 위해 다음과 같이 잠자리를 드래그하여 선택한 후 〔도형 서식〕 탭-〔정렬〕 그룹에서 〔개체 그룹화(⊡)〕를 클릭한 다음 〔그룹〕을 클릭해요.

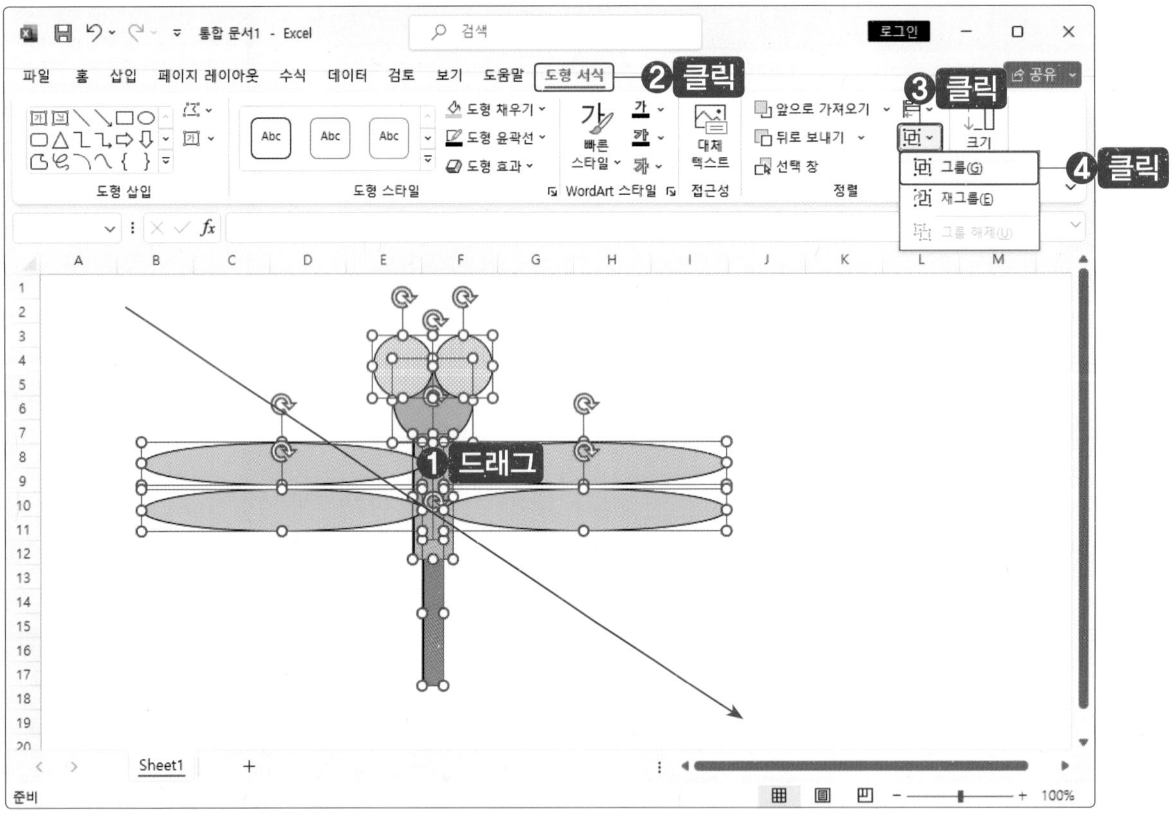

• 그룹은 선택한 개체를 합쳐서 하나의 개체로 만드는 것을 말해요.

• 개체 선택 모드로 전환되면 데이터를 입력하거나 셀 서식을 지정하는 등의 작업을 할 수 없어요.

03 잠자리가 그룹화되면 잠자리를 회전하기 위해 다음과 같이 잠자리의 회전 조정 핸들(◎)을 드래그해요.

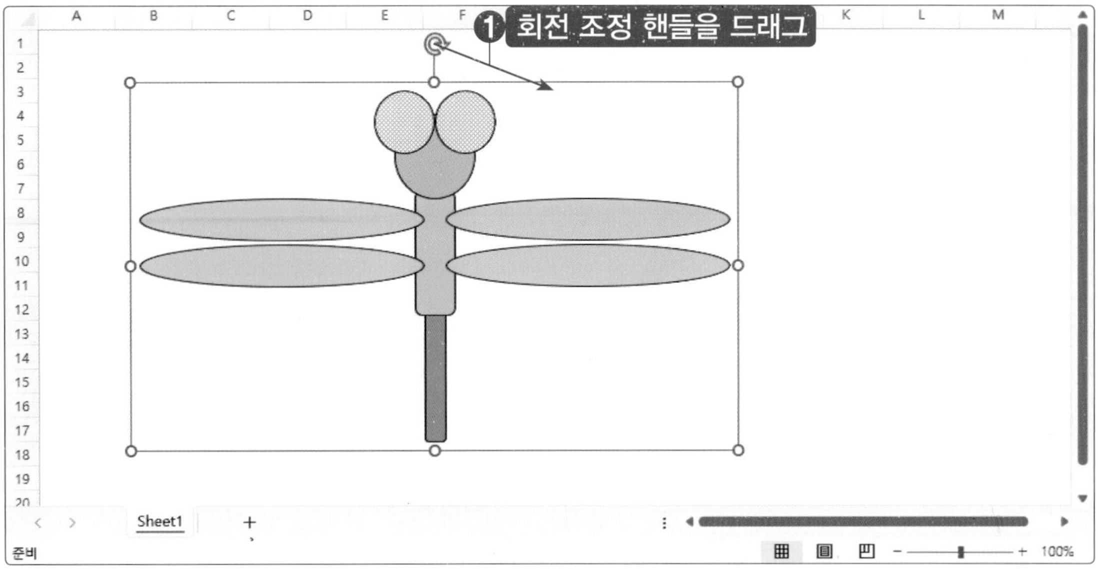

04 잠자리가 회전되면 잠자리를 좌우로 대칭시키기 위해 〔도형 서식〕 탭-〔정렬〕 그룹에서 〔개체 회전(◿)〕을 클릭한 후 〔좌우 대칭〕을 클릭해요.

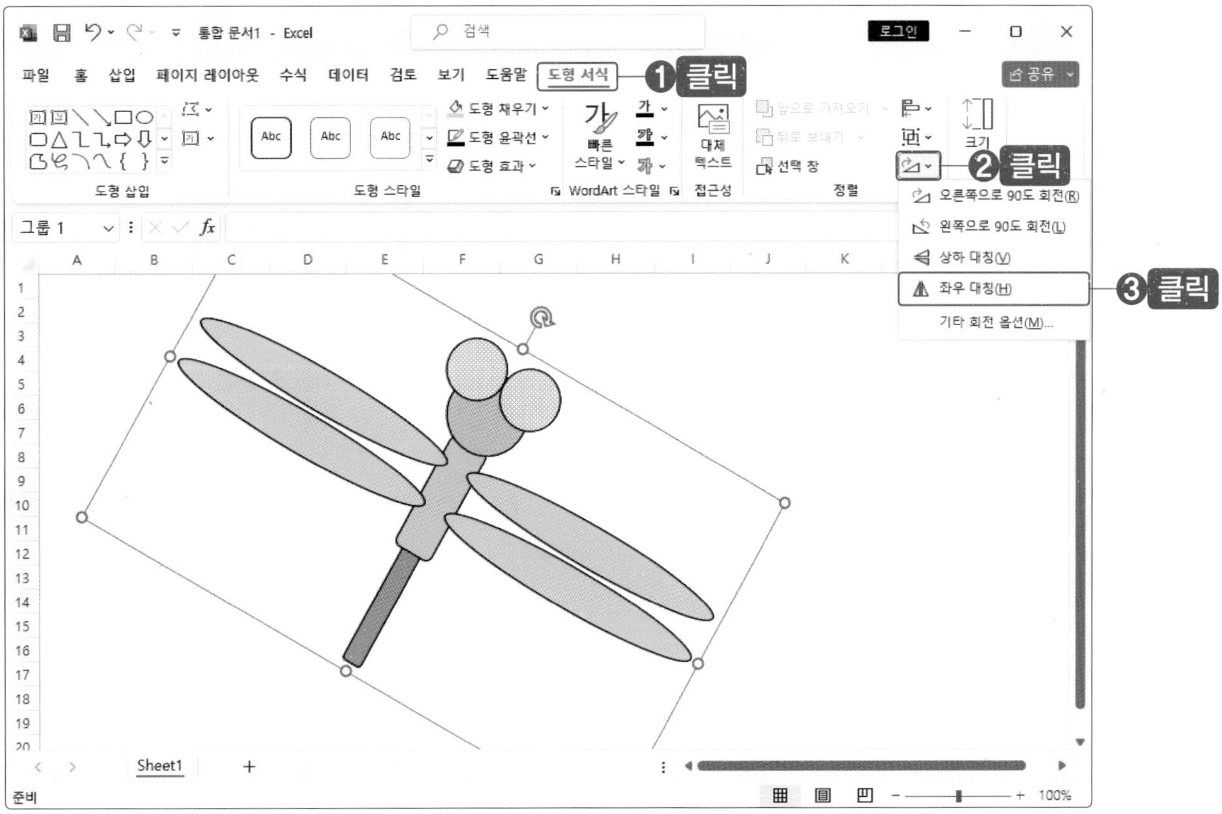

도형이나 그림은 좌우로 대칭시킬 수 있는데요. 도형이나 그림을 좌우로 대칭시키면 도형이나 그림의 좌우가 뒤집어서 나타나요.

05 다음과 같이 잠자리가 좌우로 대칭돼요.

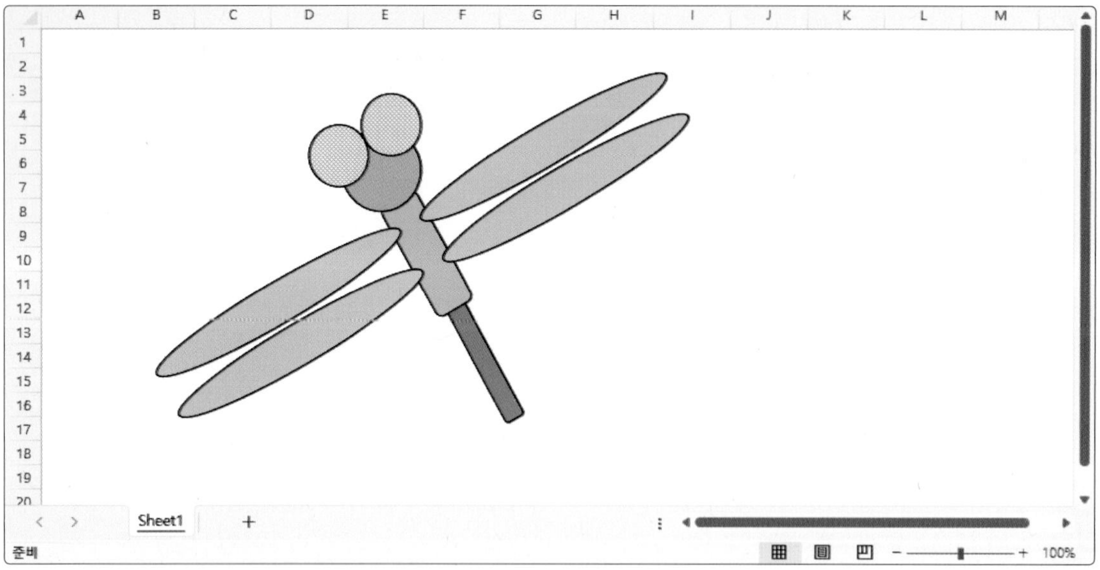

잠자리 상하로 대칭시키기

도형이나 그림은 상하로 대칭시킬 수 있는데요. 도형이나 그림을 상하로 대칭시키면 도형이나 그림의 상하가 뒤집어서 나타나요. 다음은 잠자리를 상하로 대칭시키는 경우예요.

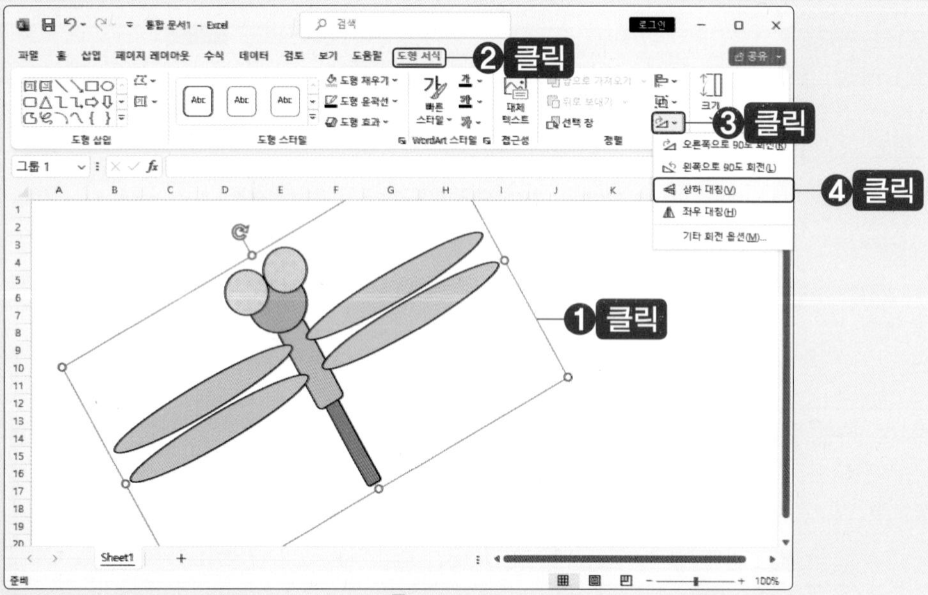

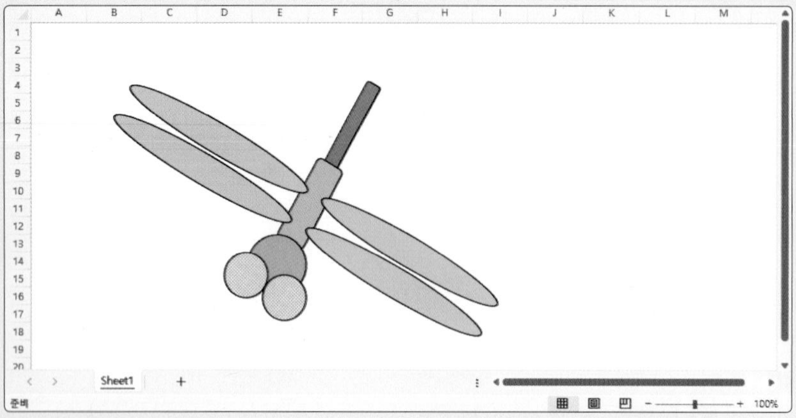

오늘 수업의 미션!

1 다음과 같이 새 문서를 만든 후 눈금선을 숨긴 다음 도형을 사용하여 게를 그려 보세요.

- **예제 파일** : 없음　　■ **완성 파일** : 11차시\게_완성.xlsx
- 도형을 사용하여 게를 그림
  - **가슴** : 도형 모양(사각형: 둥근 모서리(▢)), 도형 채우기(색(주황, 강조 2, 25% 더 어둡게)), 도형 윤곽선(색(검정, 텍스트 1))
  - **다리** : 도형 모양(직사각형(▭)), 도형 채우기(색(주황, 강조 2)), 도형 윤곽선(색(검정, 텍스트 1))
  - **눈** : 도형 모양(타원(◯)), 도형 채우기(색(흰색, 배경 1)), 도형 윤곽선(색(검정, 텍스트 1))
  - **눈동자** : 도형 모양(타원(◯)), 도형 채우기(색(검정, 텍스트 1)), 도형 윤곽선(색(검정, 텍스트 1))

2 다음과 같이 게를 그룹화한 후 회전해 보세요.

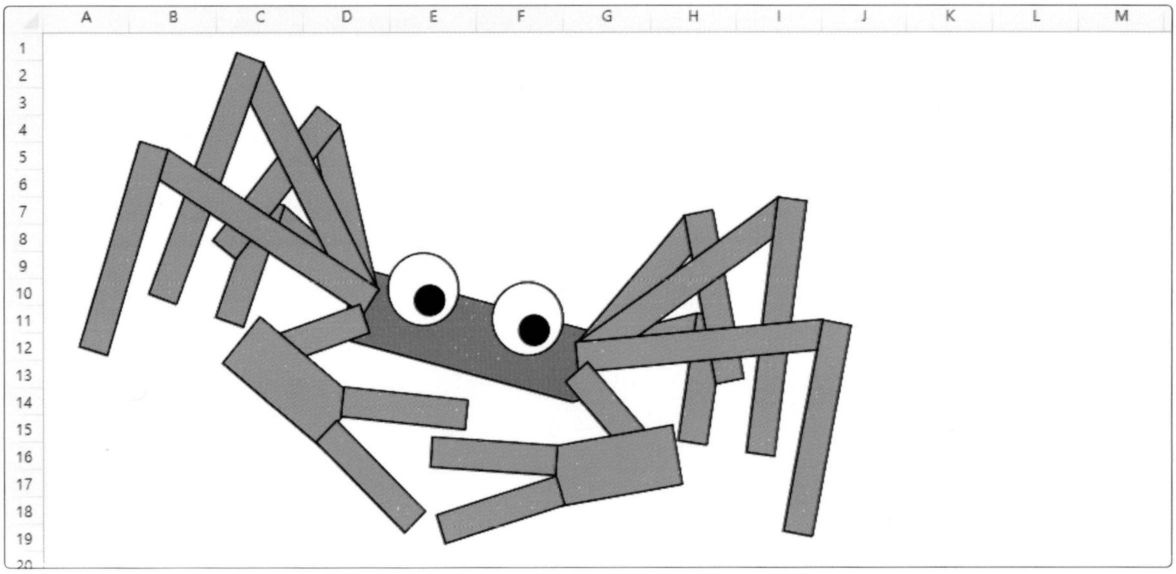

Lesson 12

배울 수 있어요!

◆ 기차를 만들 수 있어요.
◆ 기찻길을 만들 수 있어요.

기차를 만들어요

도형 모양 변경은 삽입한 도형의 모양을 변경할 수 있는 기능인데요. 이 기능을 사용하면 삽입한 도형을 지운 후 다시 다른 모양의 도형을 삽입하는 번거로움을 없앨 수 있답니다. 그럼, 이번 시간에는 기차를 만드는 방법과 기찻길을 만드는 방법에 대해 알아볼게요.

예제 파일 : 12차시\기차.xlsx **완성 파일** : 12차시\기차_완성.xlsx

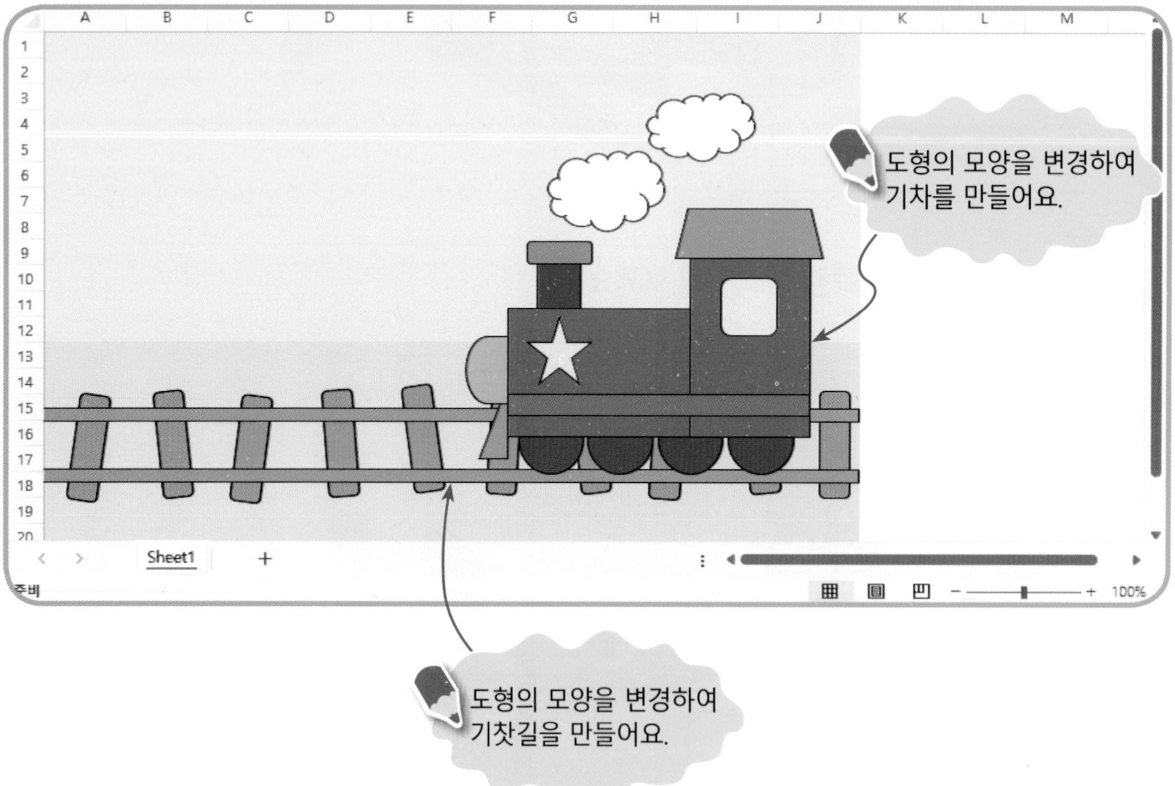

1 기차 만들기

01 '기차.xlsx' 파일을 연 후 도형의 모양을 변경하기 위해 도형(타원(◯))을 선택한 다음 〔도형 서식〕 탭-〔도형 삽입〕 그룹에서 〔도형 편집( )〕을 클릭하고 〔도형 모양 변경〕-〔사다리꼴(⏢)〕을 클릭해요.

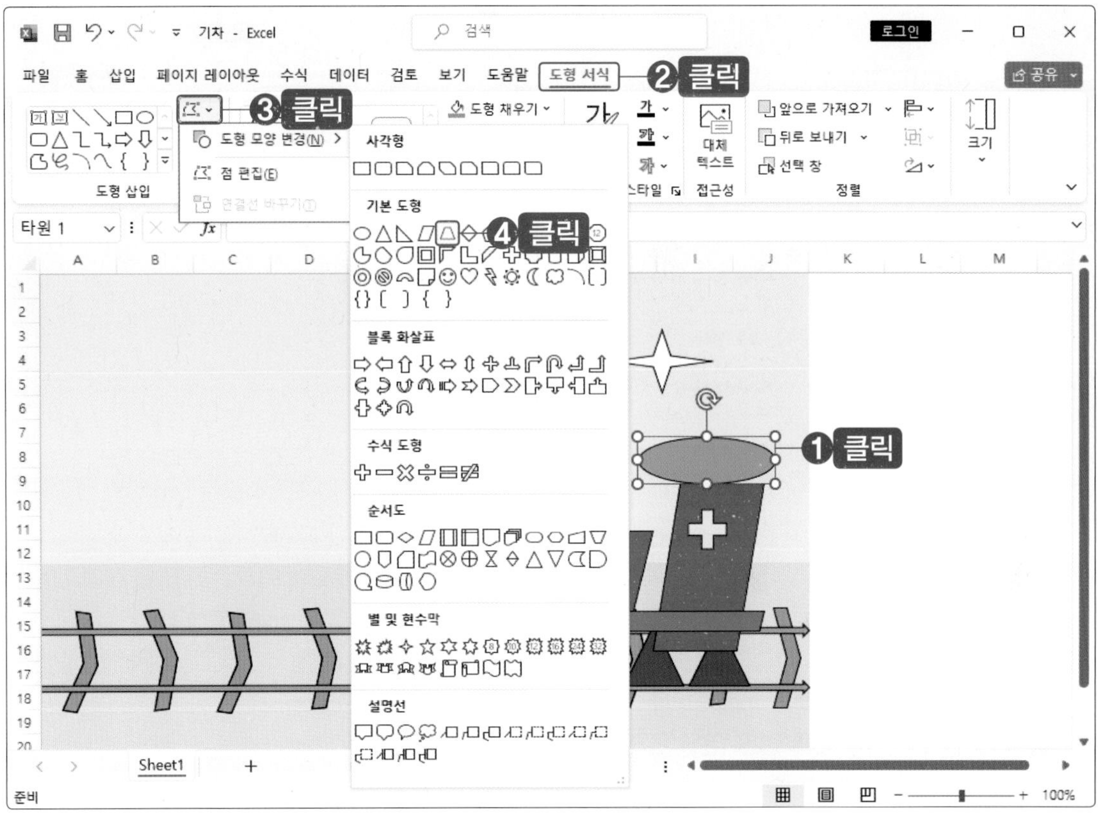

02 같은 방법으로 다음과 같이 도형의 모양을 변경하여 기차를 만들어요.

- 곱하기 기호(⊠) → 순서도: 지연(D)
- 더하기 기호(✚) → 사각형: 둥근 모서리(▢)
- 물결( ) → 별: 꼭짓점 5개(☆)
- 별: 꼭짓점 4개(✧) → 구름( )
- 액자( ) → 직각 삼각형(◺)
- 평행 사변형(▱) → 직사각형(□)
- 이등변 삼각형(△) → 타원(◯)

2 기찻길 만들기

01 도형의 모양을 변경하기 위해 도형(화살표: 오른쪽(⇨))을 선택한 후 〔도형 서식〕 탭-〔도형 삽입〕 그룹에서 〔도형 편집()〕을 클릭한 다음 〔도형 모양 변경〕-〔직사각형(▭)〕을 클릭해요.

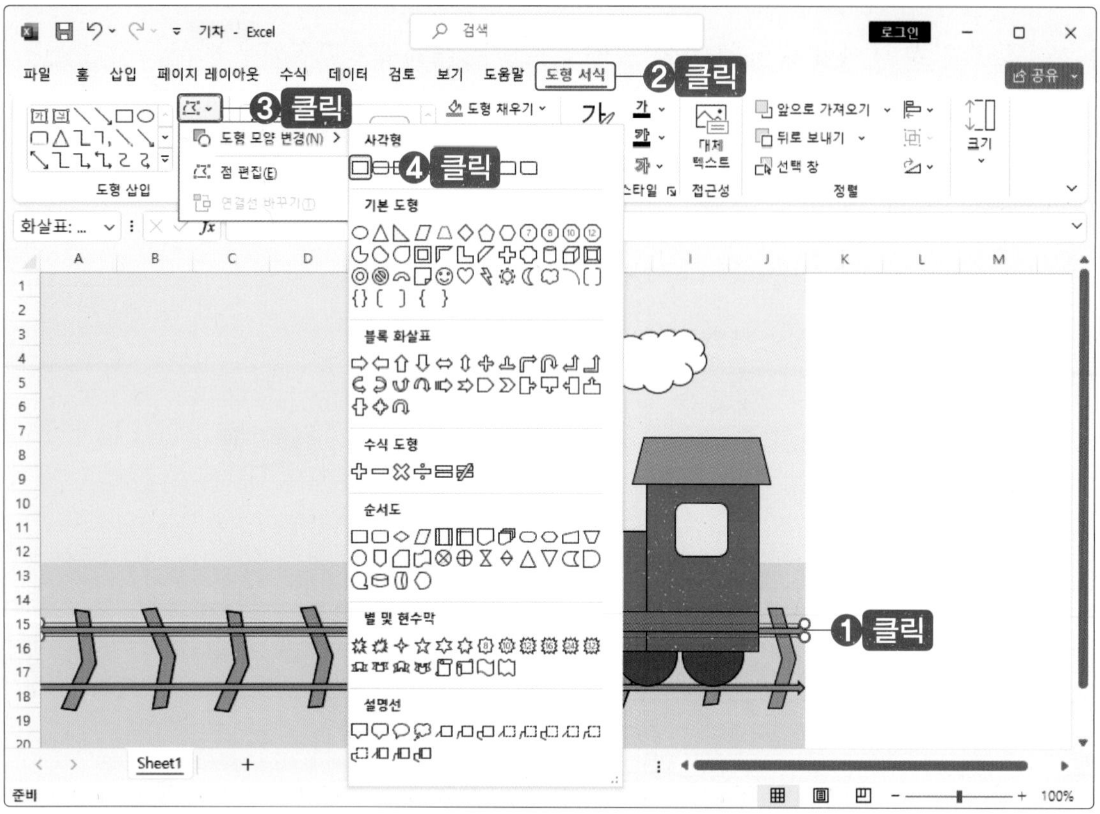

02 같은 방법으로 다음과 같이 도형의 모양을 변경하여 기찻길을 만들어요.

- 화살표: 오른쪽(⇨) → 직사각형(▭)
- 화살표: 갈매기형 수장(≫) → 사각형: 둥근 모서리(▢)

❶ 다음과 같이 '자동차.xlsx' 파일을 연 후 도형의 모양을 변경하여 자동차를 만들어 보세요.

- **예제 파일** : 12차시\자동차.xlsx　　**완성 파일** : 12차시\자동차_완성.xlsx
- 도형의 모양을 변경하여 자동차를 만듦
  - 타원(◯) → 직사각형(▭)
  - 이등변 삼각형(△) → 사다리꼴(⏢)
  - 눈물 방울 → 막힌 원호
  - 별: 꼭짓점 5개(☆) → 구름
  - 평행 사변형(▱) → 사각형: 둥근 모서리
  - 화살표: 갈매기형 수장 → 순서도: 수동 입력
  - 더하기 기호 → 타원(◯)

❷ 다음과 같이 도형의 모양을 변경하여 찻길을 만들어 보세요.

- 도형의 모양을 변경하여 찻길을 만듦
  - 액자 → 직사각형(▭)

Lesson 13

배울 수 있어요!

- 그림 스타일을 지정하고 그림 테두리를 변경할 수 있어요.
- 꾸밈 효과를 지정할 수 있어요.

나라 카드를 만들어요

그림 스타일은 그림 테두리나 그림 효과 등이 미리 정의되어 있는 스타일인데요. 그림 스타일을 지정하면 그림의 전체 스타일을 한 번에 변경할 수 있답니다. 그럼, 이번 시간에는 그림 스타일을 지정하고 그림 테두리를 변경하는 방법과 꾸밈 효과를 지정하는 방법에 대해 알아볼게요.

예제 파일 : 13차시\프랑스.xlsx **완성 파일** : 13차시\프랑스_완성.xlsx

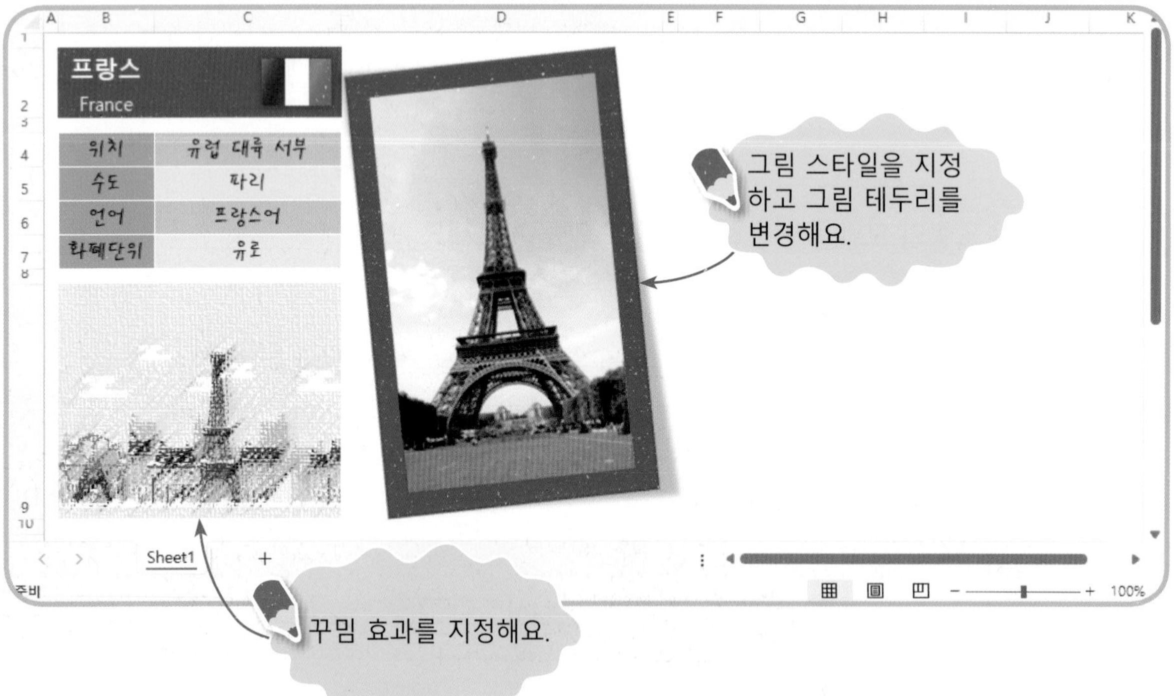

1 그림 스타일 지정하고 그림 테두리 변경하기

01 '프랑스.xlsx' 파일을 연 후 그림 스타일을 지정하기 위해 오른쪽 그림을 선택한 다음 〔그림 서식〕 탭-〔그림 스타일〕 그룹에서 〔빠른 스타일(⊽)〕 단추를 클릭해요.

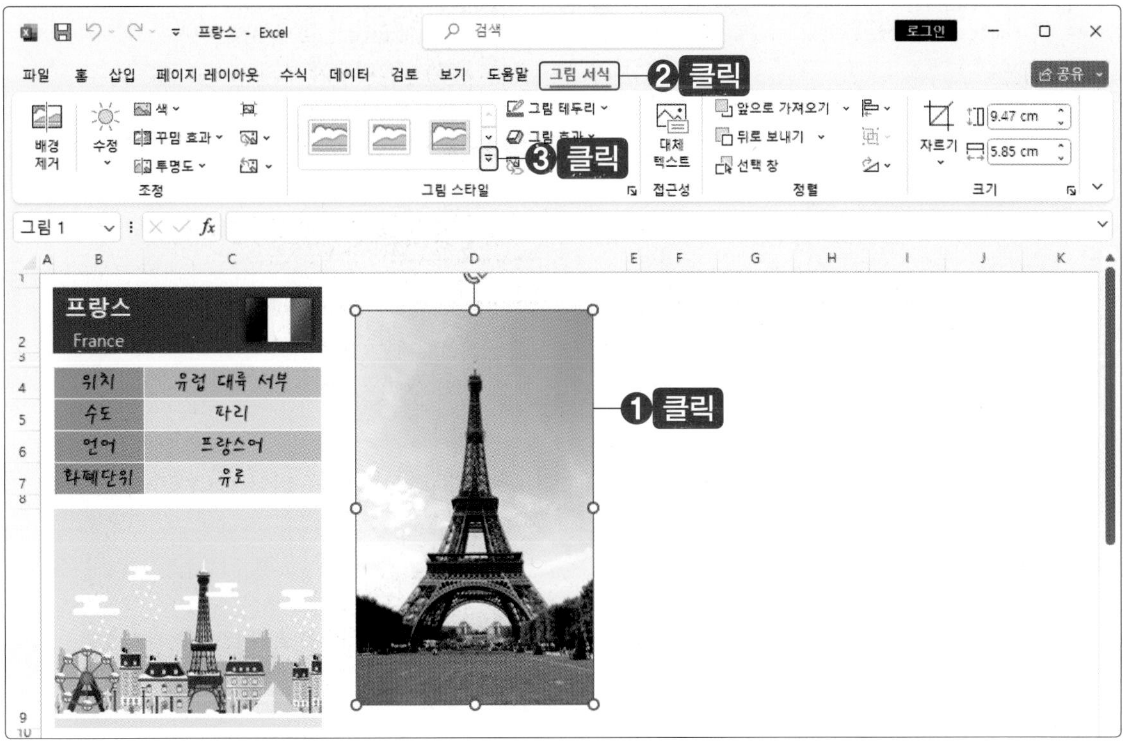

02 그림 스타일 목록이 나타나면 〔회전, 흰색( )〕을 클릭해요.

03 그림 테두리를 변경하기 위해 [그림 서식] 탭-[그림 스타일] 그룹에서 [그림 테두리]의 [목록(⌄)] 단추를 클릭한 후 [자주]를 클릭해요.

04 다음과 같이 그림 테두리가 변경돼요.

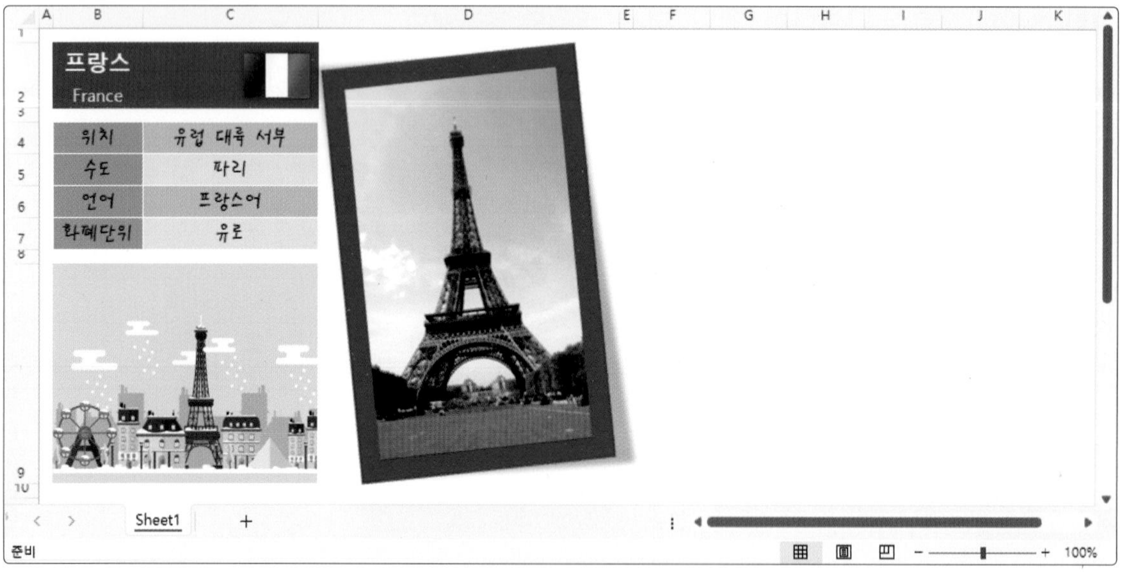

2 꾸밈 효과 지정하기

01 꾸밈 효과를 지정하기 위해 왼쪽 그림을 선택한 후 〔그림 서식〕 탭-〔조정〕 그룹에서 〔꾸밈 효과〕를 클릭한 다음 〔파스텔 부드럽게( )〕를 클릭해요.

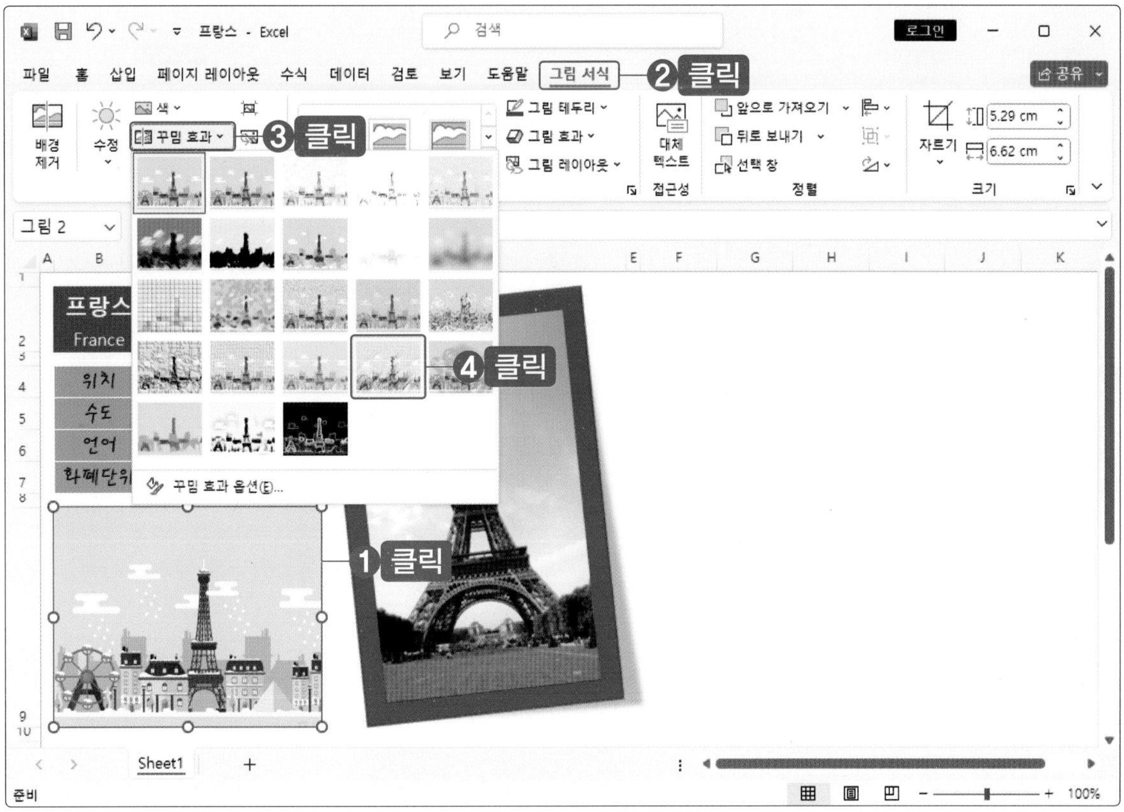

02 다음과 같이 꾸밈 효과가 지정돼요.

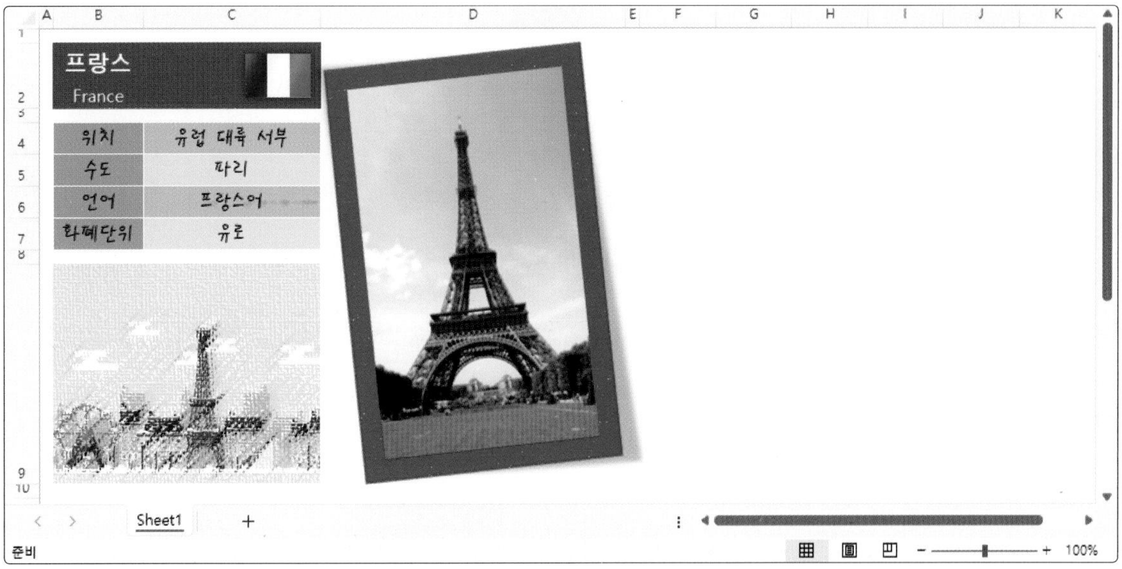

그림 원래대로

다음과 같이 그림을 선택한 후 〔그림 서식〕 탭–〔조정〕 그룹에서 〔그림 원래대로( )〕의 〔목록(⌄)〕 단추를 클릭한 다음 〔그림 원래대로〕를 클릭하면 그림에 지정한 서식을 제거할 수 있고, 〔그림 및 크기 다시 설정〕을 클릭하면 그림을 원래대로 되돌릴 수 있어요.

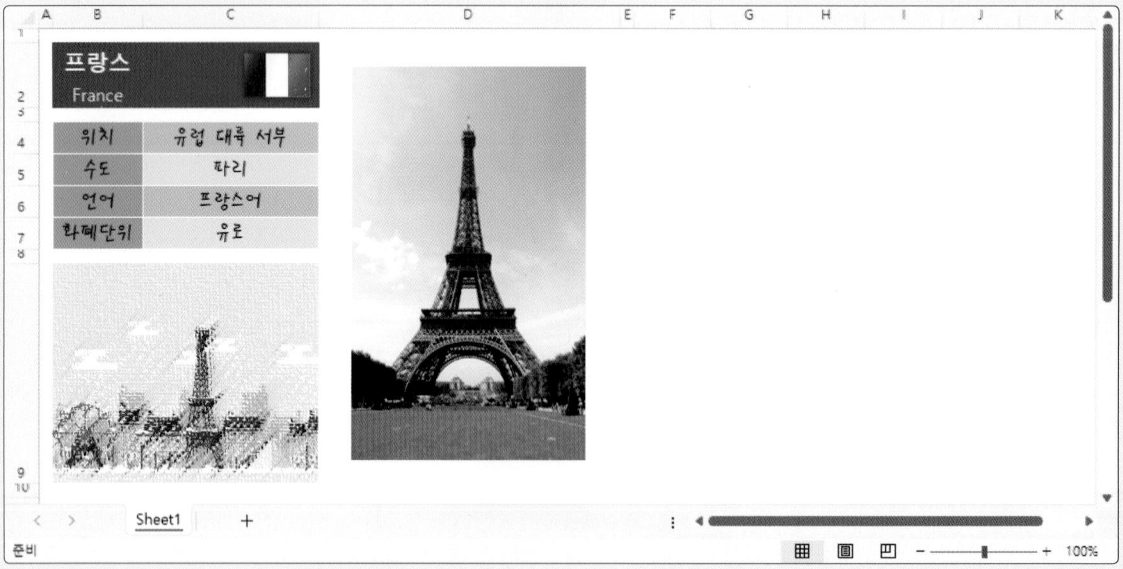

오늘 수업의 미션!

1 다음과 같이 '이집트.xlsx' 파일을 연 후 그림 스타일을 지정한 다음 그림 테두리를 변경해 보세요.

- **예제 파일** : 13차시\이집트.xlsx   - **완성 파일** : 13차시\이집트_완성.xlsx
- **오른쪽 그림** : 그림 스타일(둥근 대각선 모서리, 흰색( )), 그림 테두리(주황, 강조 2)

2 다음과 같이 꾸밈 효과를 지정해 보세요.

- **왼쪽 그림** : 꾸밈 효과(필름 입자( ))

Lesson 14

배울 수 있어요!

- 구입액을 구할 수 있어요.
- 구입액 합계와 구입액 평균을 구할 수 있어요.
- 표시 형식을 지정할 수 있어요.

학용품 구입액을 작성해요

엑셀에서 수식을 입력할 때는 '=C7*D7'과 같이 등호(=)를 먼저 입력해야 하는데요. 등호를 입력하지 않고 'C7*D7'만 입력하면 수식이 아닌 문자 데이터로 인식하여 계산할 수 없답니다. 그럼, 이번 시간에는 구입액을 구하는 방법, 구입액 합계와 구입액 평균을 구하는 방법, 표시 형식을 지정하는 방법에 대해 알아볼게요.

예제 파일 : 14차시\학용품 구입액.xlsx **완성 파일** : 14차시\학용품 구입액_완성.xlsx

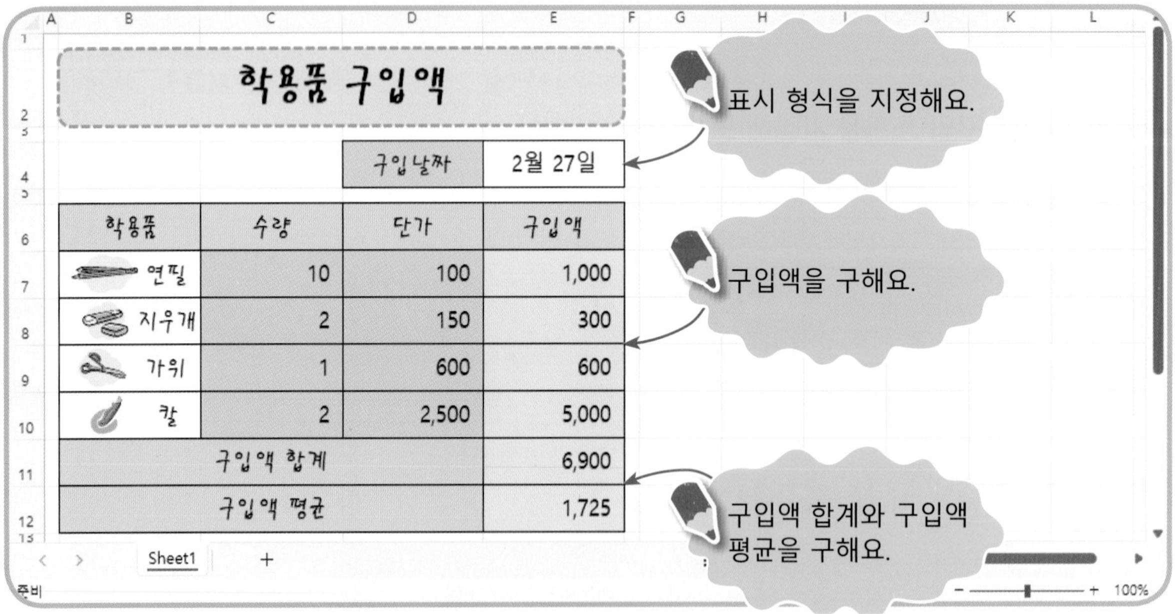

학용품 구입액

		구입날짜	2월 27일
학용품	수량	단가	구입액
연필	10	100	1,000
지우개	2	150	300
가위	1	600	600
칼	2	2,500	5,000
구입액 합계			6,900
구입액 평균			1,725

1 구입액 구하기

01 '학용품 구입액.xlsx' 파일을 연 후 구입액을 구하기 위해 E7셀에 '=C7*D7'을 입력해요.

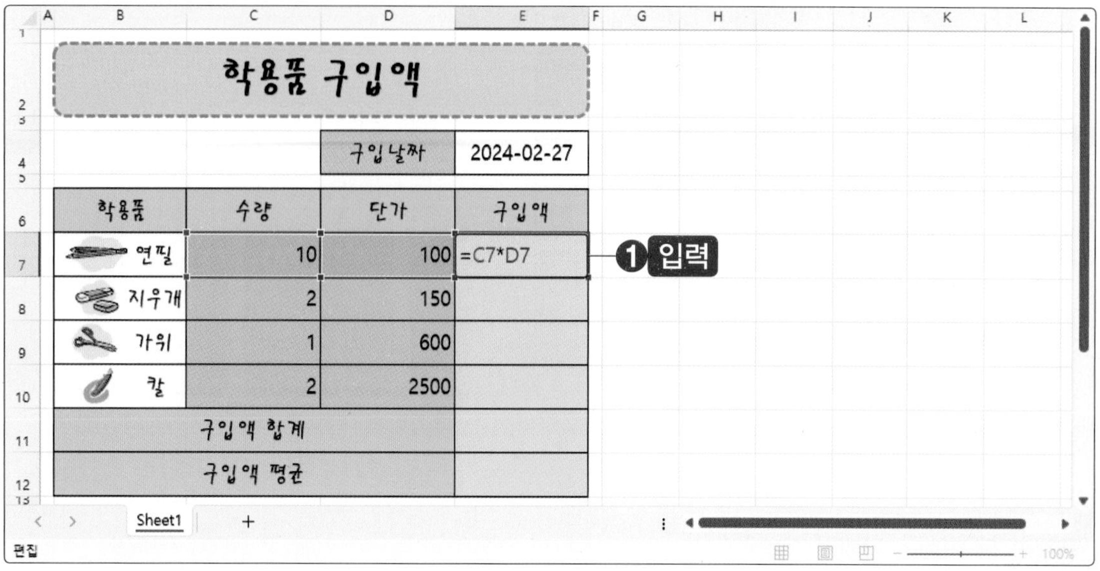

- 수식 '=C7*D7'에서 셀 주소인 C7과 D7은 셀을 클릭하여 입력할 수도 있는데요. '='를 입력한 후 C7셀을 클릭하면 수식이 '='에서 '=C7'로 변경돼요.
- 엑셀에서 곱셈 기호는 '*'이고, 나눗셈 기호는 '/'예요.

02 E7셀을 선택한 후 채우기 핸들을 E10셀까지 드래그해요.

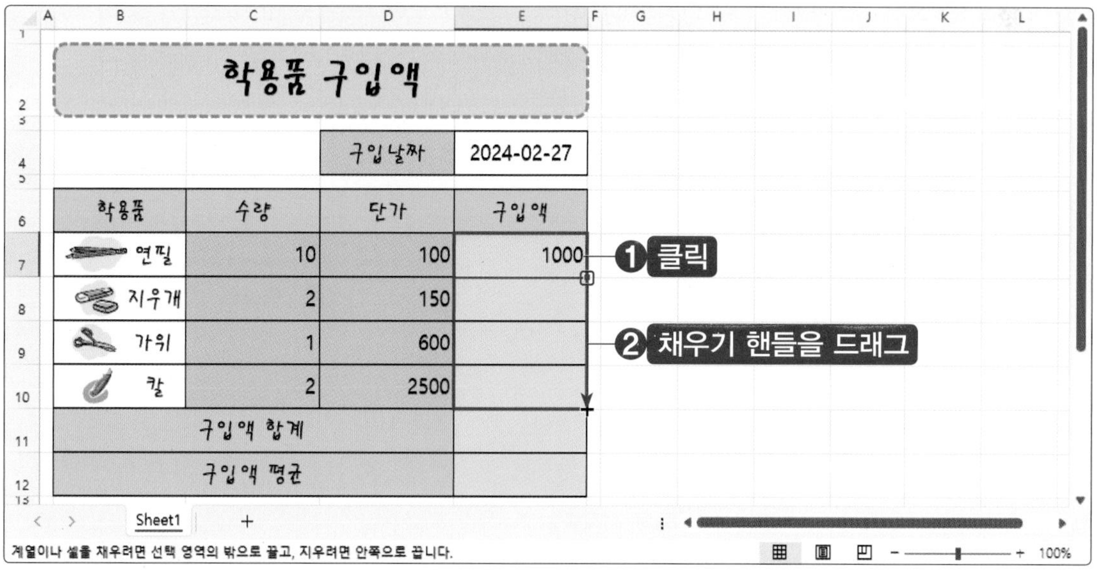

수식을 입력하면 셀에는 결괏값(1000)이 나타나고, 수식 입력줄에는 입력한 수식(=C7*D7)이 나타나요.

03 다음과 같이 구입액이 구해져요.

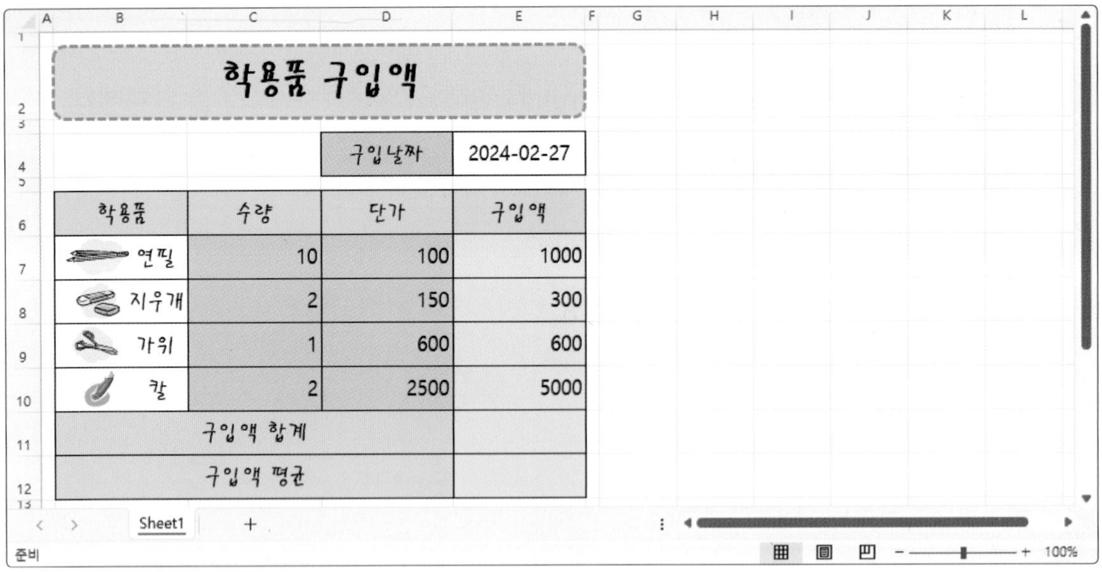

학용품		구입날짜	2024-02-27
학용품	수량	단가	구입액
연필	10	100	1000
지우개	2	150	300
가위	1	600	600
칼	2	2500	5000
구입액 합계			
구입액 평균			

워크시트에 수식 나타내기

다음과 같이 Ctrl키+~키를 누르면 워크시트에 수식이 나타나고, 다시 Ctrl키+~키를 누르면 결괏값이 나타나요

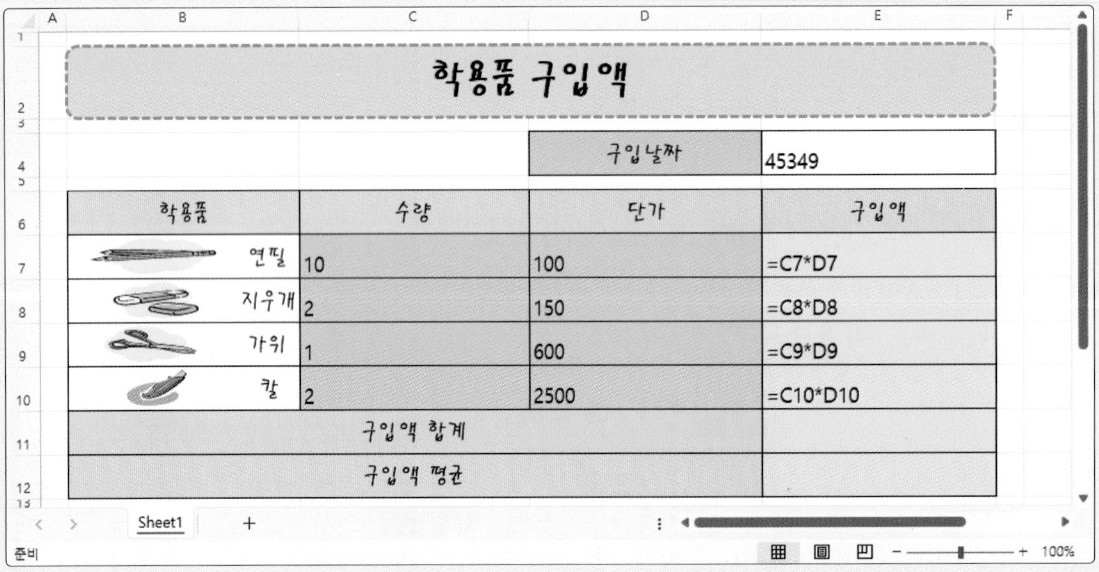

학용품		구입날짜	45349
학용품	수량	단가	구입액
연필	10	100	=C7*D7
지우개	2	150	=C8*D8
가위	1	600	=C9*D9
칼	2	2500	=C10*D10
구입액 합계			
구입액 평균			

2 구입액 합계와 구입액 평균 구하기

01 구입액 합계를 구하기 위해 E11셀에 '=E7+E8+E9+E10'을 입력해요.

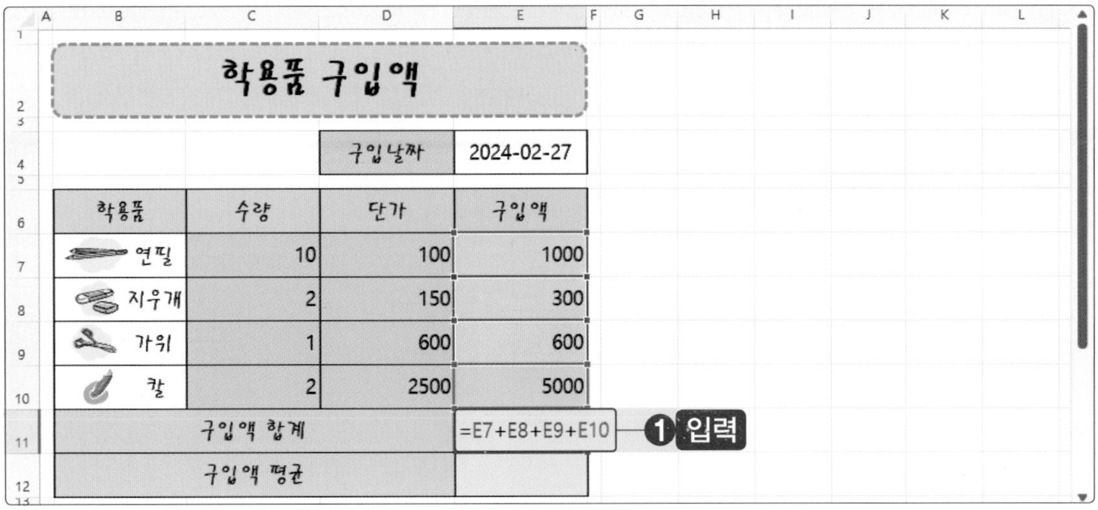

학용품 구입액

		구입날짜	2024-02-27
학용품	수량	단가	구입액
연필	10	100	1000
지우개	2	150	300
가위	1	600	600
칼	2	2500	5000
구입액 합계			=E7+E8+E9+E10
구입액 평균			

02 구입액 합계가 구해지면 구입액 평균을 구하기 위해 E12셀에 '=E11/4'를 입력해요.

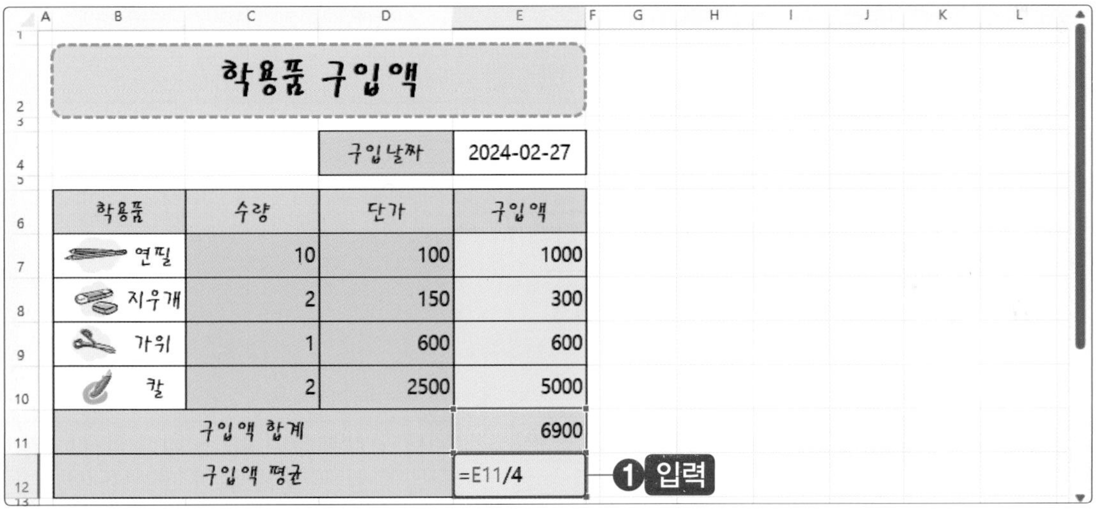

학용품 구입액

		구입날짜	2024-02-27
학용품	수량	단가	구입액
연필	10	100	1000
지우개	2	150	300
가위	1	600	600
칼	2	2500	5000
구입액 합계			6900
구입액 평균			=E11/4

03 다음과 같이 구입액 평균이 구해져요.

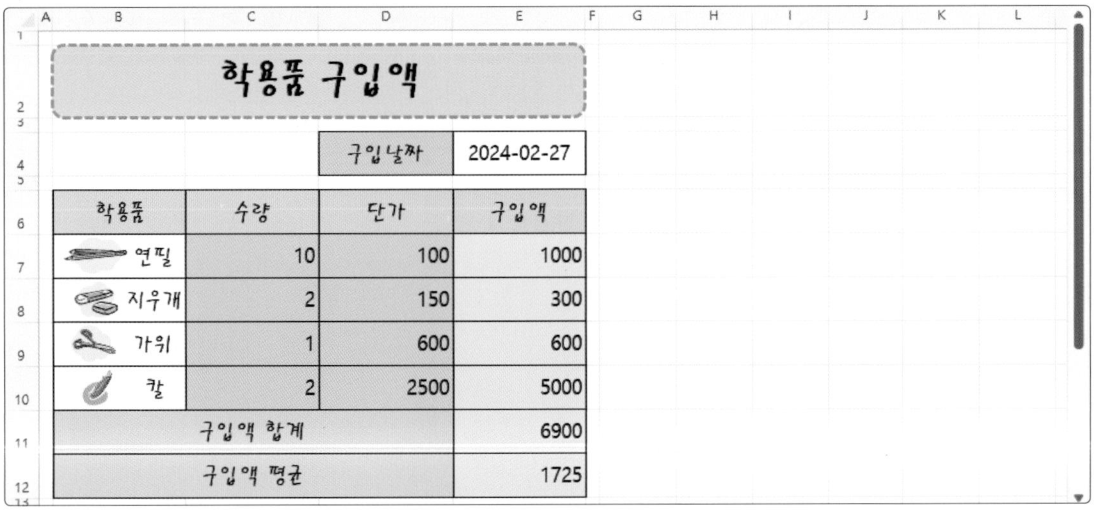

학용품 구입액

		구입날짜	2024-02-27
학용품	수량	단가	구입액
연필	10	100	1000
지우개	2	150	300
가위	1	600	600
칼	2	2500	5000
구입액 합계			6900
구입액 평균			1725

재계산되는지 확인하기

엑셀에서 수식을 입력할 때 '=10*100'과 같이 셀 값을 입력하여 계산하지 않고, '=C7*D7'과 같이 셀 주소를 입력하여 계산하면 다음과 같이 셀 값이 변경되는 경우, 재계산되는데요. 재계산이 안 되는 경우에는 [파일] 탭에서 [옵션]을 클릭하면 나타나는 [Excel 옵션] 대화상자의 [수식]에서 통합 문서 계산이 '자동'으로 선택되어 있는지 확인해요.

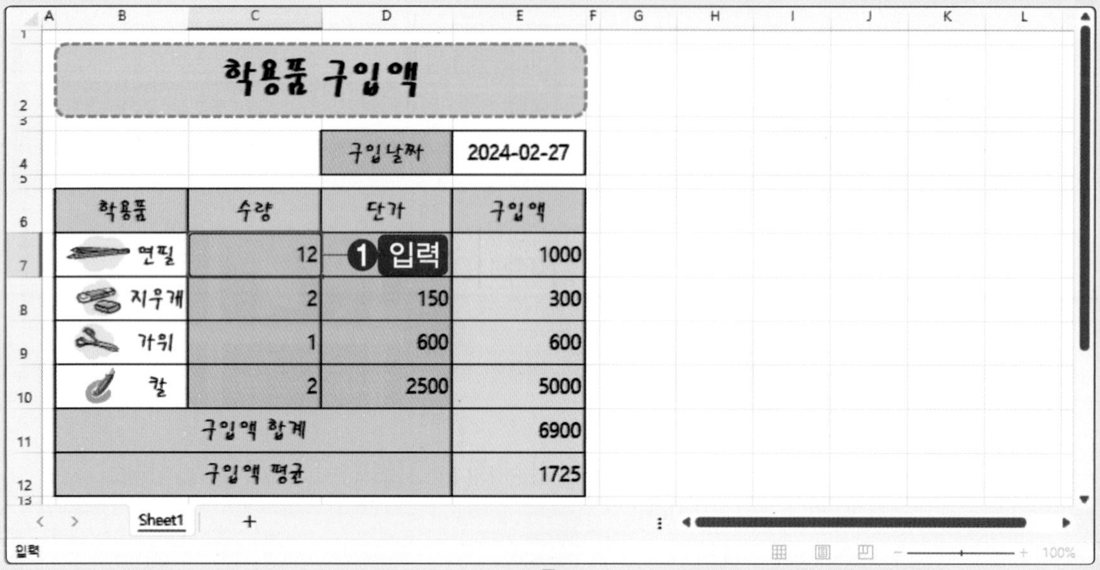

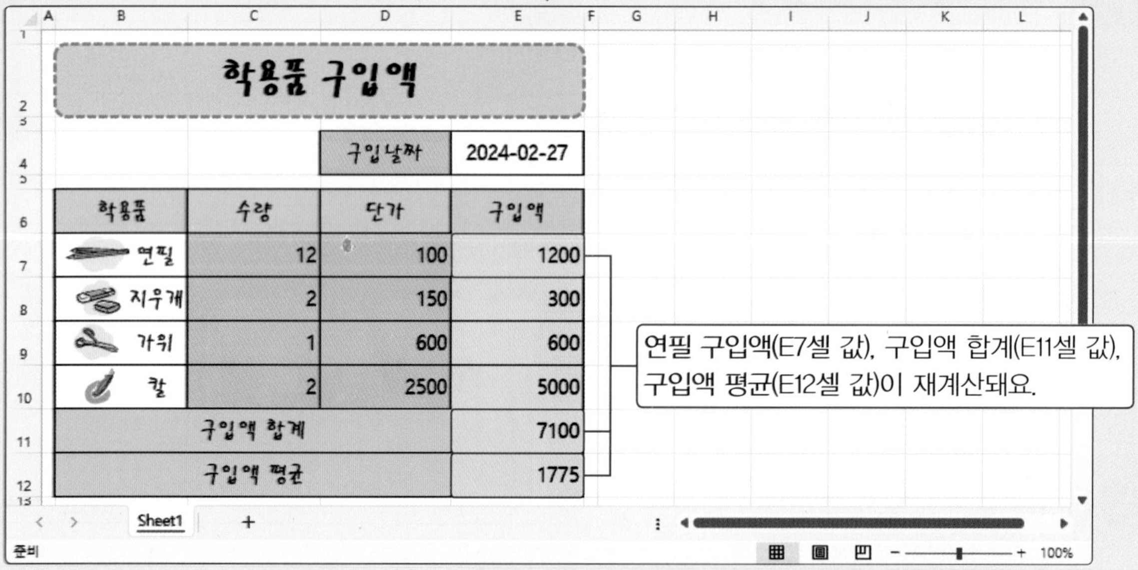

3 표시 형식 지정하기

01 표시 형식을 지정하기 위해 E4셀을 선택한 후 〔홈〕 탭-〔표시 형식〕 그룹에서 〔표시 형식(⧉)〕을 클릭해요.

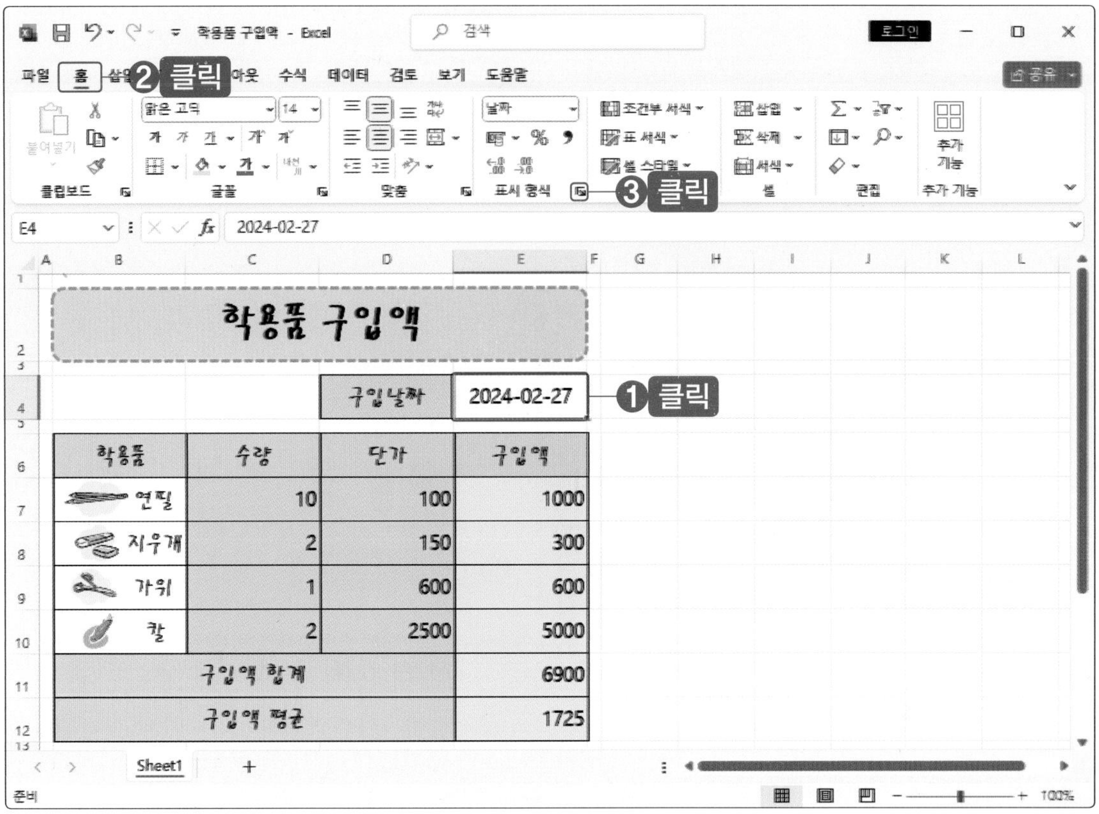

표시 형식은 숫자, 날짜, 시간 등을 원하는 형식으로 나타낼 수 있는 기능이에요.

02 〔셀 서식〕 대화상자의 〔표시 형식〕 탭이 나타나면 범주(날짜)를 선택한 후 형식(3월 14일)을 선택한 다음 〔확인〕 단추를 클릭해요.

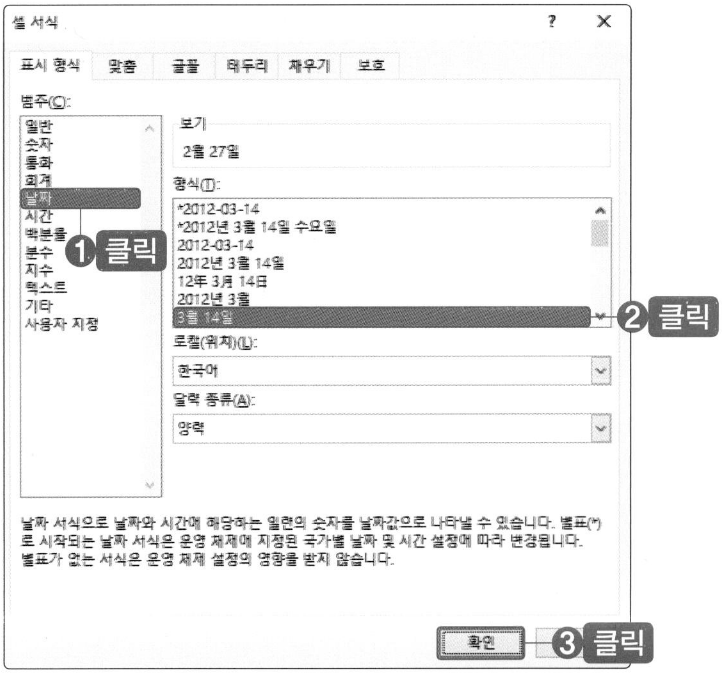

03 C7:E10셀 범위와 E11:E12셀 범위를 선택한 후 [홈] 탭-[표시 형식] 그룹에서 [쉼표 스타일(❟)]을 클릭해요.

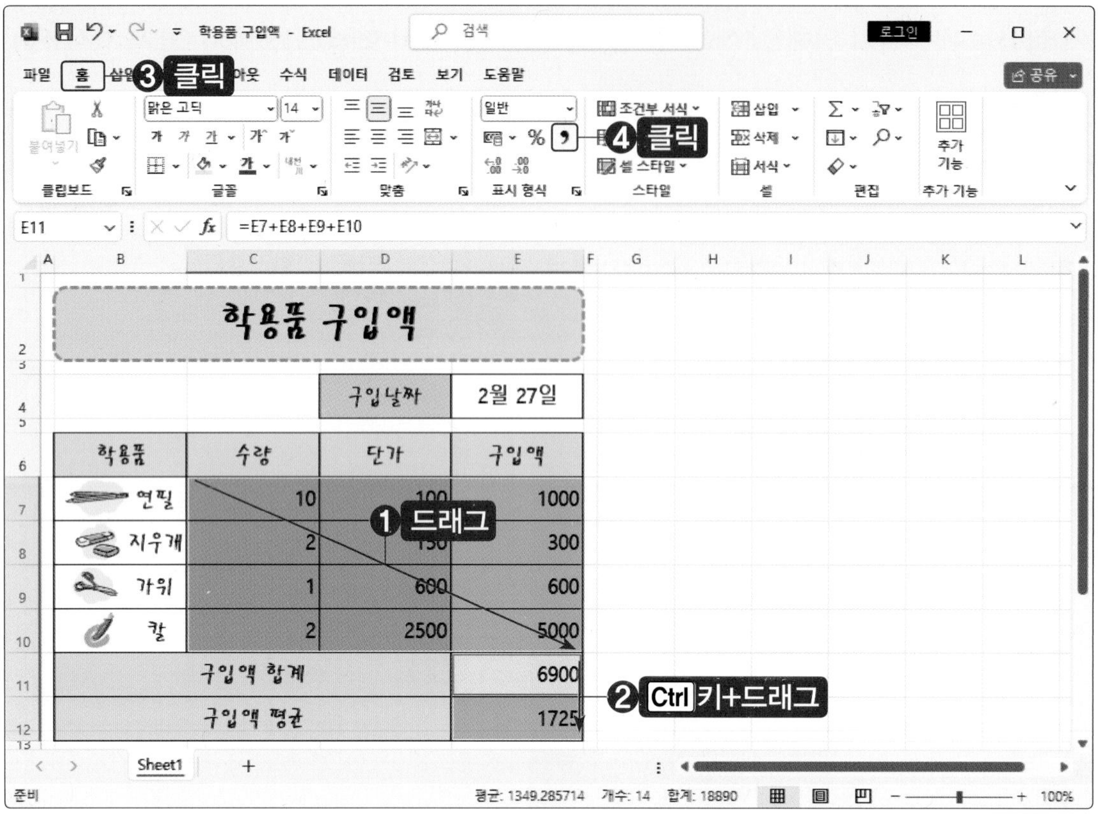

[쉼표 스타일(❟)]은 천 단위 구분 기호(,)를 사용하여 셀 값을 표시해요.

04 다음과 같이 표시 형식이 지정돼요.

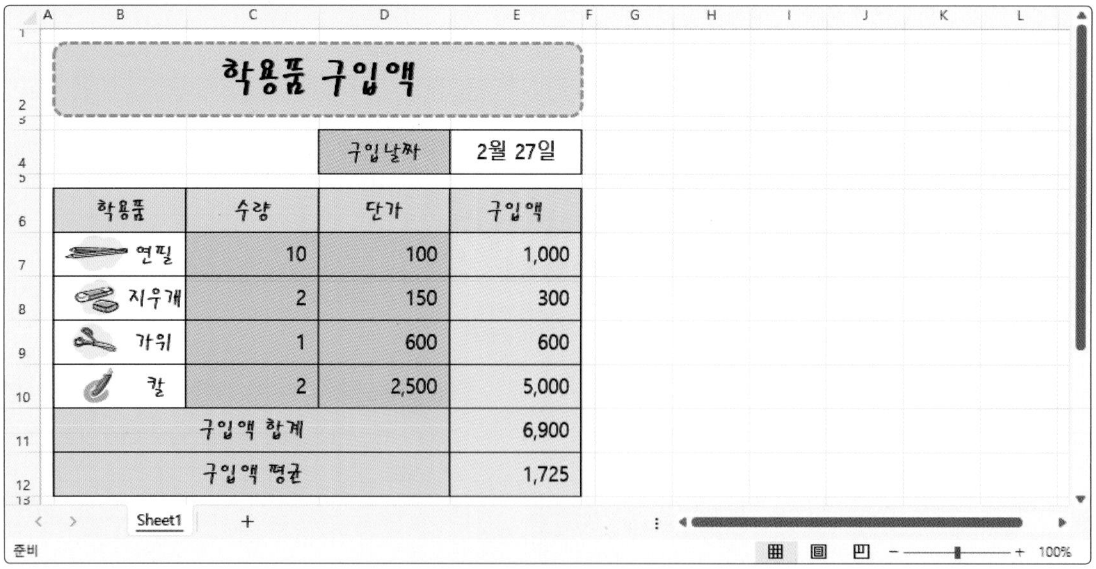

오늘 수업의 미션!

❶ 다음과 같이 '교구 구입액.xlsx' 파일을 연 후 구입액 합계와 구입액 평균을 구해 보세요.

- 예제 파일 : 14차시\교구 구입액.xlsx ▪ 완성 파일 : 14차시\교구 구입액_완성.xlsx
- 구입액 합계 : 원목 쌓기 구입액 + 로고 만들기 구입액 + 숫자 퍼즐 구입액 + 블록 놀이 구입액
- 구입액 평균 : 구입액 합계 ÷ 4

교구 구입액

구입날짜	교구	구입액
2024-03-04	원목 쌓기	58000
2024-03-09	로고 만들기	18000
2024-04-07	숫자 퍼즐	54000
2024-05-03	블록 놀이	26000
구입액 합계		156000
구입액 평균		39000

❷ 다음과 같이 표시 형식을 지정해 보세요.

- B5:B8셀 범위 : 범주(날짜), 형식(2012년 3월 14일)
- D5:D10셀 범위 : 쉼표 스타일(,)

교구 구입액

구입날짜	교구	구입액
2024년 3월 4일	원목 쌓기	58,000
2024년 3월 9일	로고 만들기	18,000
2024년 4월 7일	숫자 퍼즐	54,000
2024년 5월 3일	블록 놀이	26,000
구입액 합계		156,000
구입액 평균		39,000

Lesson 15

들어온 돈을 작성해요

배울 수 있어요!

- 자동 합계를 사용할 수 있어요.
- 함수 마법사를 사용할 수 있어요.

함수를 사용하면 연산자를 반복해서 사용하거나 연산자만으로 해결할 수 없는 수식을 쉽고 빠르게 처리할 수 있는데요. 함수는 수식의 한 부분이기 때문에 수식과 마찬가지로 등호(=)로 시작한답니다. 그럼, 이번 시간에는 자동 합계를 사용하는 방법과 함수 마법사를 사용하는 방법에 대해 알아볼게요.

예제 파일 : 15차시\들어온 돈.xlsx **완성 파일** : 15차시\들어온 돈_완성.xlsx

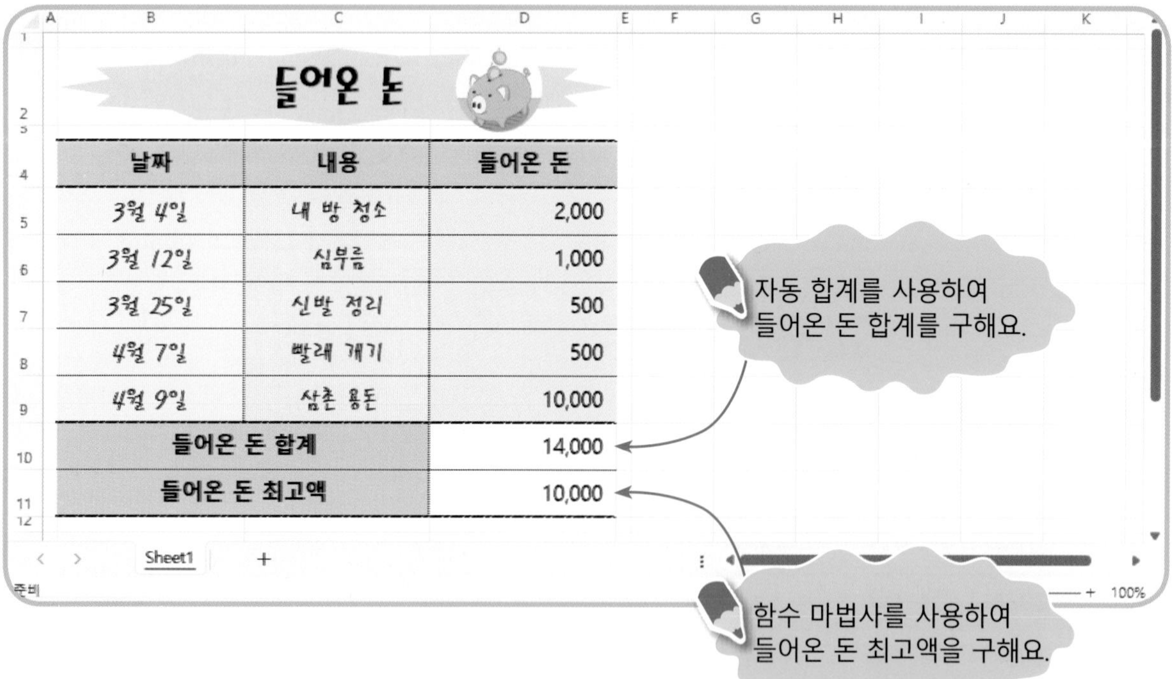

들어온 돈

날짜	내용	들어온 돈
3월 4일	내 방 청소	2,000
3월 12일	심부름	1,000
3월 25일	신발 정리	500
4월 7일	빨래 개기	500
4월 9일	삼촌 용돈	10,000
들어온 돈 합계		14,000
들어온 돈 최고액		10,000

1 자동 합계 사용하기

01 '들어온 돈.xlsx' 파일을 연 후 들어온 돈 합계를 구하기 위해 D10셀을 선택한 다음 〔수식〕 탭-〔함수 라이브러리〕 그룹에서 〔자동 합계〕를 클릭해요.

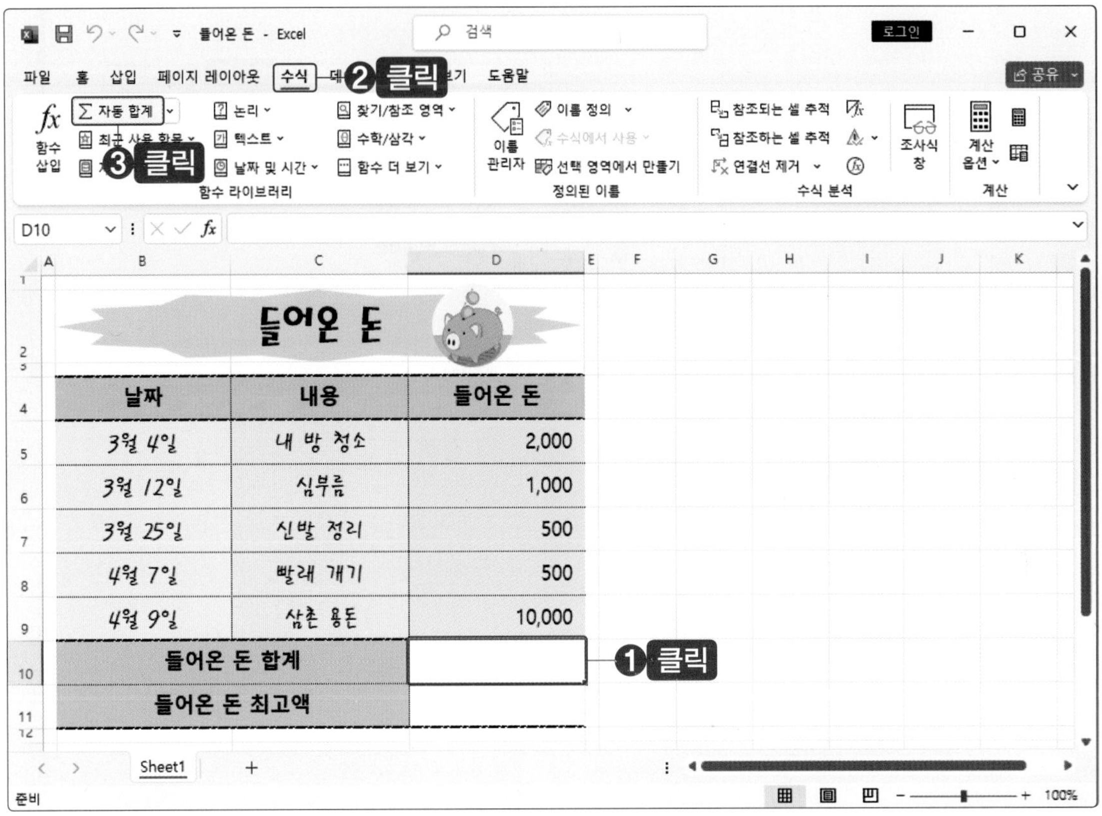

- 자동 합계는 엑셀에서 가장 많이 사용하는 함수를 아이콘으로 만들어 놓은 것이에요.
- 〔자동 합계〕를 클릭하면 합계만 구할 수 있지만 〔자동 합계〕의 〔목록(⌄)〕 단추를 클릭하면 합계뿐만 아니라 평균, 숫자 개수, 최대값(가장 큰 값), 최소값(가장 작은 값)도 구할 수 있는데요. 합계는 SUM 함수, 평균은 AVERAGE 함수, 숫자 개수는 COUNT 함수, 최대값은 MAX 함수, 최소값은 MIN 함수를 사용하여 구해요.
- 함수는 등호, 함수 이름, 인수로 구성되어 있으며 '인수'라는 특정값을 사용하여 결괏값을 구하는데요. 인수는 괄호로 묶으며 인수가 여러 개인 경우에는 쉼표(,)로 구분하여 입력해요.

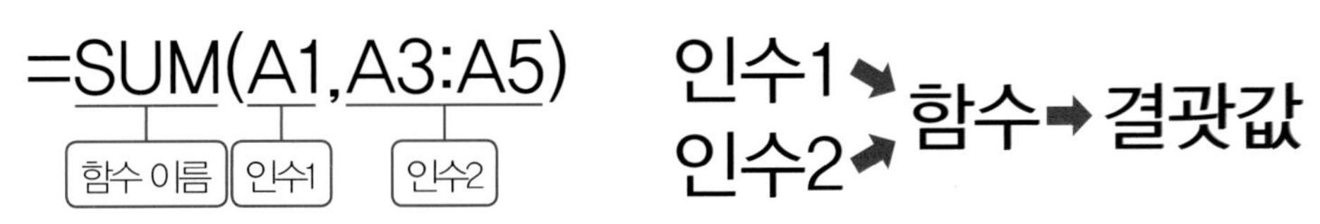

02 D10셀에 '=SUM(D5:D9)'가 나타나면 Enter키를 눌러요.

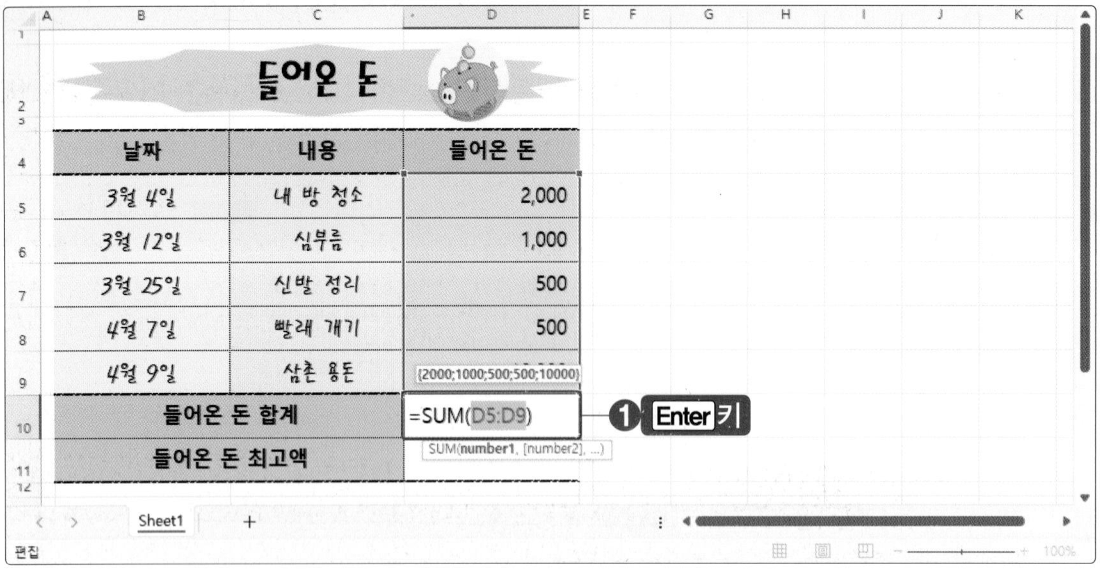

03 다음과 같이 들어온 돈 합계가 구해져요.

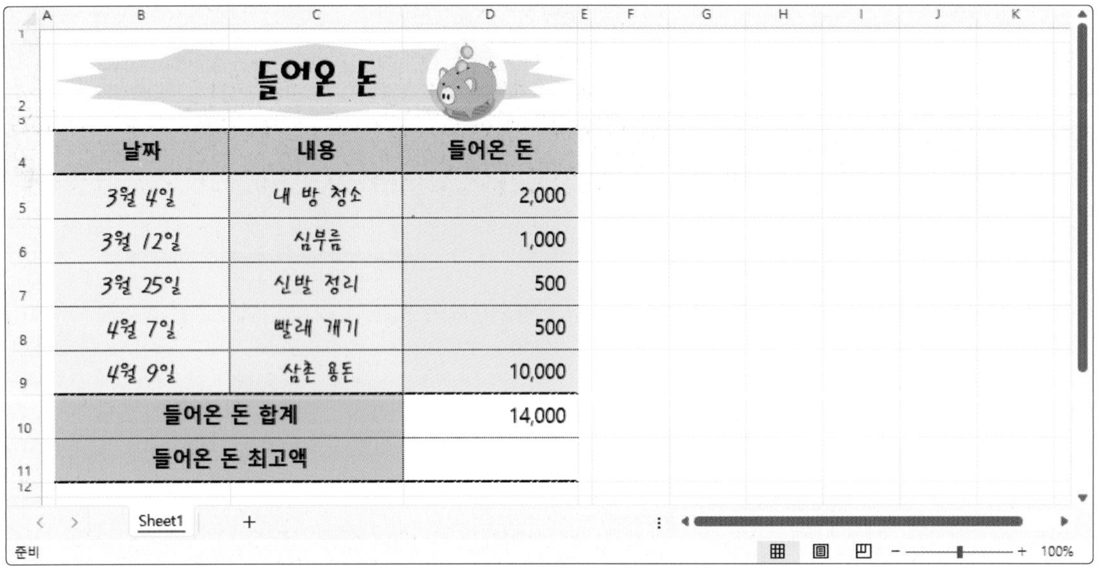

2 함수 마법사 사용하기

01 들어온 돈 최고액을 구하기 위해 D11셀을 선택한 후 〔수식〕 탭-〔함수 라이브러리〕 그룹에서 〔함수 삽입〕을 클릭해요.

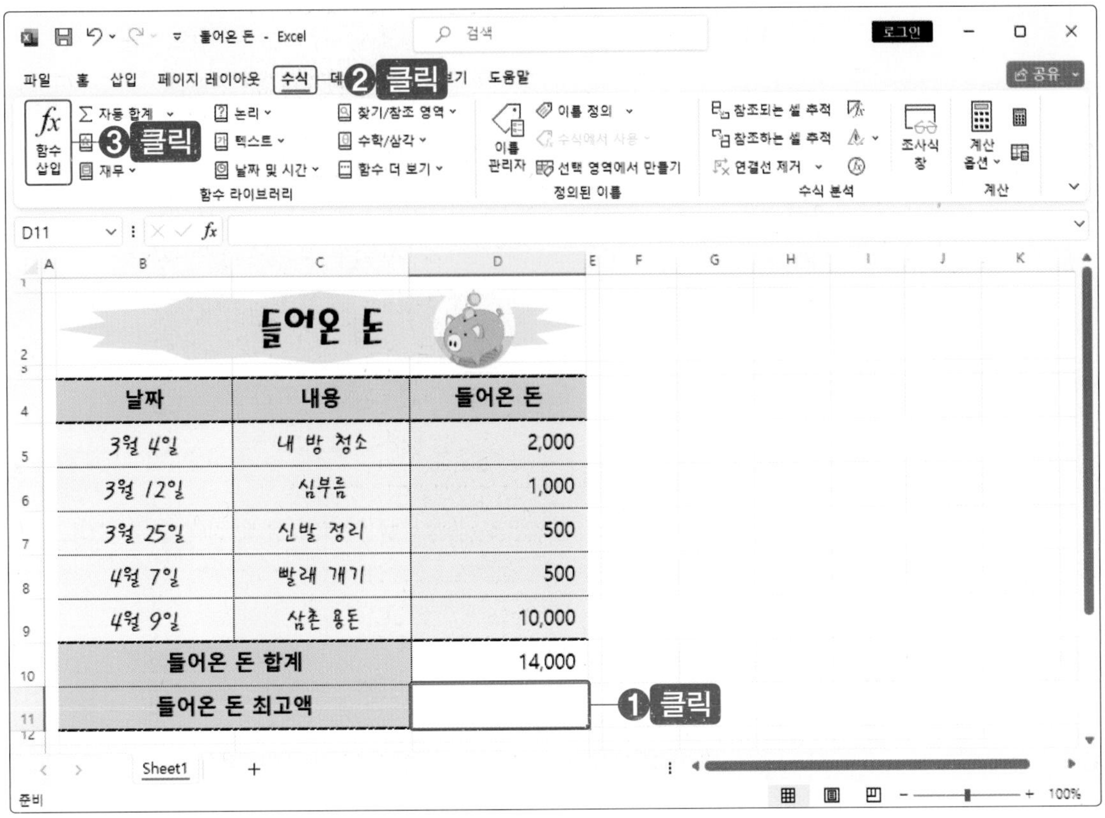

함수 마법사를 사용하면 함수에 대한 정보를 얻을 수 있기 때문에 함수를 쉽고 빠르게 입력할 수 있어요.

02 〔함수 마법사〕 대화상자가 나타나면 범주(통계)를 선택한 후 함수(MAX)를 선택한 다음 〔확인〕 단추를 클릭해요.

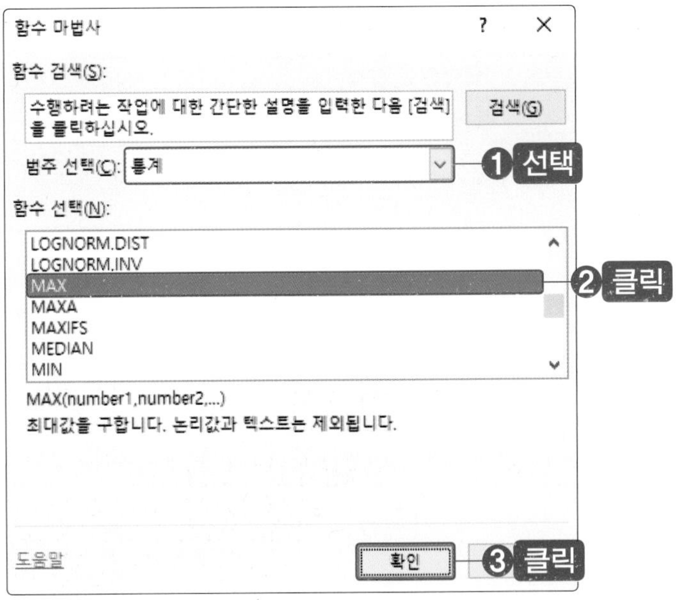

함수 마법사는 함수를 날짜/시간, 수학/삼각, 통계 등의 범주로 분류하여 제공해요.

03 MAX 함수의 〔함수 인수〕 대화상자가 나타나면 Number1(D5:D9)을 입력한 후 〔확인〕 단추를 클릭해요.

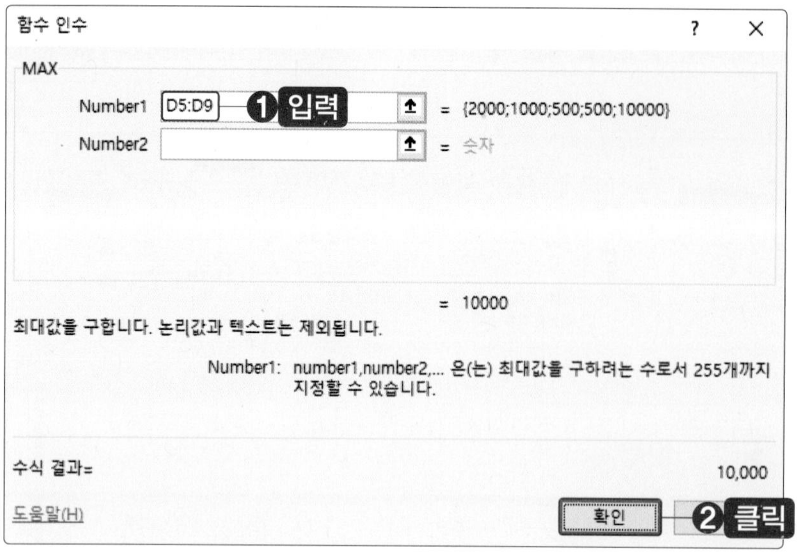

Number1의 ⬆을 클릭한 후 D5:D9셀 범위를 드래그하면 Number1을 쉽고 빠르게 입력할 수 있어요.

04 다음과 같이 들어온 돈 최고액이 구해져요.

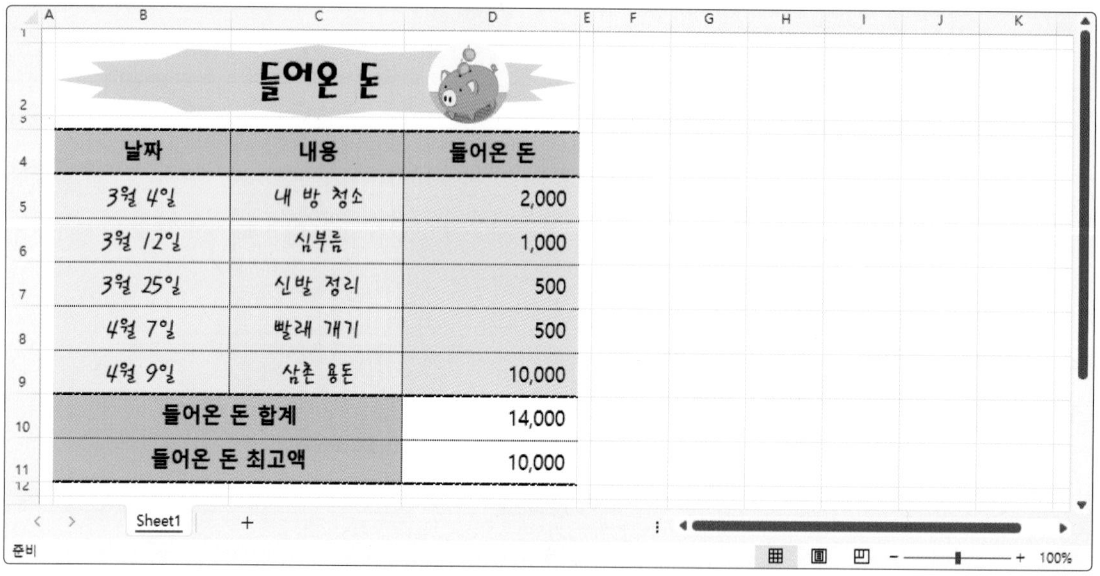

오늘 수업의 미션!

1 다음과 같이 '나간 돈.xlsx' 파일을 연 후 자동 합계를 사용하여 나간 돈 합계를 구해 보세요.

- 예제 파일 : 15차시\나간 돈.xlsx　　- 완성 파일 : 15차시\나간 돈_완성.xlsx
- 나간 돈 합계 : 자동 합계(합계)

나간 돈

날짜	내용	나간 돈
3월 5일	독서 기록장	2,500
3월 14일	아이스크림	1,000
3월 27일	친구 생일 선물	5,000
4월 3일	물오리 장난감	6,500
4월 12일	퍼즐	6,000
나간 돈 합계		21,000
나간 돈 최저액		

2 다음과 같이 함수 마법사를 사용하여 나간 돈 최저액을 구해 보세요.

- 나간 돈 최저액 : 함수 마법사(범주(통계), 함수(MIN))

나간 돈

날짜	내용	나간 돈
3월 5일	독서 기록장	2,500
3월 14일	아이스크림	1,000
3월 27일	친구 생일 선물	5,000
4월 3일	물오리 장난감	6,500
4월 12일	퍼즐	6,000
나간 돈 합계		21,000
나간 돈 최저액		1,000

Lesson 16

배울 수 있어요!

- SmartArt를 삽입할 수 있어요.
- SmartArt 스타일을 지정하고 SmartArt 색을 변경할 수 있어요.
- 모든 텍스트 도형의 모양을 변경할 수 있어요.

닭의 한살이를 작성해요

관계나 단계 등을 일정한 양식의 그림으로 나타낸 것을 '다이어그램'이라고 하는데요. 엑셀에서는 SmartArt를 사용하면 다이어그램을 쉽고 빠르게 작성할 수 있답니다. 그럼, 이번 시간에는 SmartArt를 삽입하는 방법, SmartArt 스타일을 지정하고 SmartArt 색을 변경하는 방법, 모든 텍스트 도형의 모양을 변경하는 방법에 대해 알아볼게요.

예제 파일 : 16차시\닭의 한살이.xlsx, '14차시' 폴더에 있는 그림 **완성 파일** : 16차시\닭의 한살이_완성.xlsx

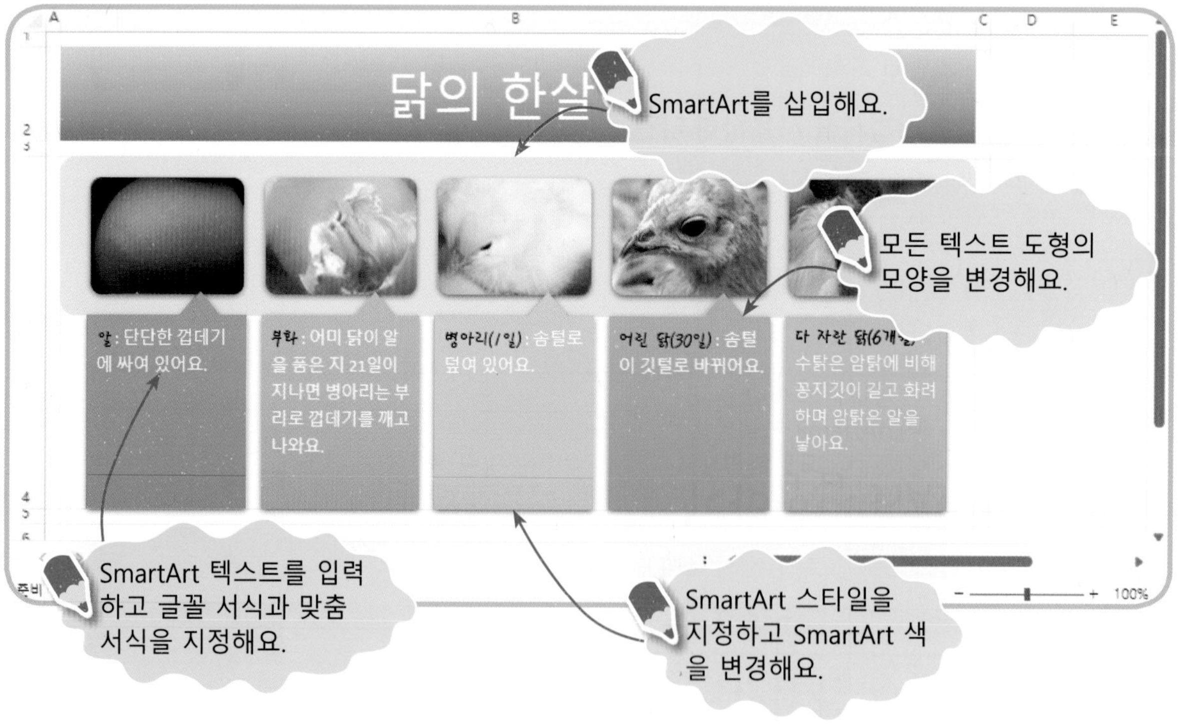

1 SmartArt 삽입하기

01 '닭의 한살이.xlsx' 파일을 연 후 SmartArt를 삽입하기 위해 [삽입] 탭-[일러스트레이션] 그룹에서 [SmartArt]를 클릭해요.

02 [SmartArt 그래픽 선택] 대화상자가 나타나면 [목록형]에서 [가로 그림 목록형( )]을 선택한 후 [확인] 단추를 클릭해요.

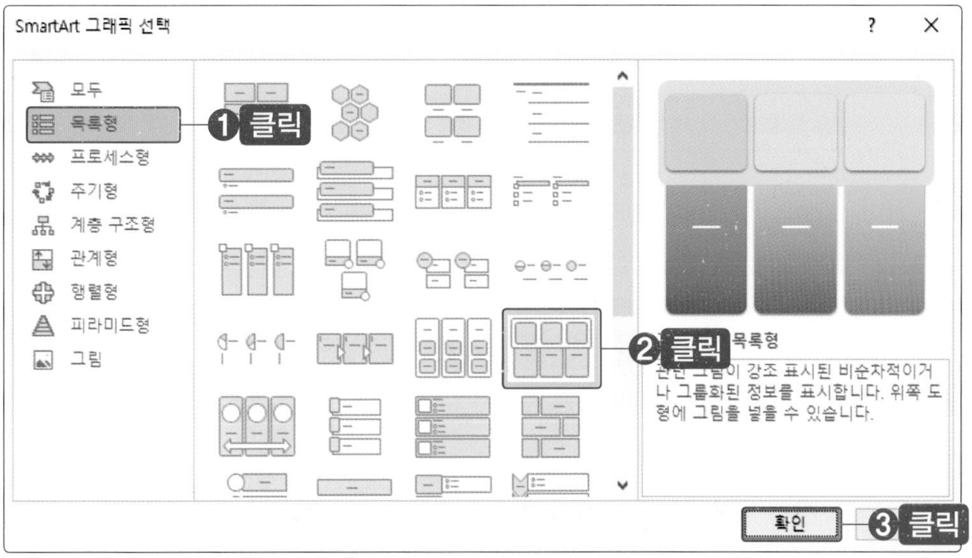

03 SmartArt가 삽입되면 다음과 같이 SmartArt를 이동한 후 SmartArt의 크기를 조정하기 SmartArt의 크기 조정 핸들(◯)을 드래그해요.

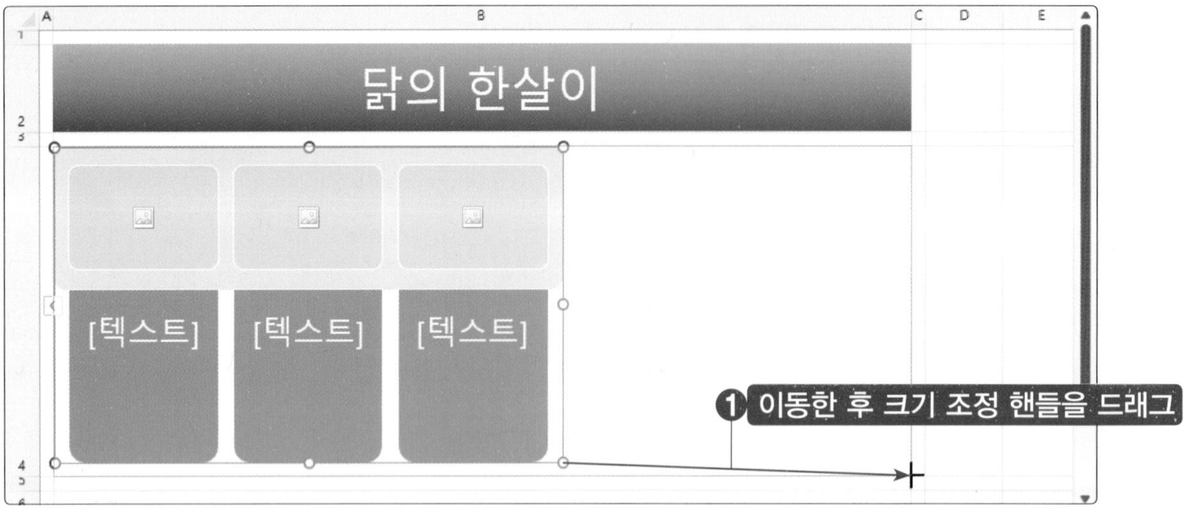

그림 도형이나 텍스트 도형을 선택한 후 SmartArt의 테두리를 클릭하면 SmartArt를 선택할 수 있는데요. SmartArt를 선택한 후 SmartArt의 테두리를 드래그하면 SmartArt를 이동할 수 있어요.

04 도형을 추가하기 위해 세 번째 그림 도형을 선택한 후 〔SmartArt 디자인〕 탭-〔그래픽 만들기〕 그룹에서 〔도형 추가〕의 〔목록(⌄)〕 단추를 클릭한 다음 〔뒤에 도형 추가〕를 클릭해요.

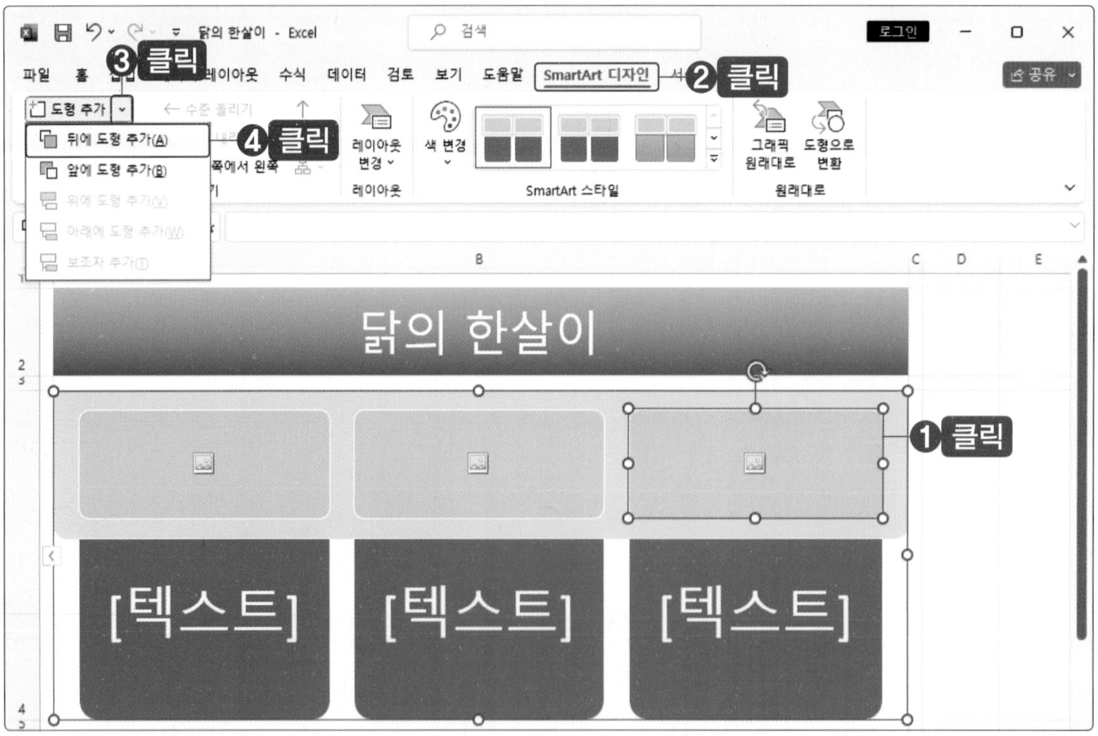

다른 그림 도형이나 텍스트 도형을 선택한 후 〔SmartArt 디자인〕 탭-〔그래픽 만들기〕 그룹에서 〔도형 추가〕의 〔목록(⌄)〕 단추를 클릭한 다음 〔뒤에 도형 추가〕/〔앞에 도형 추가〕를 클릭하여 도형을 추가할 수도 있는데요. 도형을 추가하면 그림 도형과 텍스트 도형이 함께 추가돼요.

05 같은 방법으로 다음과 같이 도형을 1개 더 추가한 후 그림을 삽입하기 위해 첫 번째 그림 도형의 을 클릭해요.

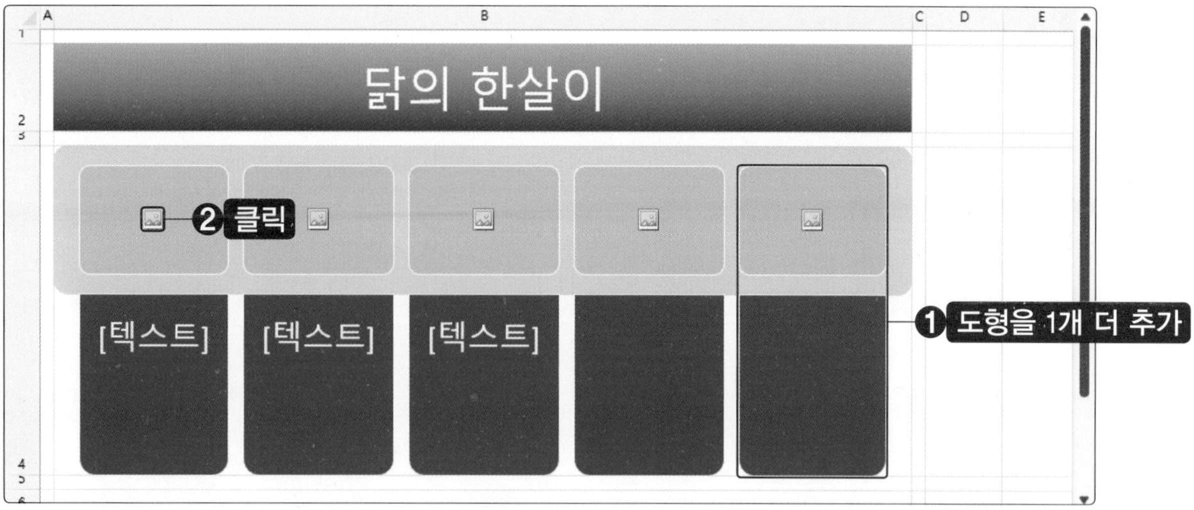

06 [그림 삽입] 창이 나타나면 [파일에서]를 클릭해요.

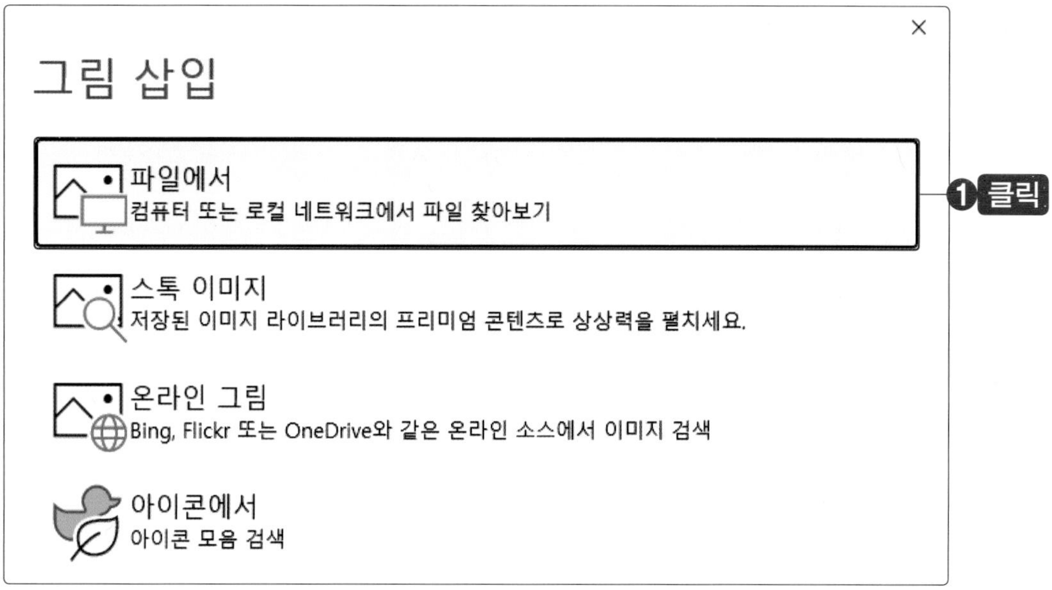

07 [그림 삽입] 대화상자가 나타나면 위치(C:\깨비뚝딱\엑셀2021\16차시)를 선택한 후 파일(알)을 선택한 다음 [삽입] 단추를 클릭해요.

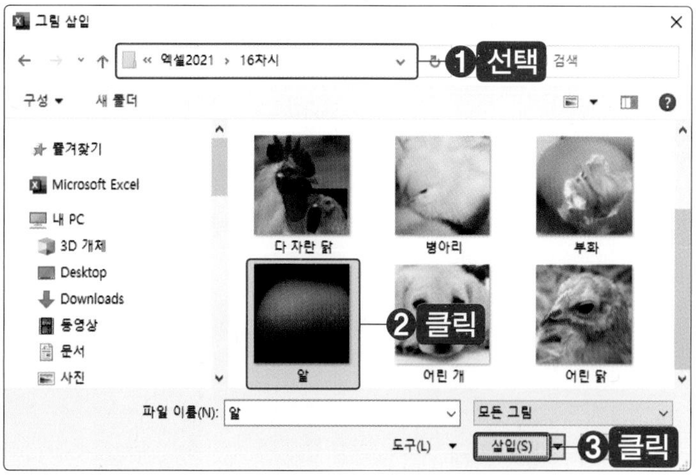

08 같은 방법으로 다음과 같이 그림을 삽입한 후 SmartArt 텍스트를 입력해요.

- **그림 삽입** : 위치(C:\깨비뚝딱\엑셀2021\16차시), 파일(부화/병아리/어린 닭/다 자란 닭)

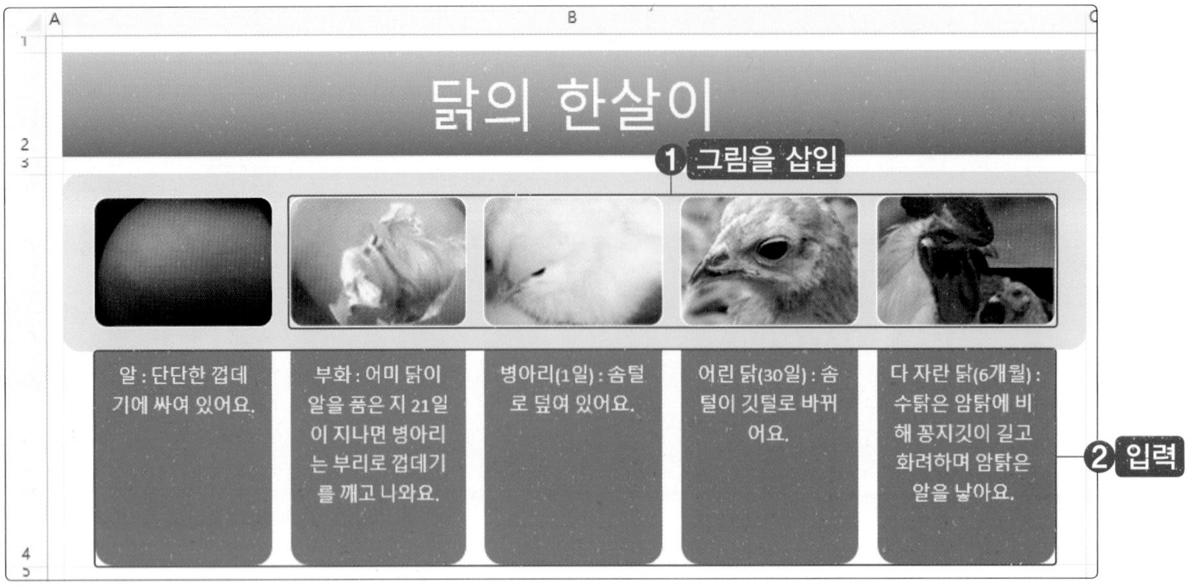

SmartArt의 방향 전환하기

다음과 같이 SmartArt를 선택한 후 〔SmartArt 디자인〕 탭–〔그래픽 만들기〕 그룹에서 〔오른쪽에서 왼쪽〕을 클릭하면 SmartArt의 방향을 오른쪽에서 왼쪽으로 전환할 수 있고, 다시 클릭하면 SmartArt의 방향을 왼쪽에서 오른쪽으로 전환할 수 있어요.

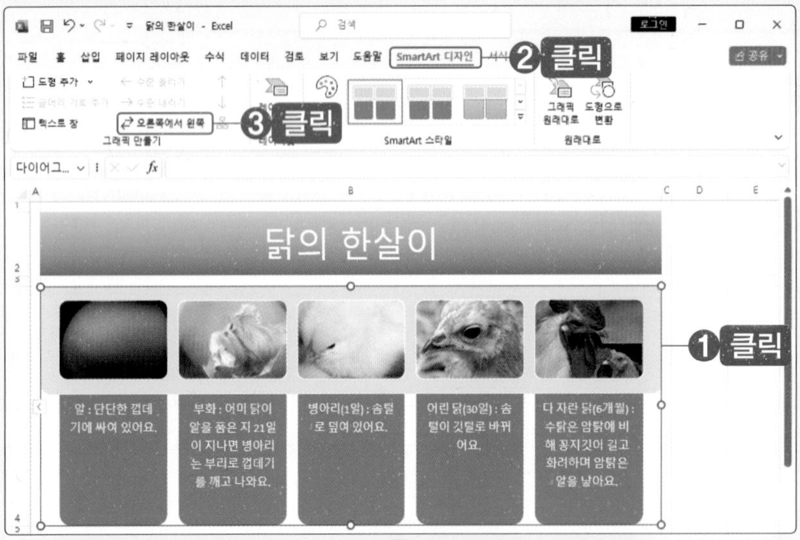

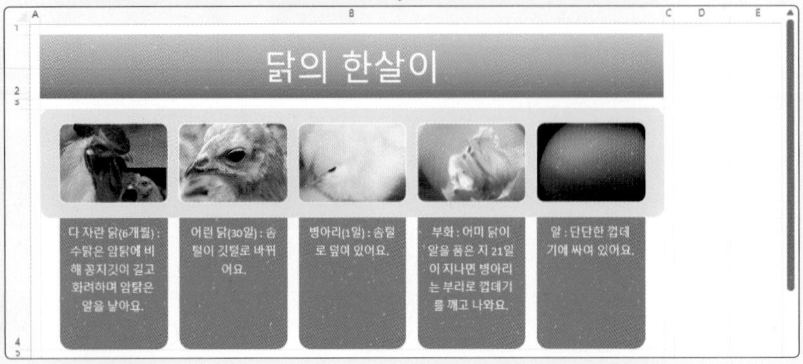

2 SmartArt 스타일 지정하고 SmartArt 색 변경하기

01 SmartArt 스타일을 지정하기 위해 SmartArt를 선택한 후 〔SmartArt 디자인〕 탭-〔SmartArt 스타일〕 그룹에서 〔빠른 스타일(⊽)〕 단추를 클릭해요.

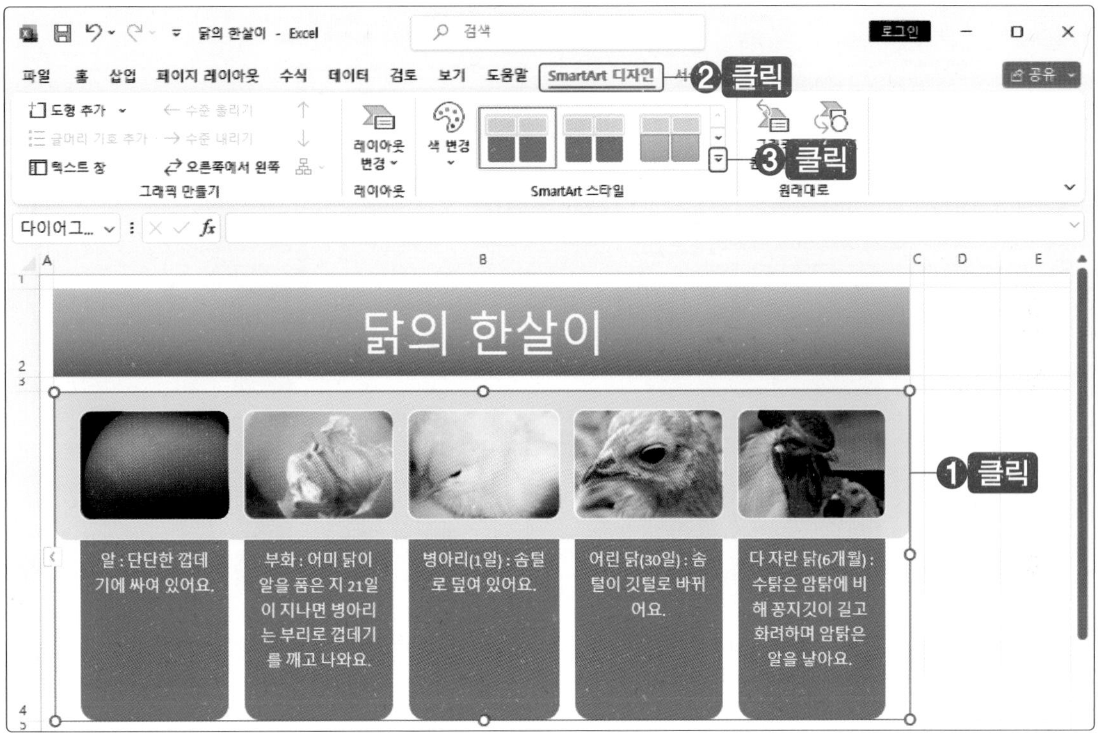

02 SmartArt 스타일 목록이 나타나면 〔강한 효과(▬)〕를 클릭해요.

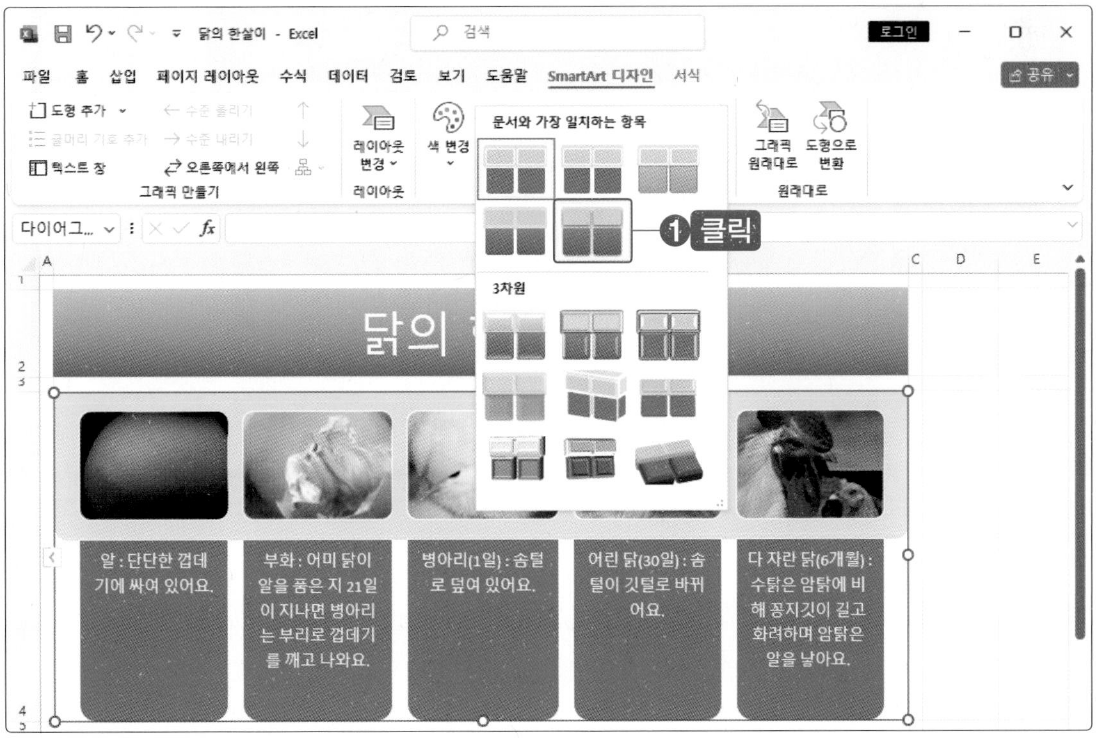

03 SmartArt 색을 변경하기 위해 [SmartArt 디자인] 탭-[SmartArt 스타일] 그룹에서 [색 변경]을 클릭한 후 [색상형 - 강조색( )]을 클릭해요.

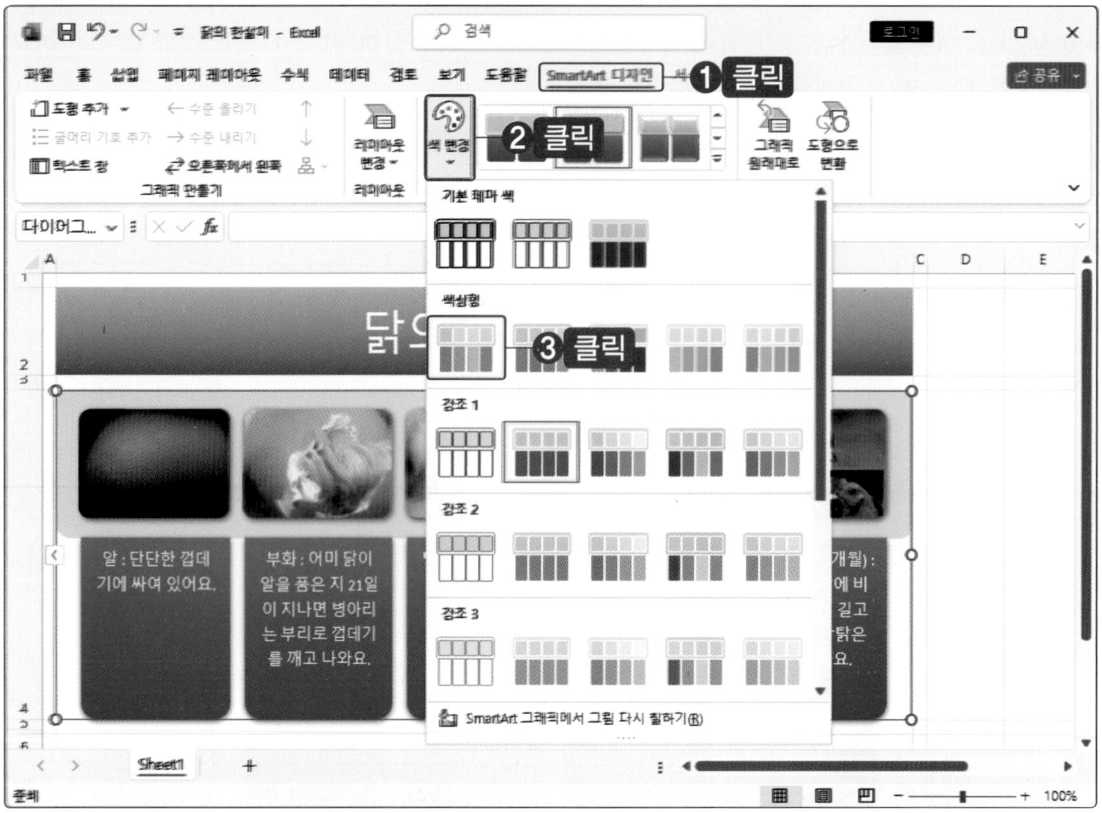

04 다음과 같이 SmartArt 색이 변경돼요.

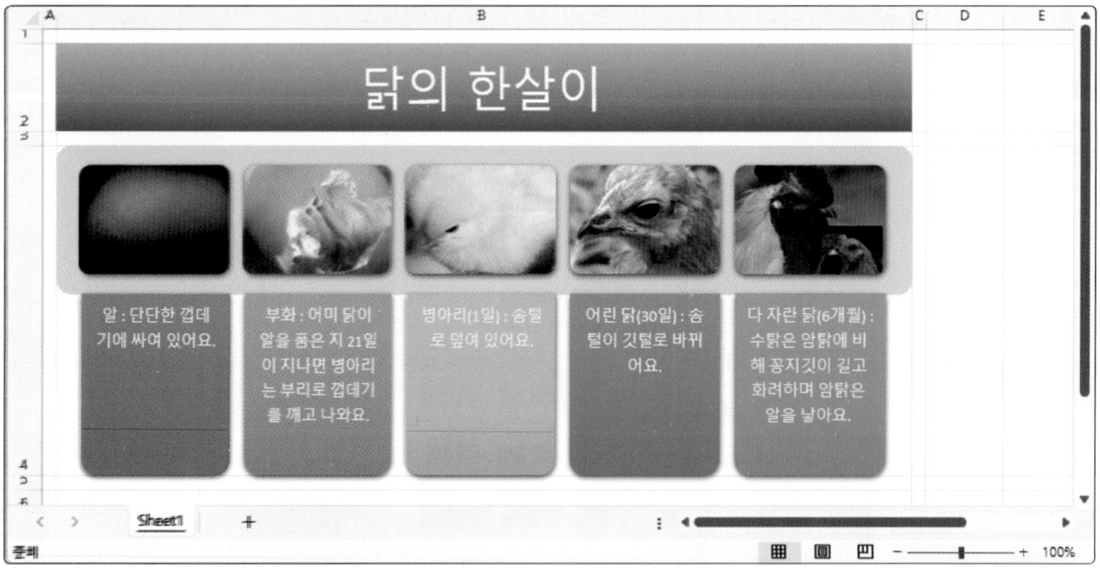

가로 그림 목록형 SmartArt에서는 텍스트 도형을 선택한 후 Delete 키를 누르면 도형을 지울 수 있는데요. 텍스트 도형을 지우면 그림 도형과 텍스트 도형이 함께 지워져요.

3 모든 텍스트 도형의 모양 변경하기

01 모든 텍스트 도형의 모양을 변경하기 위해 모든 텍스트 도형을 선택한 후 〔서식〕 탭-〔도형〕 그룹에서 〔도형 모양 변경〕을 클릭한 다음 〔말풍선: 사각형(□)〕을 클릭해요.

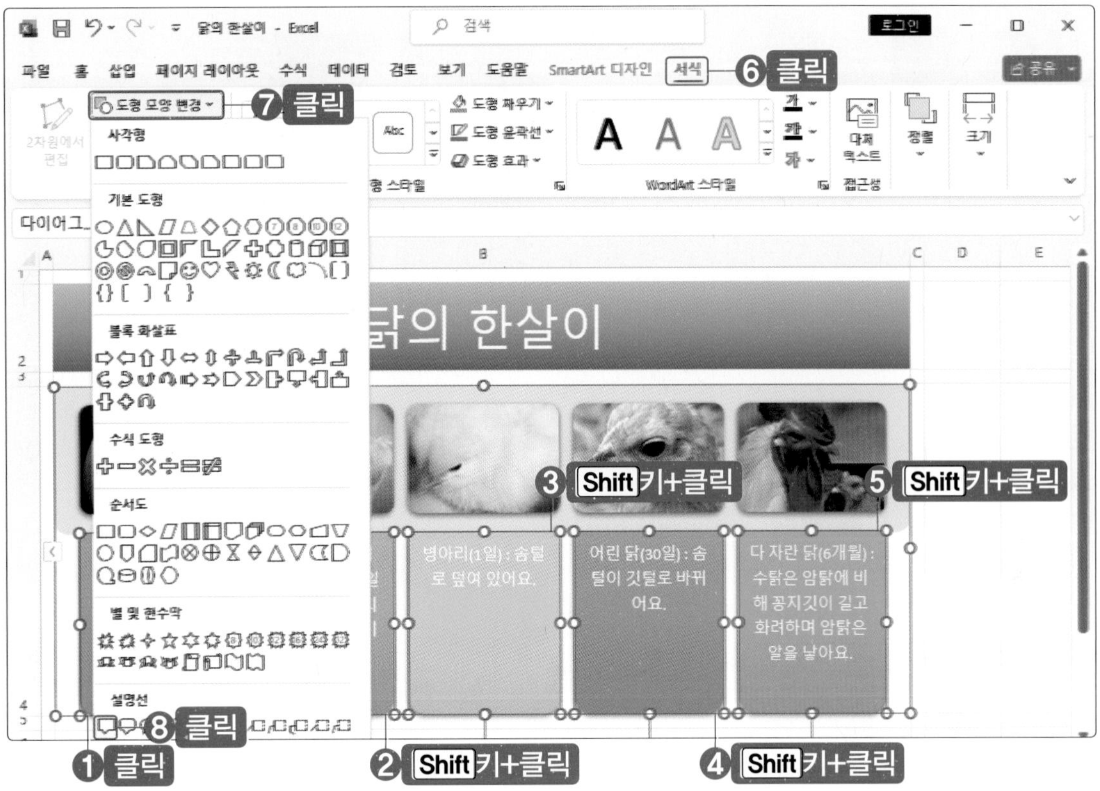

02 SmartArt 텍스트에 글꼴 서식과 맞춤 서식을 지정하기 위해 '알'을 드래그하여 선택한 후 〔홈〕 탭-〔글꼴〕 그룹에서 글꼴(휴먼편지체)과 글꼴 색(검정, 텍스트 1)을 선택한 다음 〔맞춤〕 그룹에서 〔왼쪽 맞춤(☰)〕을 클릭해요.

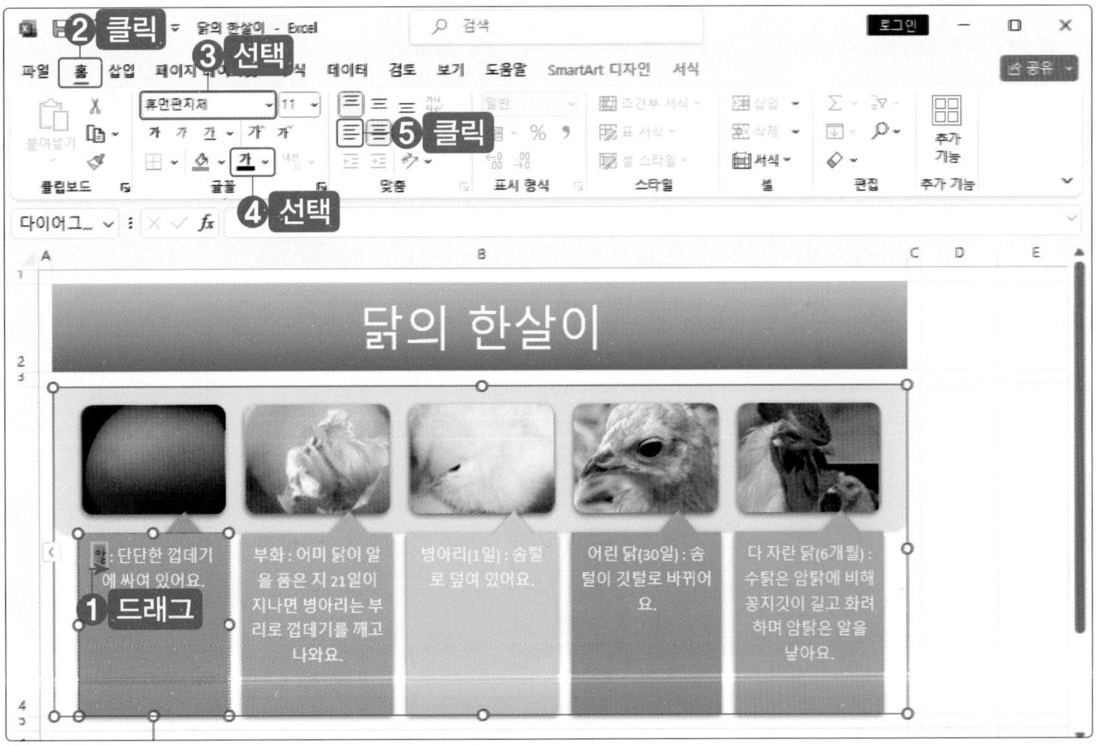

03 같은 방법으로 다음과 같이 나머지 SmartArt 텍스트에 글꼴 서식과 맞춤 서식을 지정해요.

- 나머지 SmartArt 텍스트에 글꼴 서식과 맞춤 서식 지정 : 글꼴(휴먼편지체), 글꼴 색(검정, 텍스트 1), [왼쪽 맞춤(☰)]

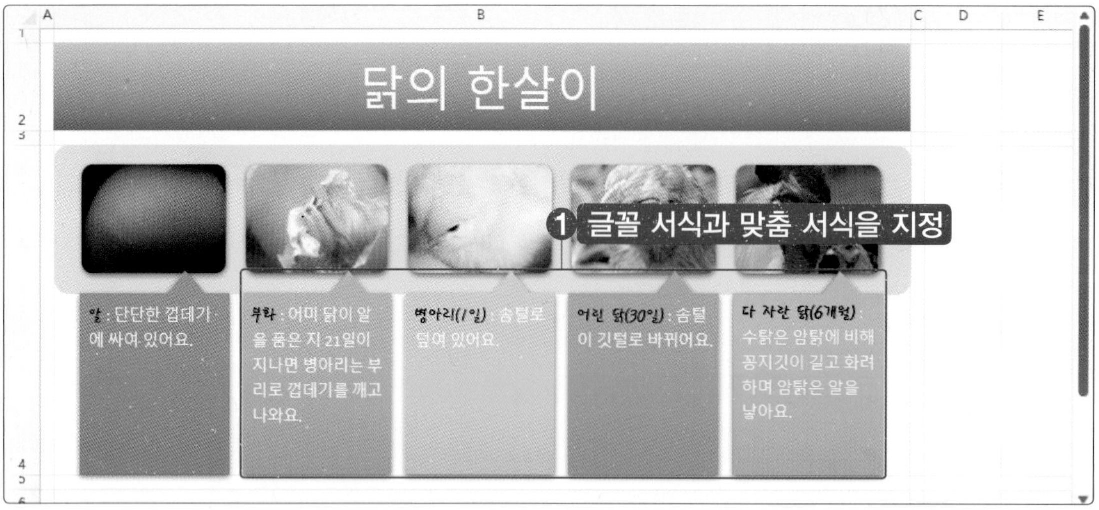

그래픽 원래대로

다음과 같이 SmartArt를 선택한 후 [SmartArt 디자인] 탭-[원래대로] 그룹에서 [그래픽 원래대로]를 클릭하면 SmartArt에 지정한 서식을 제거할 수 있어요.

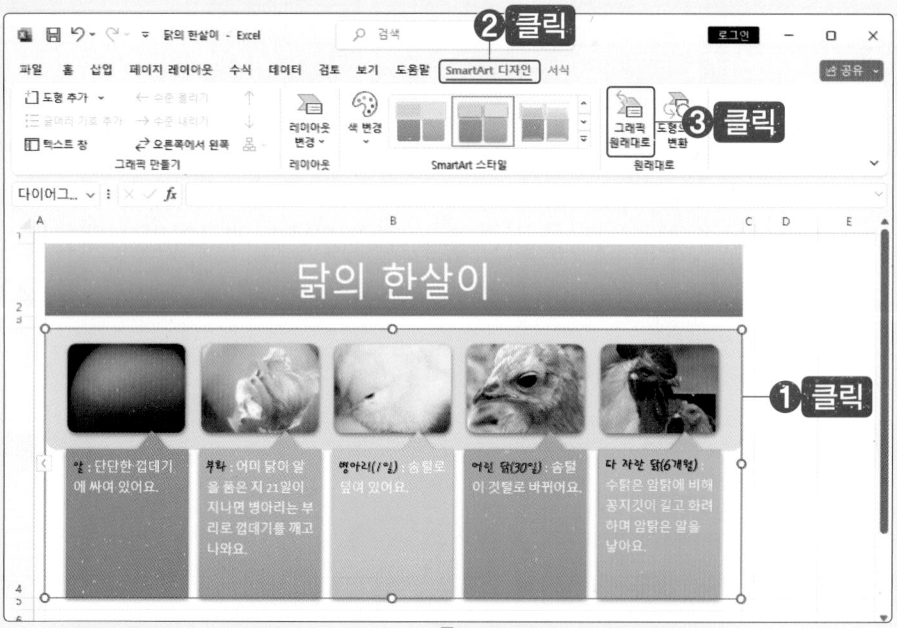

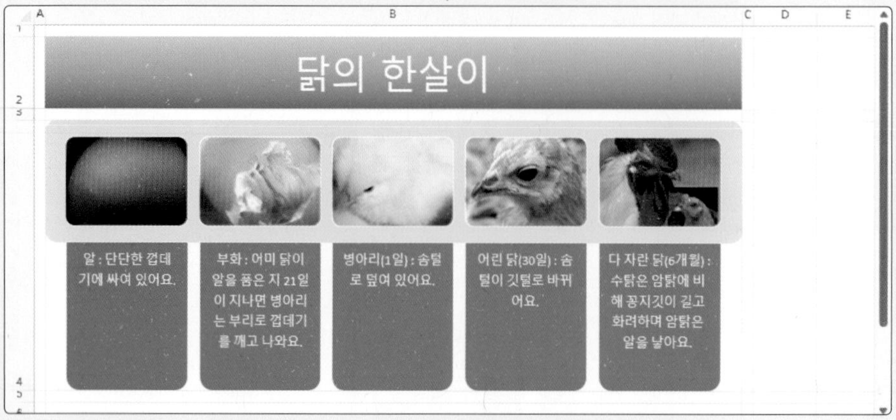

오늘 수업의 미션!

1 다음과 같이 '개의 한살이.xlsx' 파일을 연 후 SmartArt를 삽입해 보세요.

- **예제 파일** : 16차시\개의 한살이.xlsx, '16차시' 폴더에 있는 그림
- **완성 파일** : 16차시\개의 한살이_완성.xlsx
- **SmartArt 삽입** : SmartArt 종류([목록형]-[그림 강조 벤딩 목록형])
- 개의 한살이에 맞는 그림(갓 태어난 강아지.jpg/강아지.jpg/어린 개.jpg/다 자란 개.jpg)을 삽입

2 다음과 같이 SmartArt 스타일을 지정한 후 SmartArt 색을 변경해 보세요.

- **SmartArt 스타일 지정** : [보통 효과]
- **SmartArt 색 변경** : [색상형 범위 – 강조색 5 또는 6]
- SmartArt 텍스트에 지정하고 싶은 글꼴 서식과 맞춤 서식을 지정

Lesson 17

배울 수 있어요!

◆ WordArt를 삽입할 수 있어요.
◆ 텍스트 효과를 지정할 수 있어요.

시간표를 작성해요

WordArt는 텍스트 채우기나 텍스트 윤곽선 등이 미리 정의되어 있는 스타일인데요. WordArt를 사용하면 화려한 제목을 작성할 수 있답니다. 그럼, 이번 시간에는 WordArt를 삽입하는 방법과 텍스트 효과를 지정하는 방법에 대해 알아볼게요.

예제 파일 : 17차시\시간표.xlsx **완성 파일** : 17차시\시간표_완성.xlsx

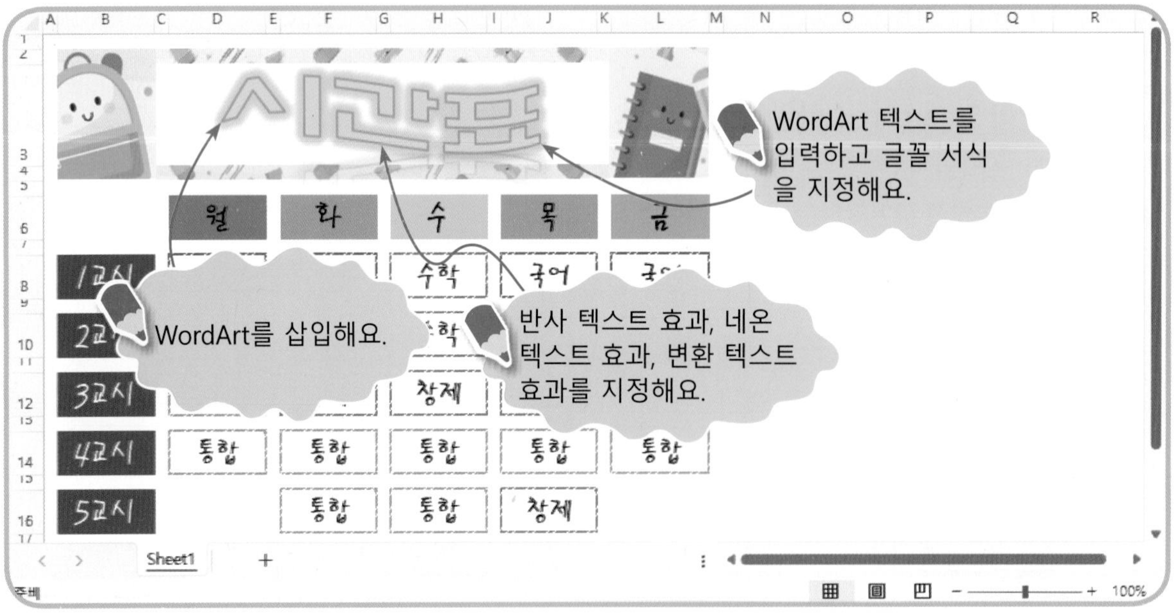

1 WordArt 삽입하기

01 '시간표.xlsx' 파일을 연 후 WordArt를 삽입하기 위해 〔삽입〕 탭-〔텍스트〕 그룹에서 〔WordArt〕를 클릭한 다음 〔채우기: 주황, 강조색 2, 윤곽선: 주황, 강조색 2(A)〕를 클릭해요.

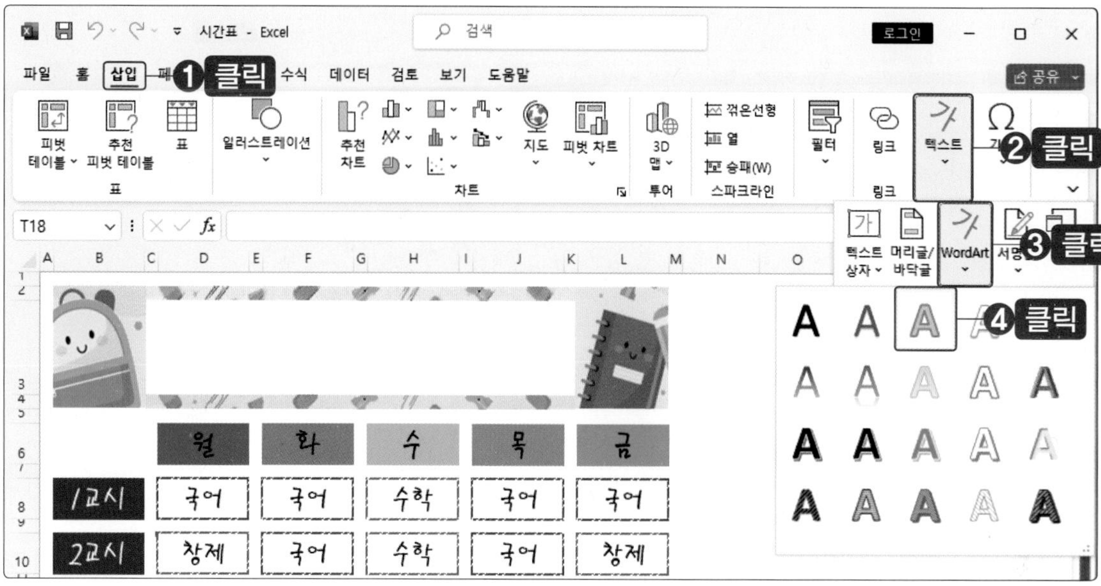

02 WordArt가 삽입되면 WordArt 텍스트(시간표)를 입력해요. 그런 다음 WordArt 텍스트에 글꼴 서식을 지정하기 위해 WordArt 텍스트를 드래그하여 선택한 후 〔홈〕 탭-〔글꼴〕 그룹에서 글꼴(휴먼엑스포)을 선택해요.

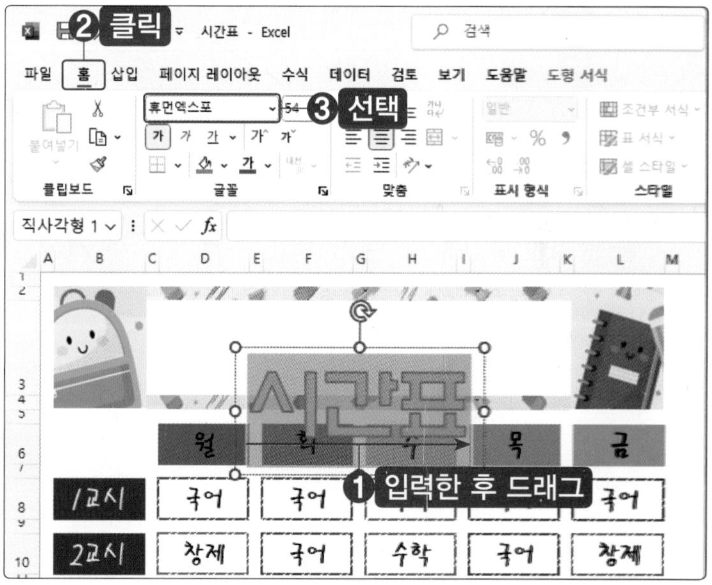

- WordArt를 삽입한 후 바로 WordArt 텍스트를 입력하면 기존 WordArt 텍스트가 지워진 다음 새 WordArt 텍스트가 입력돼요.
- WordArt로 마우스 포인터를 가져가서 마우스 포인터가 ✥ 모양으로 변경되었을 때 클릭하면 WordArt를 선택할 수 있는데요. WordArt를 선택한 후 바로 WordArt 텍스트를 입력하거나 WordArt의 바로 가기 메뉴에서 〔텍스트 편집〕을 클릭하면 WordArt 텍스트를 입력할 수 있고, WordArt 텍스트로 마우스 포인터를 가져가서 마우스 포인터가 I 모양으로 변경되었을 때 클릭하면 WordArt 텍스트를 수정할 수 있어요.

03 WordArt 텍스트에 글꼴 서식이 지정돼요.

2 텍스트 효과 지정하기

01 반사 텍스트 효과를 지정하기 위해 WordArt를 선택한 후 〔도형 서식〕 탭-〔WordArt 스타일〕 그룹에서 〔텍스트 효과(가)〕를 클릭한 다음 〔반사〕-〔근접 반사: 터치( )〕를 클릭해요.

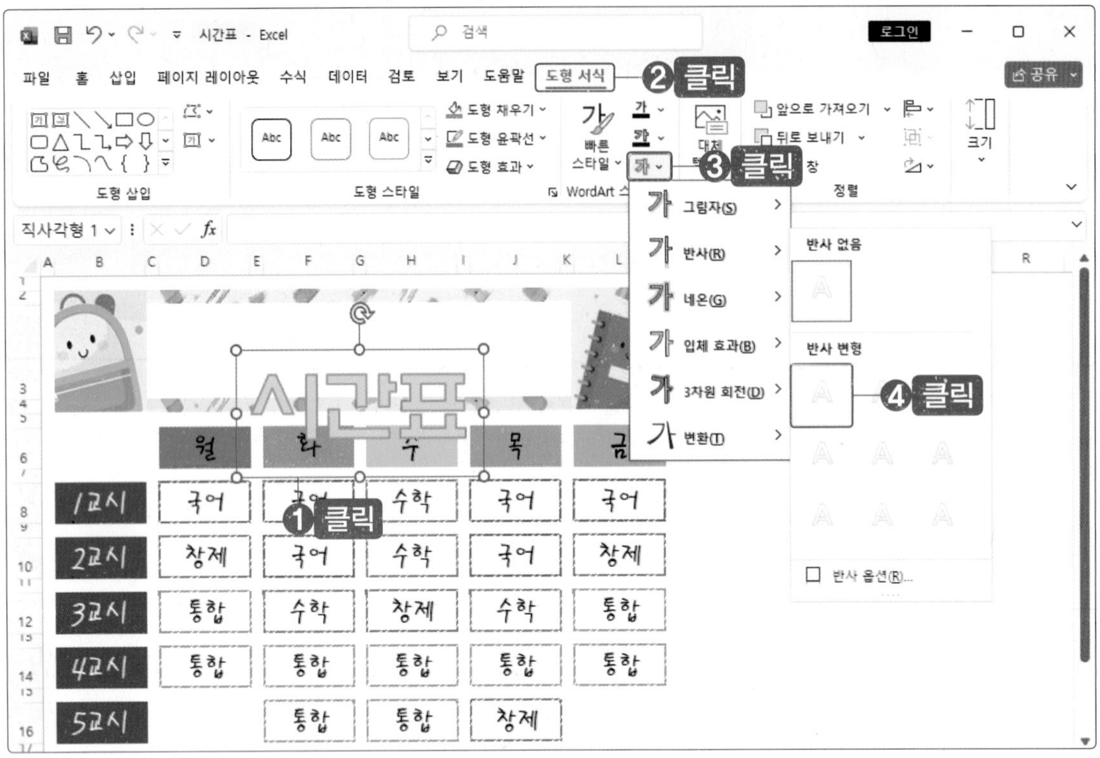

02 네온 텍스트 효과를 지정하기 위해 〔도형 서식〕 탭-〔WordArt 스타일〕 그룹에서 〔텍스트 효과(가)〕를 클릭한 후 〔네온〕-〔네온: 8pt, 주황, 강조색 2( )〕를 클릭해요.

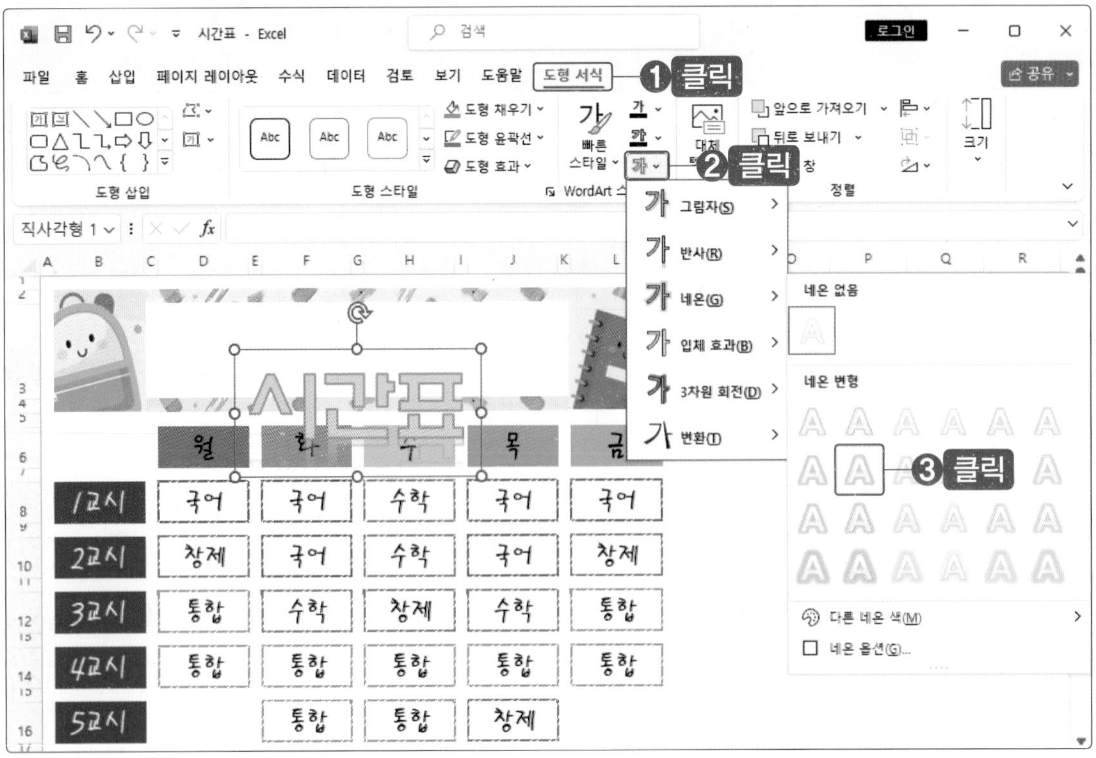

03 변환 텍스트 효과를 지정하기 위해 [도형 서식] 탭-[WordArt 스타일] 그룹에서 [텍스트 효과(가)]를 클릭한 후 [변환]-[물결: 아래로(abcde)]를 클릭해요.

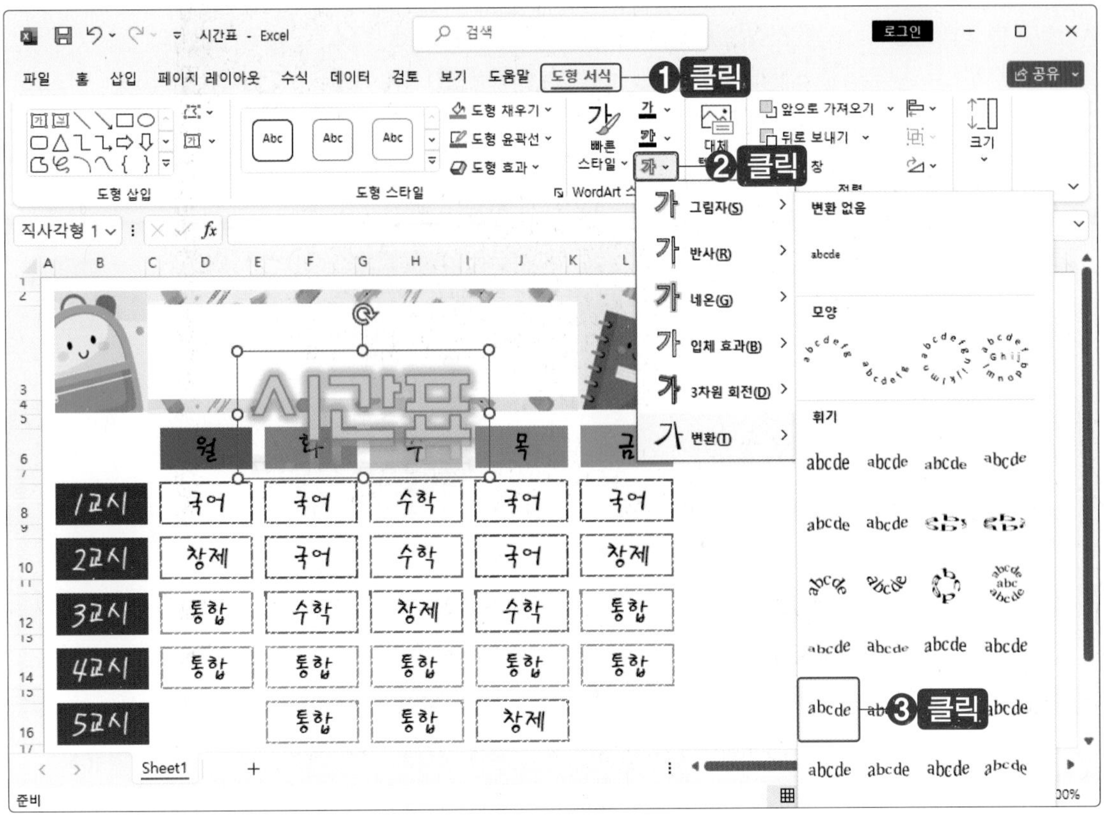

04 변환 텍스트 효과가 지정되면 다음과 같이 WordArt를 이동한 후 WordArt의 크기를 조정하기 WordArt의 크기 조정 핸들(○)을 드래그해요.

WordArt를 선택한 후 WordArt의 테두리를 드래그하면 WordArt를 이동할 수 있어요.

05 WordArt의 크기가 조정돼요.

텍스트 채우기와 텍스트 윤곽선 지정하기

WordArt를 선택한 후 [도형 서식] 탭-[WordArt 스타일] 그룹에서 [텍스트 채우기(가)]의 [목록(⌄)] 단추를 클릭하면 텍스트 채우기를 지정할 수 있고, [텍스트 윤곽선(가)]의 [목록(⌄)] 단추를 클릭하면 텍스트 윤곽선을 지정할 수 있는데요. 텍스트 채우기를 지정하면 WordArt 텍스트의 내부가 변경되고, 텍스트 윤곽선을 지정하면 WordArt 텍스트의 테두리가 변경돼요. 다음은 텍스트 윤곽선을 지정하는 경우예요.

오늘 수업의 미션!

❶ 다음과 같이 '방과후교실.xlsx' 파일을 연 후 WordArt를 삽입해 보세요.

- **예제 파일** : 17차시\방과후교실.xlsx   ■ **완성 파일** : 17차시\방과후교실_완성.xlsx
- **WordArt 삽입** : WordArt 종류(무늬 채우기: 파랑, 강조색 1, 50%, 진한 그림자: 파랑, 강조색 1(A))
- **WordArt 텍스트에 글꼴 서식 지정** : 글꼴(휴먼편지체)

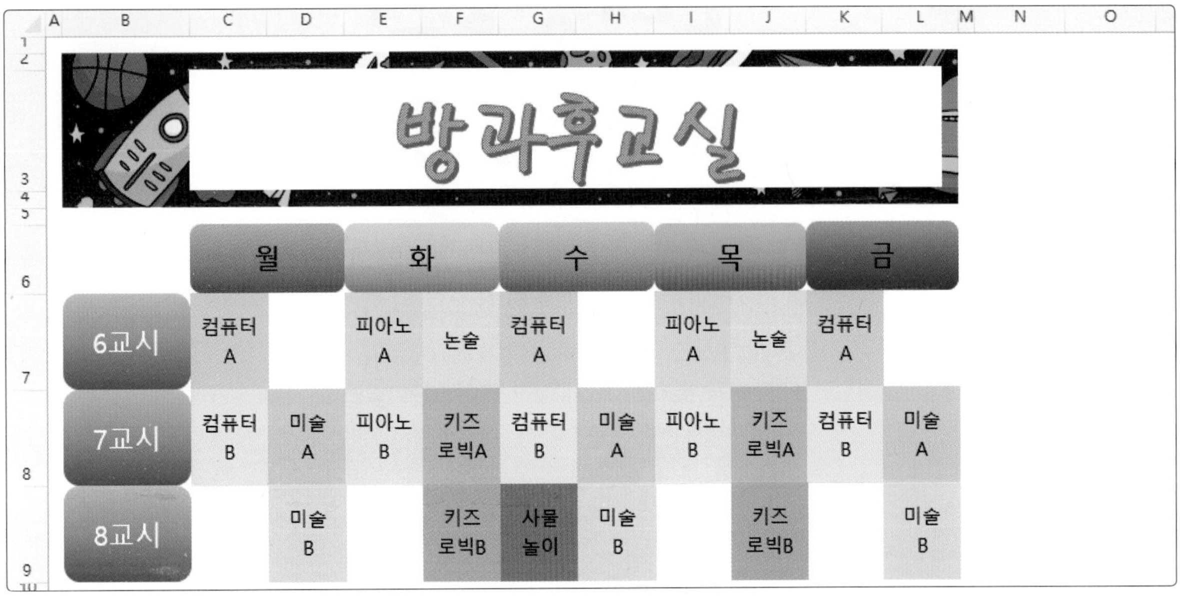
방과후교실

	월		화		수		목		금	
6교시	컴퓨터 A		피아노 A	논술	컴퓨터 A		피아노 A	논술	컴퓨터 A	
7교시	컴퓨터 B	미술 A	피아노 B	키즈 로빅A	컴퓨터 B	미술 A	피아노 B	키즈 로빅A	컴퓨터 B	미술 A
8교시		미술 B		키즈 로빅B	사물 놀이	미술 B		키즈 로빅B		미술 B

❷ 다음과 같이 텍스트 윤곽선과 텍스트 효과를 지정해 보세요.

- **텍스트 윤곽선 지정** : 색(검정, 텍스트 1)
- **네온 텍스트 효과 지정** : [네온: 5pt, 파랑, 강조색 5(A)]
- **변환 텍스트 효과 지정** : [이중 물결: 위에서 아래로(abcde)]

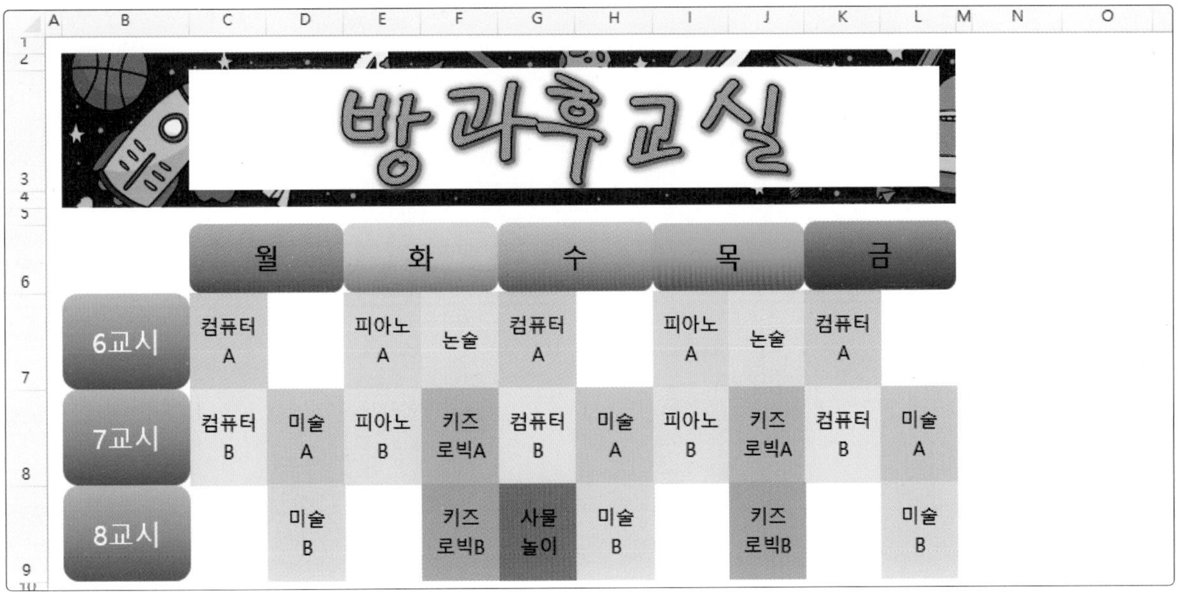
방과후교실

	월		화		수		목		금	
6교시	컴퓨터 A		피아노 A	논술	컴퓨터 A		피아노 A	논술	컴퓨터 A	
7교시	컴퓨터 B	미술 A	피아노 B	키즈 로빅A	컴퓨터 B	미술 A	피아노 B	키즈 로빅A	컴퓨터 B	미술 A
8교시		미술 B		키즈 로빅B	사물 놀이	미술 B		키즈 로빅B		미술 B

Lesson

18

배울 수 있어요!

- 차트를 삽입하고 새 시트로 차트를 이동할 수 있어요.
- 차트를 꾸밀 수 있어요.
- 그림을 복사하여 차트에 붙여 넣을 수 있어요.

반려동물의 선호도를 작성해요

차트는 수치 데이터를 분석하여 그 관계를 일정한 양식의 그림으로 나타낸 것인데요. 차트를 작성하면 수치 데이터를 막대나 원 등으로 표시하여 한 눈에 파악할 수 있답니다. 그럼, 이번 시간에는 차트를 삽입하고 새 시트로 차트를 이동하는 방법, 차트를 꾸미는 방법, 그림을 복사하여 차트에 붙여 넣는 방법에 대해 알아볼게요.

예제 파일 : 18차시\반려동물의 선호도.xlsx **완성 파일** : 18차시\반려동물의 선호도_완성.xlsx

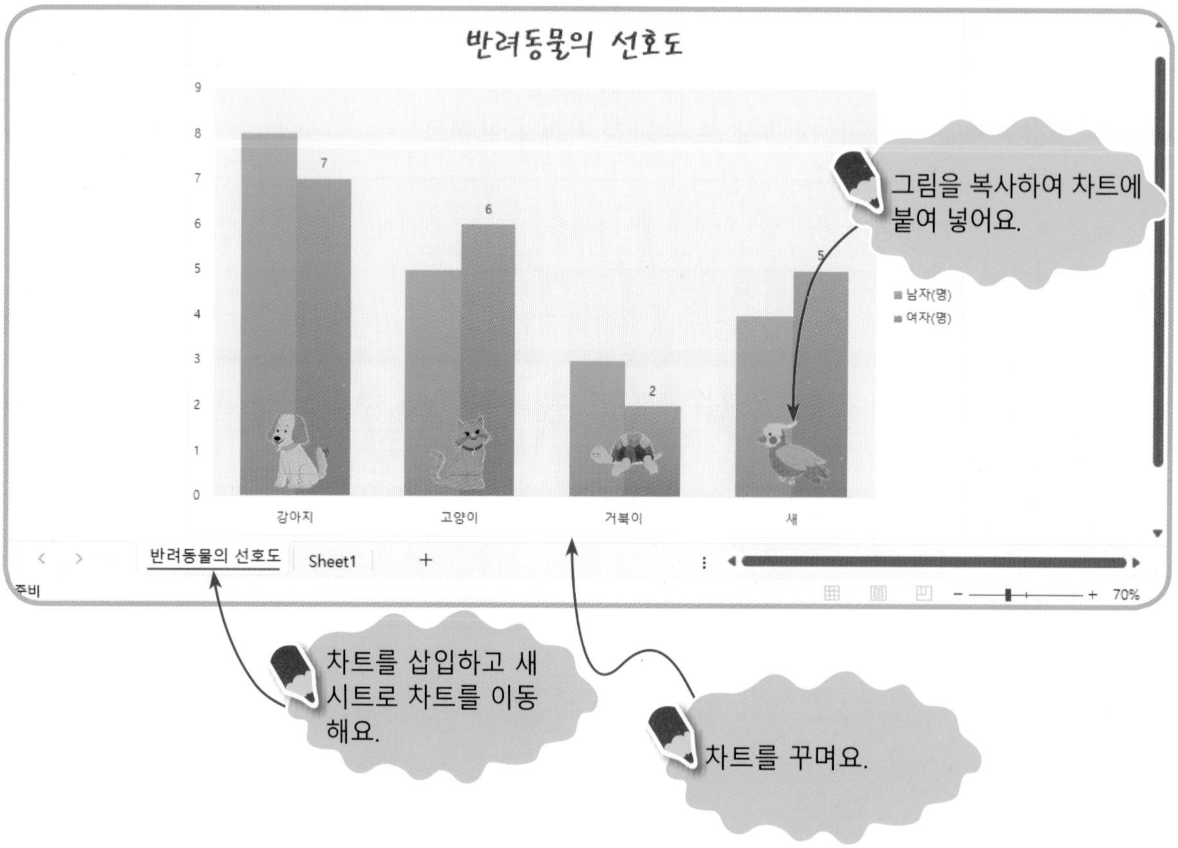

그림을 복사하여 차트에 붙여 넣어요.

차트를 삽입하고 새 시트로 차트를 이동해요.

차트를 꾸며요.

1 차트 삽입하고 새 시트로 차트 이동하기

01 '반려동물의 선호도.xlsx' 파일을 연 후 차트를 삽입하기 위해 B4:F6셀 범위를 선택한 다음 〔삽입〕 탭-〔차트〕 그룹에서 〔세로 또는 가로 막대형 차트 삽입( )〕을 클릭하고 〔묶은 세로 막대형( )〕을 클릭해요.

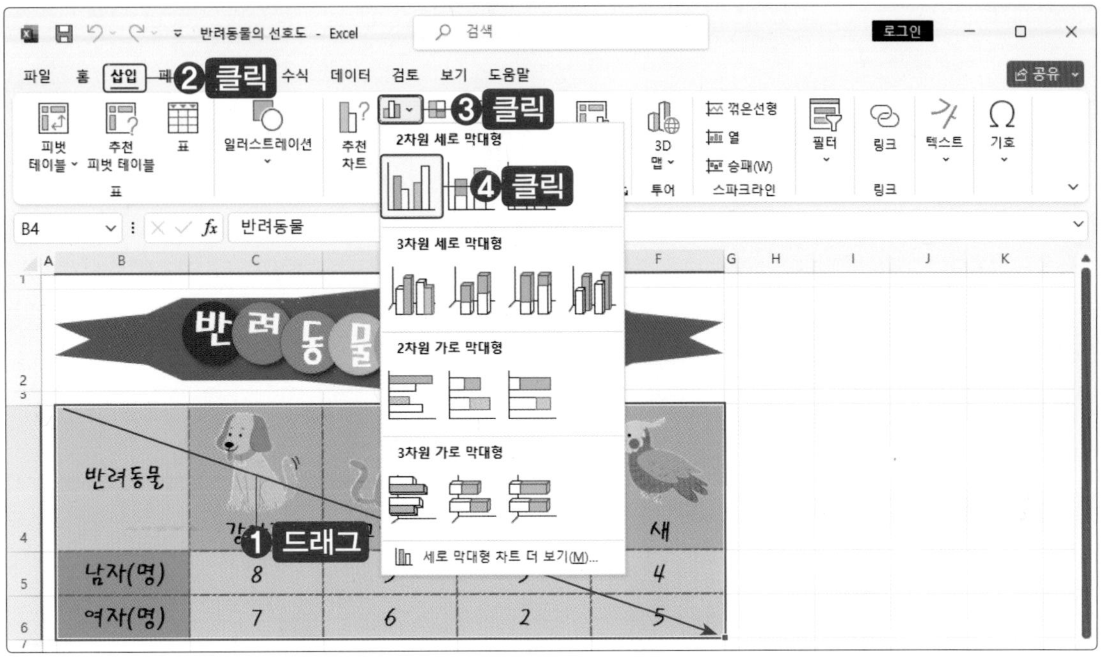

02 차트가 삽입되면 새 시트로 차트를 이동하기 위해 차트를 선택한 후 〔차트 디자인〕 탭-〔위치〕 그룹에서 〔차트 이동〕을 클릭해요.

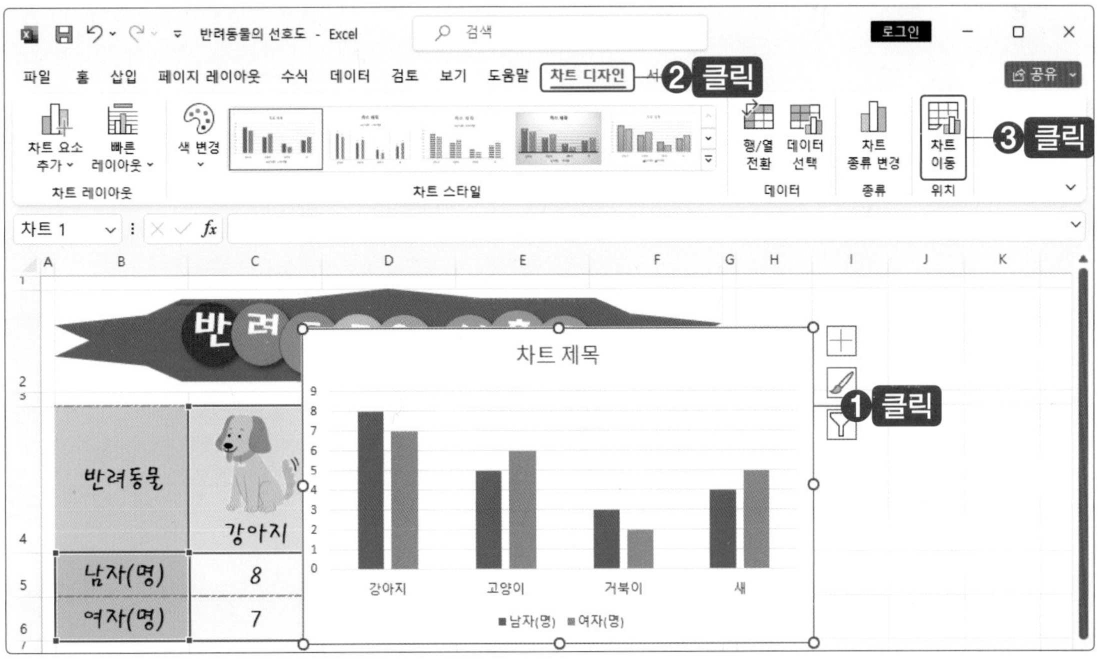

차트 영역을 클릭하면 차트를 선택할 수 있어요.

03 〔차트 이동〕 대화상자가 나타나면 〔새 시트〕를 선택한 후 새 시트 이름(반려동물의 선호도)을 입력한 다음 〔확인〕 단추를 클릭해요.

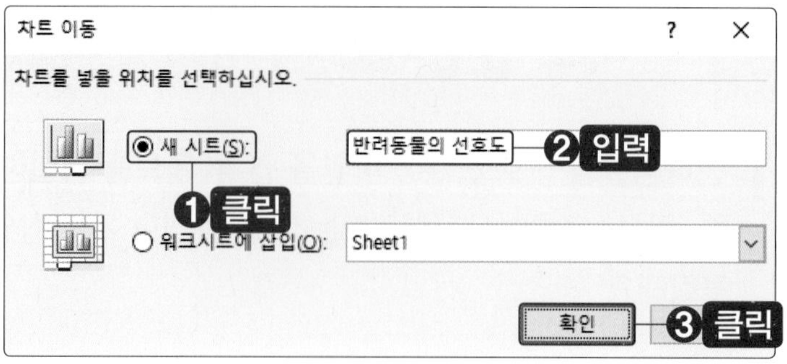

- 〔새 시트〕를 선택하면 워크시트가 아닌 차트시트가 삽입돼요.
- 〔워크시트에 삽입〕을 선택한 후 〔워크시트에 삽입〕의 〔목록(⌄)〕 단추를 클릭한 다음 워크시트를 선택하면 차트를 선택한 워크시트로 이동할 수 있어요.

04 다음과 같이 차트가 새 시트로 이동돼요.

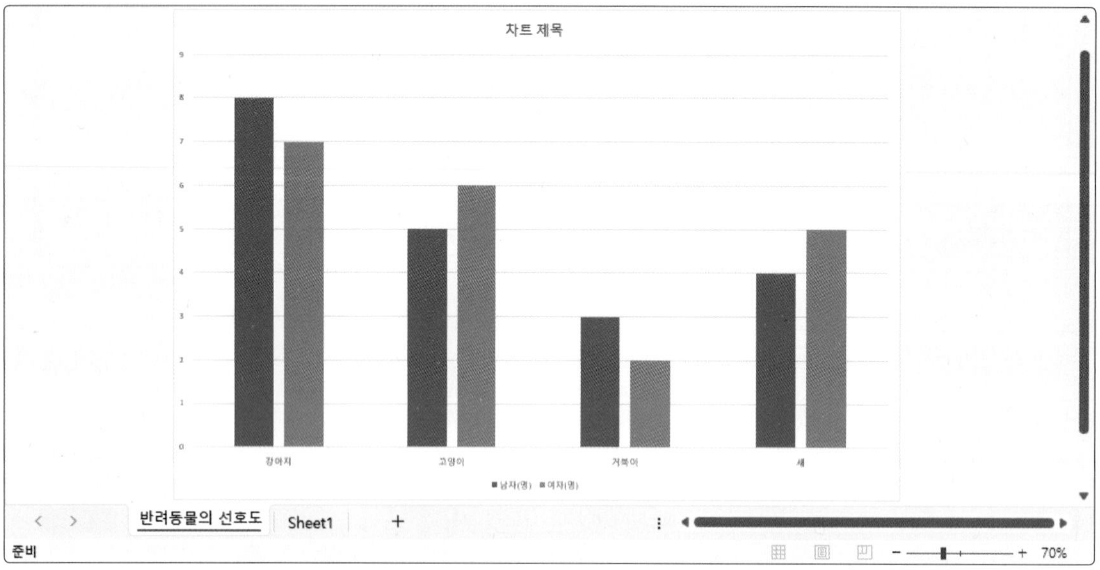

2 차트 꾸미기

01 차트 스타일을 지정하기 위해 차트를 선택한 후 〔차트 디자인〕 탭-〔차트 스타일〕 그룹에서 〔빠른 스타일(▿)〕 단추를 클릭해요.

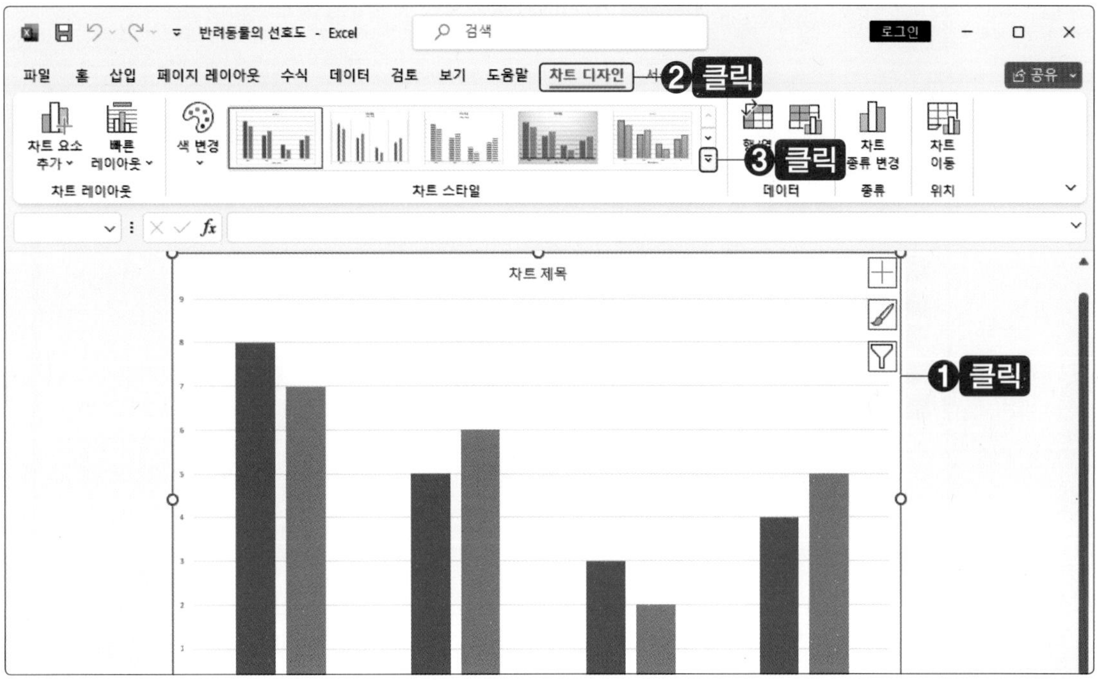

차트 영역 서식이나 그림 영역 서식 등을 지정한 후 차트 스타일을 지정하면 지정한 차트 스타일과 관련 있는 차트 영역 서식이나 그림 영역 서식 등으로 다시 지정되므로 먼저 차트 스타일을 지정한 후 차트 영역 서식이나 그림 영역 서식 등을 지정해요.

02 차트 스타일 목록이 나타나면 〔스타일 6( )〕을 클릭해요.

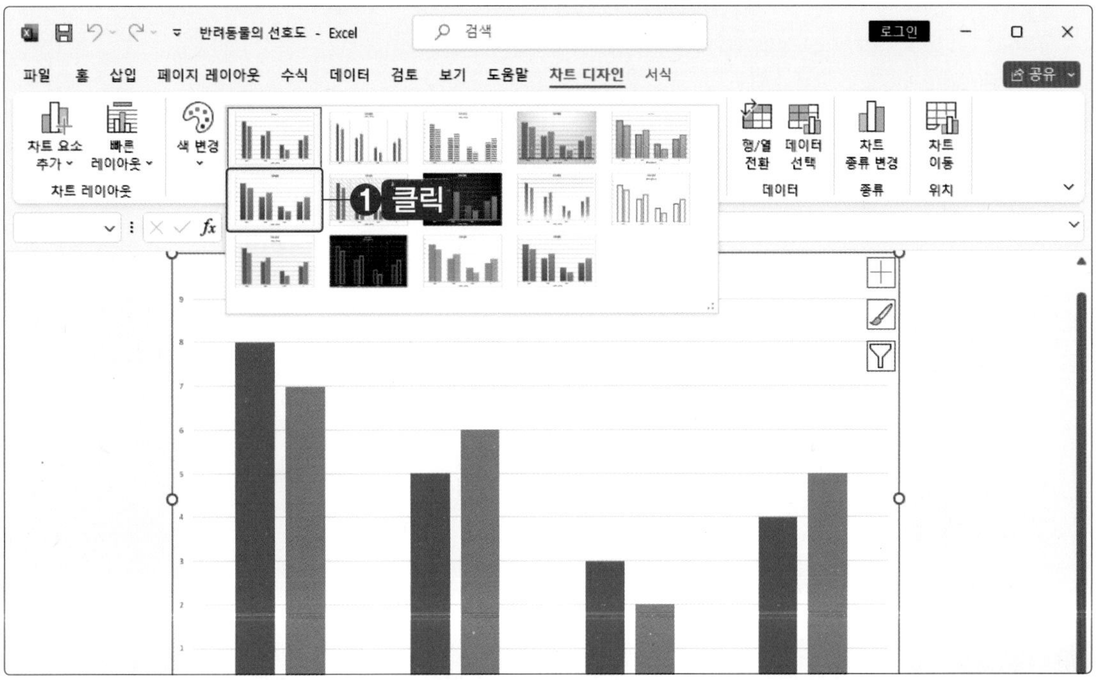

03 차트 색을 변경하기 위해 [차트 디자인] 탭-[차트 스타일] 그룹에서 [색 변경]을 클릭한 후 [다양한 색상표 4( )]를 클릭해요.

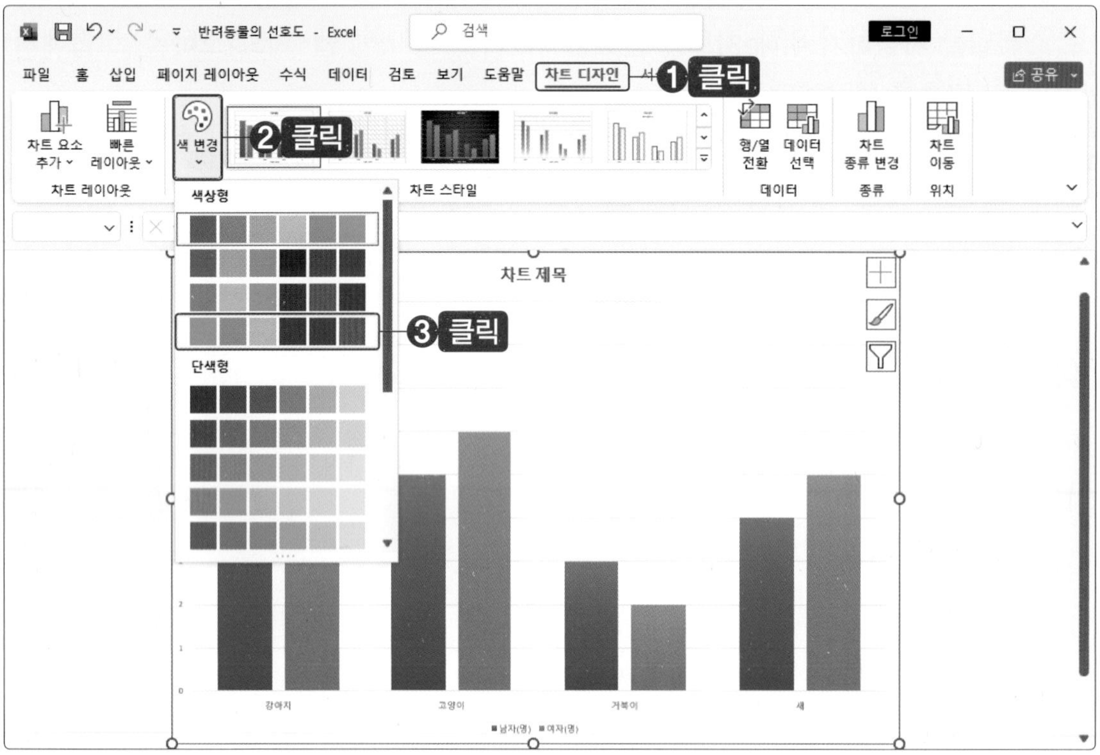

04 '여자(명)' 데이터 계열에 데이터 레이블을 표시하기 위해 '여자(명)' 데이터 계열을 선택한 후 [차트 디자인] 탭-[차트 레이아웃] 그룹에서 [차트 요소 추가]를 클릭한 다음 [데이터 레이블]-[바깥쪽 끝에]를 클릭해요.

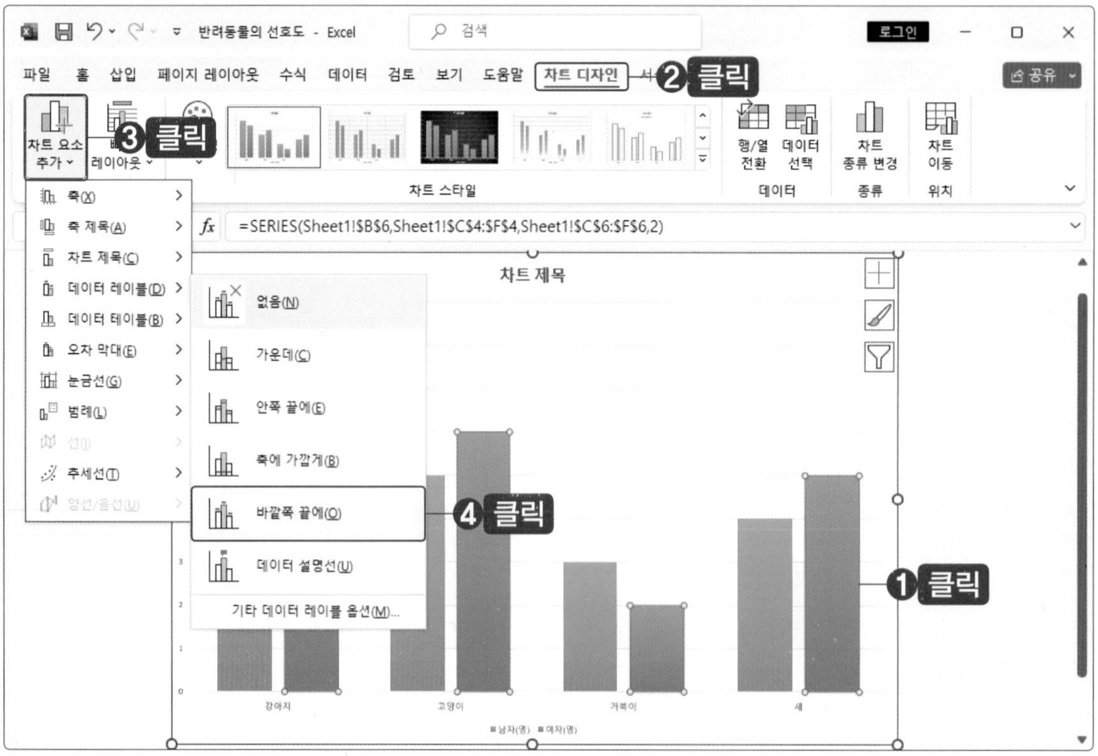

05 범례의 위치를 변경하기 위해 범례를 선택한 후 [차트 디자인] 탭-[차트 레이아웃] 그룹에서 [차트 요소 추가]를 클릭한 다음 [범례]-[오른쪽]을 클릭해요.

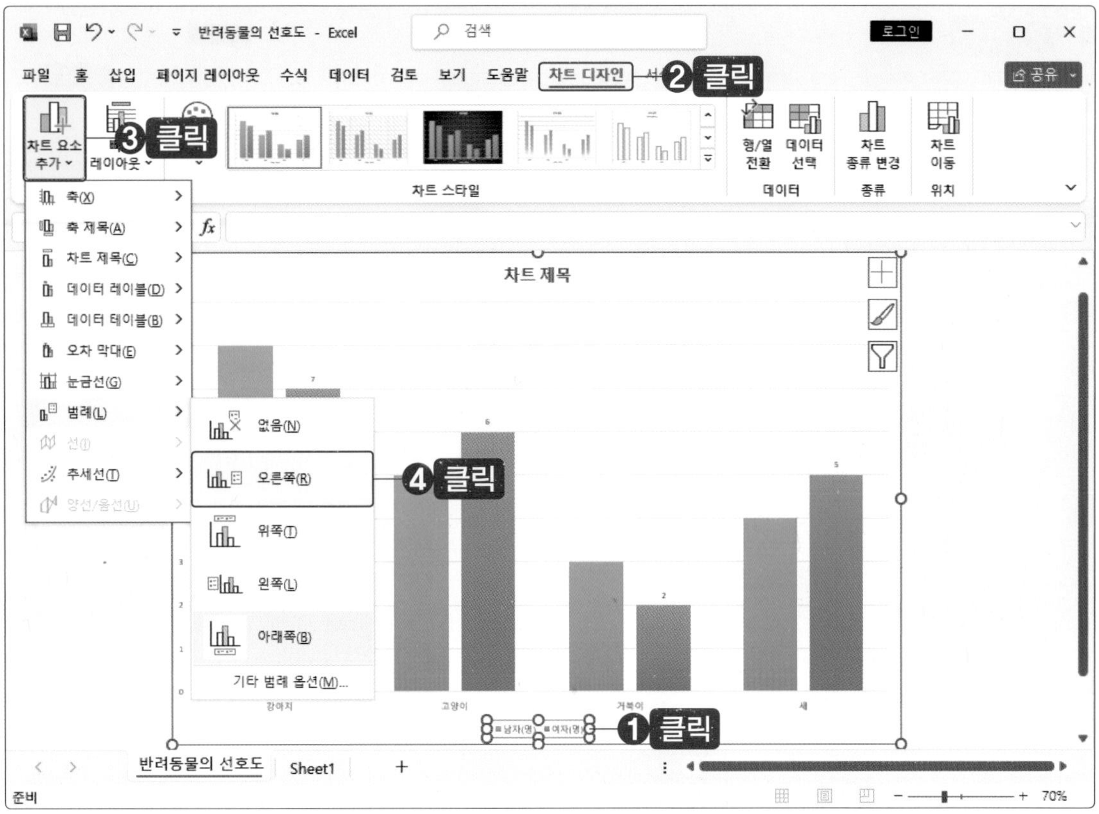

06 차트 영역에 글꼴 서식을 지정하기 위해 차트 영역을 선택한 후 [홈] 탭-[글꼴] 그룹에서 글꼴(맑은 고딕)과 글꼴 크기(12)를 선택해요.

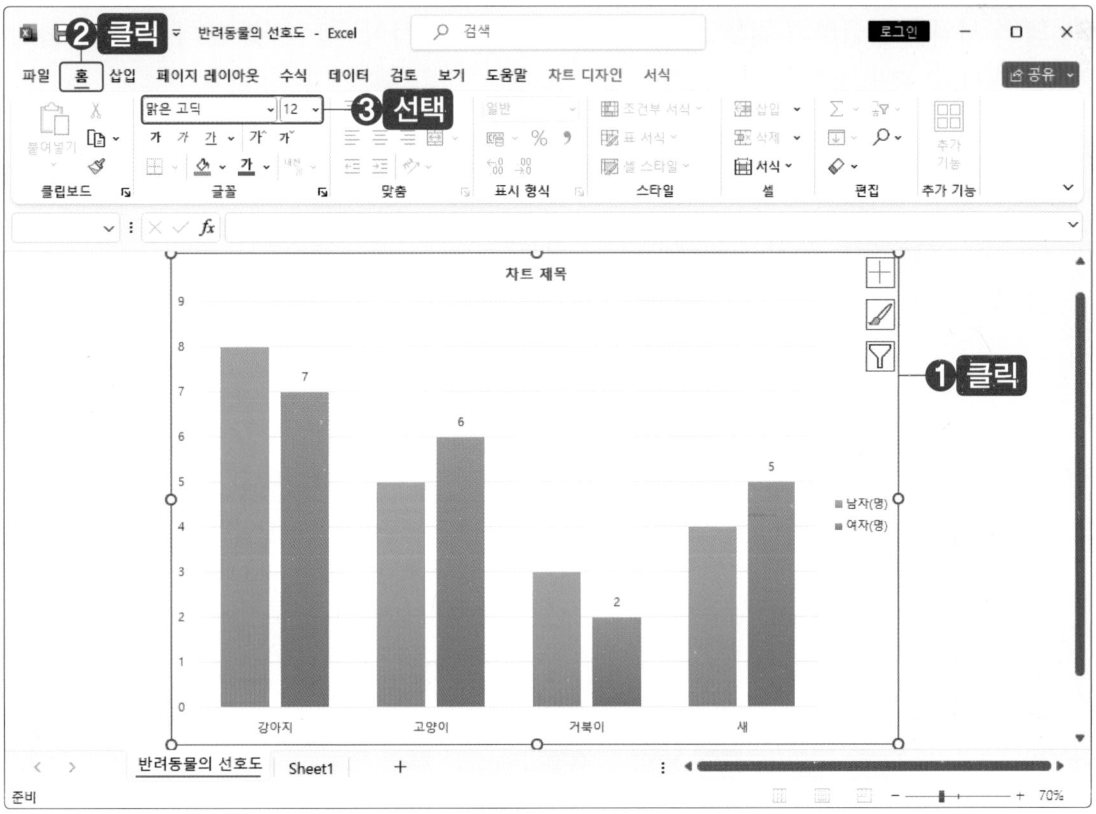

07 차트 제목(반려동물의 선호도)을 수정해요. 그런 다음 차트 제목에 글꼴 서식을 지정하기 위해 차트 제목을 드래그하여 선택한 후 〔홈〕 탭-〔글꼴〕 그룹에서 글꼴(휴먼편지체)과 글꼴 크기(32)를 선택해요.

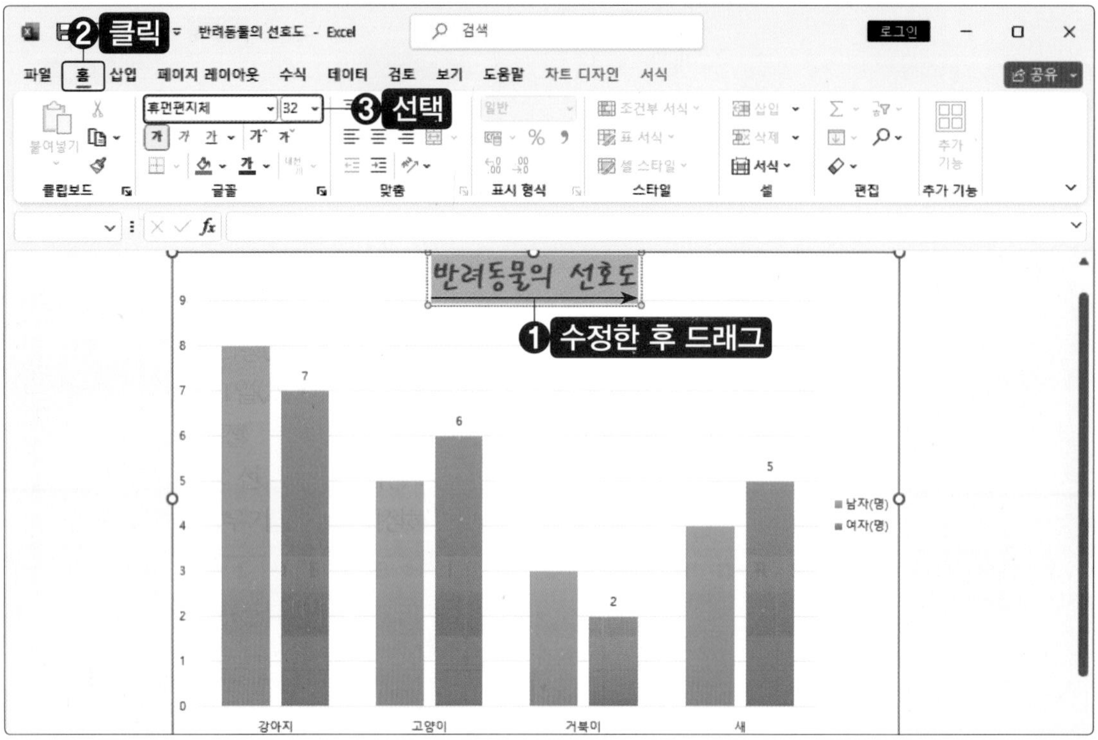

차트 제목을 선택한 후 차트 제목으로 마우스 포인터를 가져가서 마우스 포인터가 I 모양으로 변경되었을 때 클릭하면 차트 제목을 수정할 수 있어요.

08 그림 영역 서식을 지정하기 위해 그림 영역을 선택한 후 〔서식〕 탭-〔현재 선택 영역〕 그룹에서 〔선택 영역 서식〕을 클릭해요.

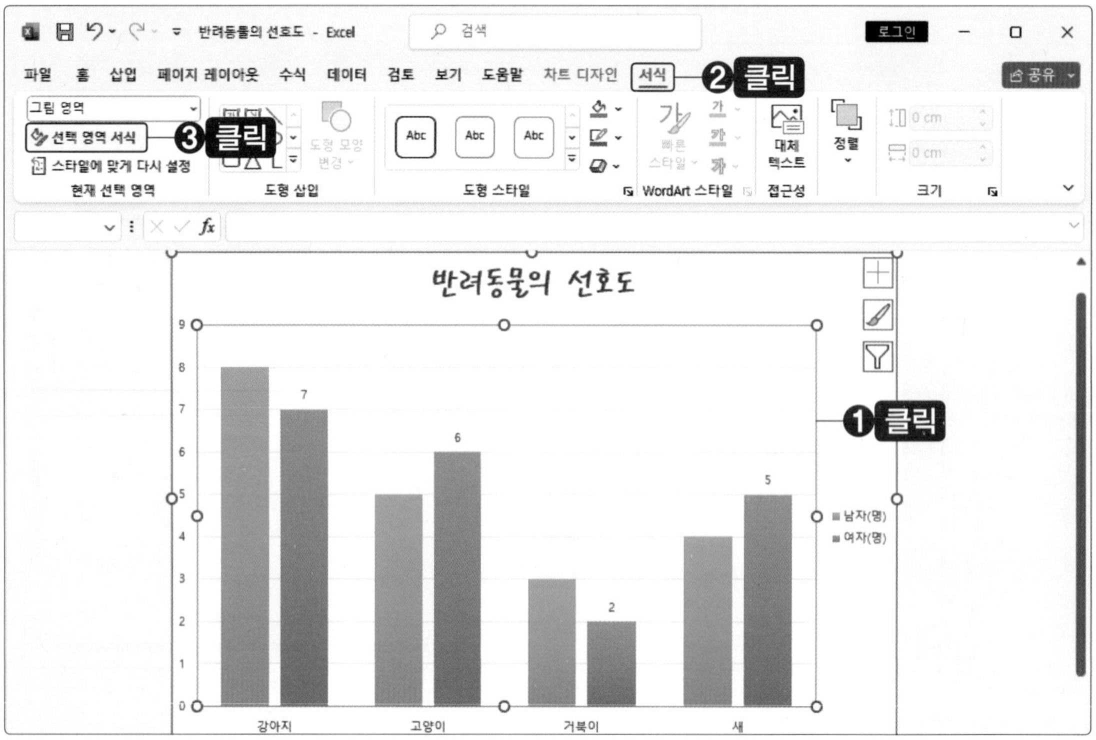

차트 종류 변경하기

다음과 같이 차트를 선택한 후 [차트 디자인] 탭-[종류] 그룹에서 [차트 종류 변경]을 클릭하면 차트 종류를 변경할 수 있어요.

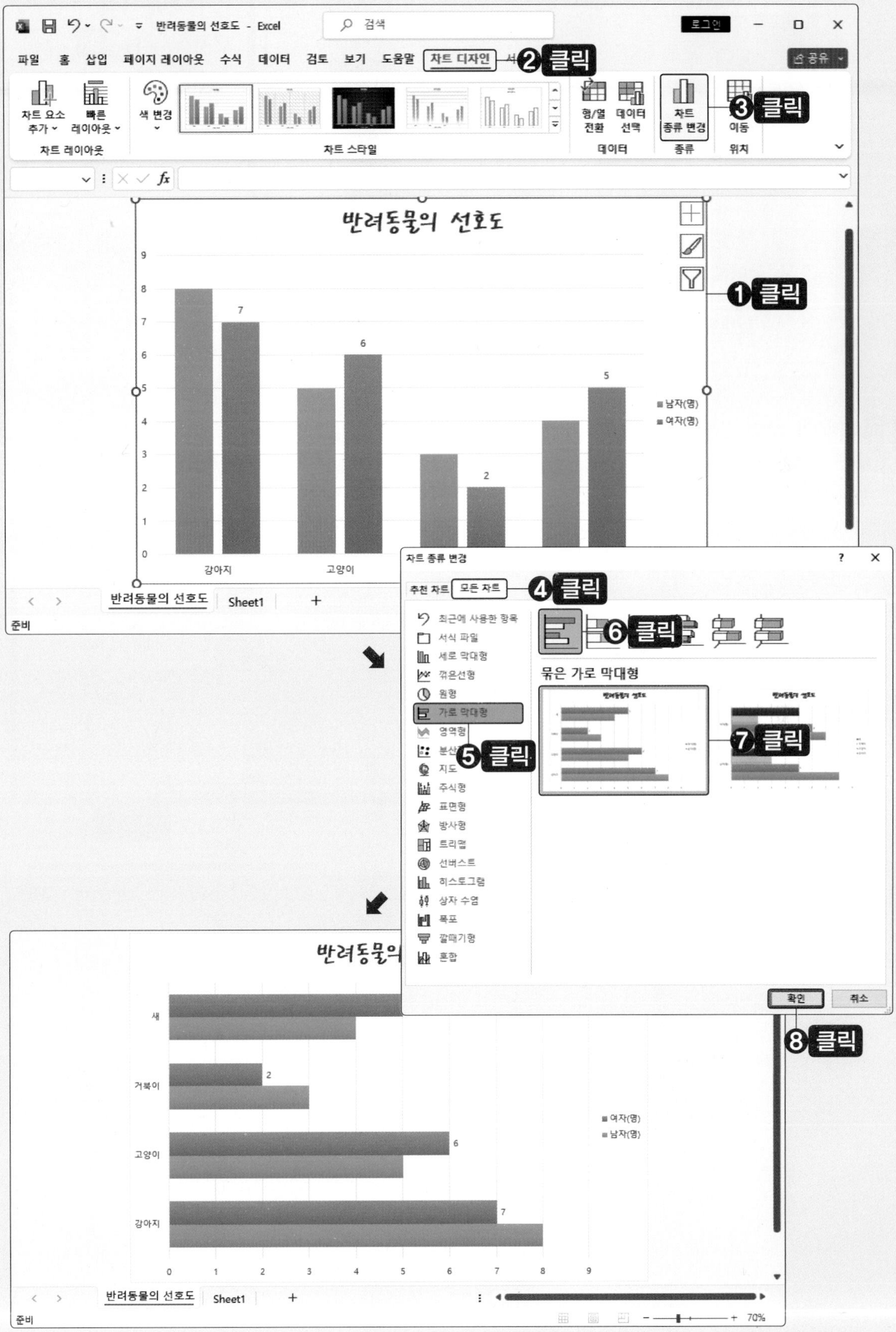

09 [그림 영역 서식] 작업 창이 나타나면 [그림 영역 옵션]-[채우기 및 선(◇)]-[채우기]에서 [단색 채우기]를 선택한 후 색(녹색, 강조 6, 80% 더 밝게)을 선택한 다음 [닫기(×)]를 클릭해요.

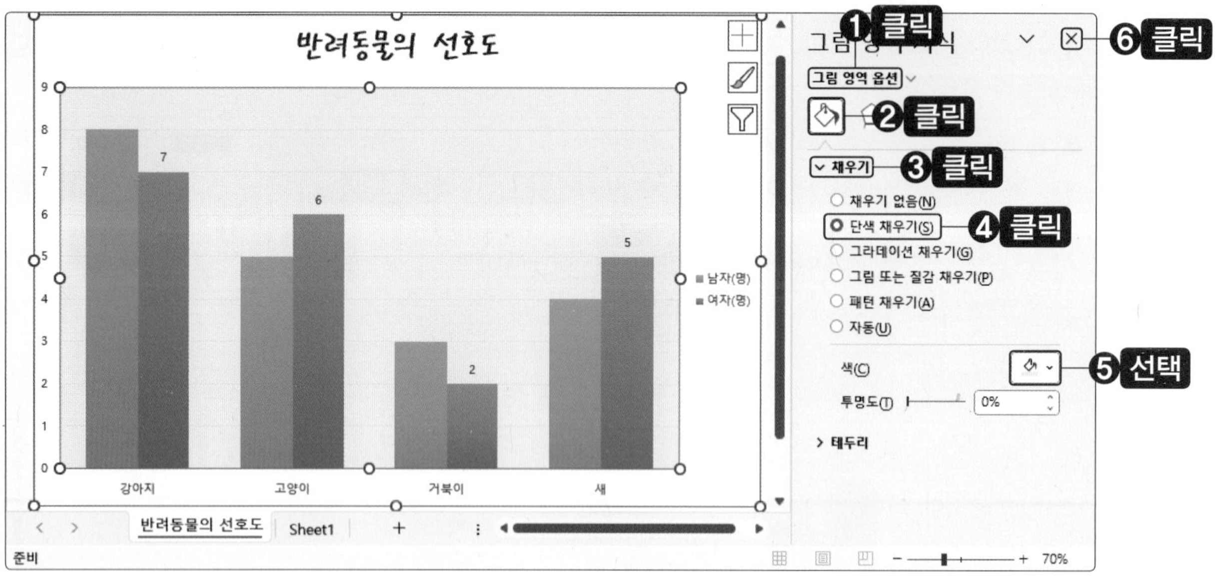

10 다음과 같이 그림 영역 서식이 지정돼요.

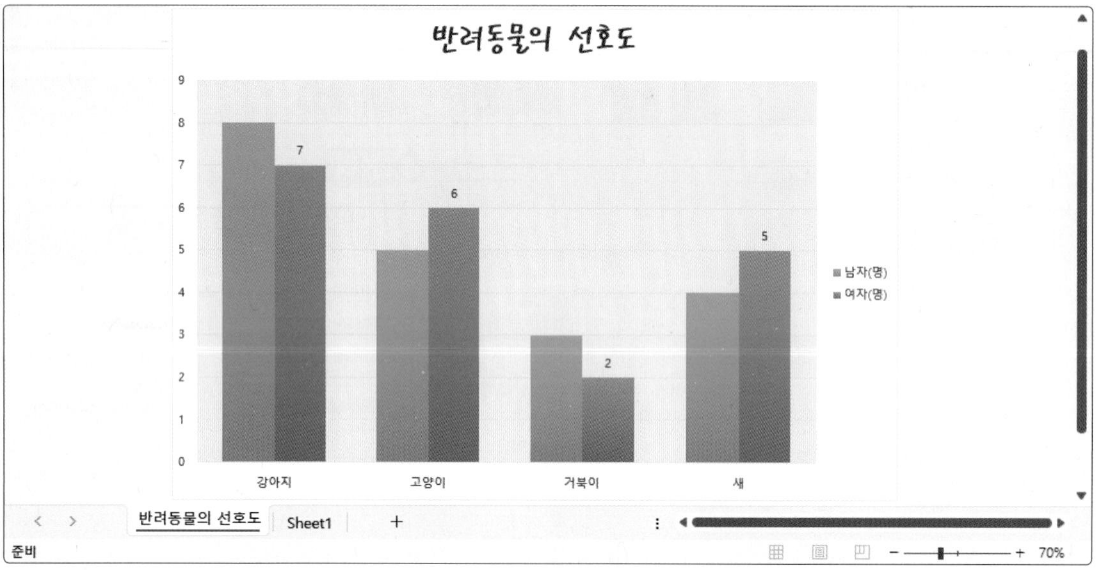

3 그림 복사하여 차트에 붙여 넣기

01 강아지 그림을 복사하기 위해 시트 탭에서 〔Sheet1〕 시트를 선택한 후 강아지 그림을 선택한 다음 Ctrl키+C키를 눌러요.

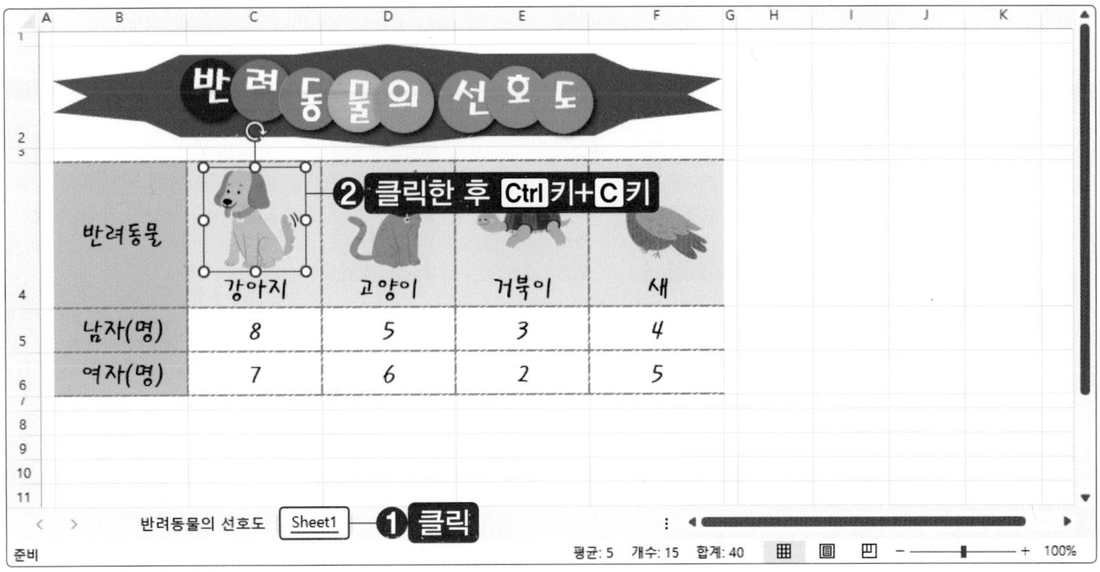

02 강아지 그림이 복사되면 강아지 그림을 붙여 넣기 위해 시트 탭에서 〔반려동물의 선호도〕 시트를 선택한 후 차트를 선택한 다음 Ctrl키+V키를 눌러요.

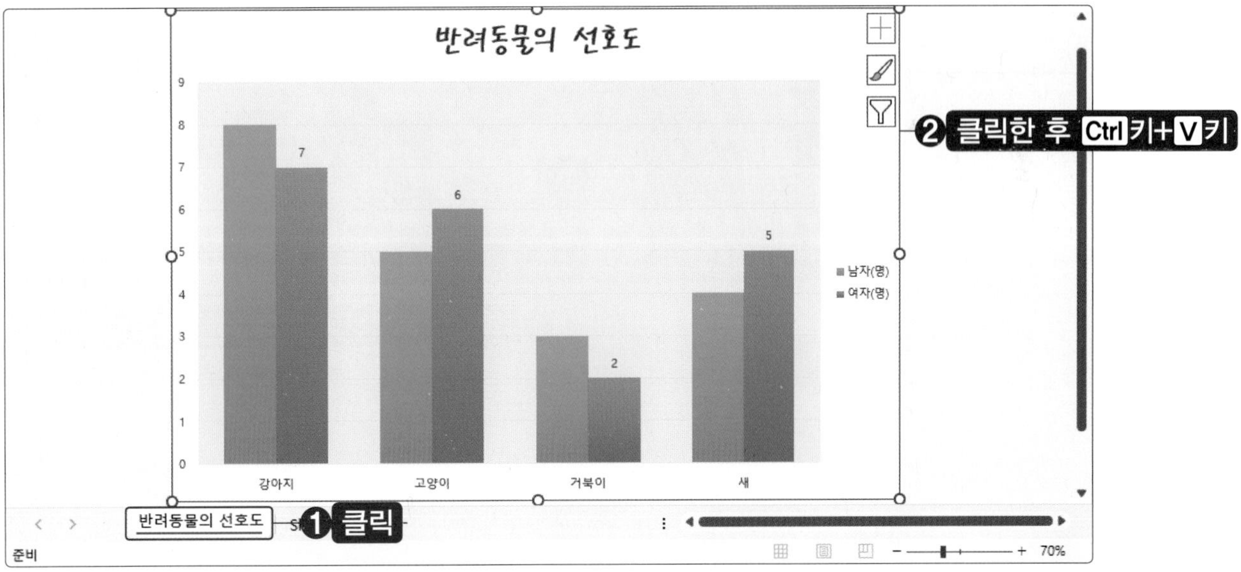

시트 탭에서 〔Sheet1〕 시트를 선택한 후 강아지 그림을 선택한 다음 〔홈〕 탭–〔클립보드〕 그룹에서 〔복사( )〕를 클릭해요. 그런 다음 시트 탭에서 〔반려동물의 선호도〕 시트를 선택한 후 차트를 선택한 다음 〔홈〕 탭–〔클립보드〕 그룹에서 〔붙여넣기〕를 클릭하여 강아지 그림을 복사하여 붙여 넣을 수도 있어요.

03 강아지 그림이 붙여 넣어지면 다음과 같이 강아지 그림의 위치를 조정해요.

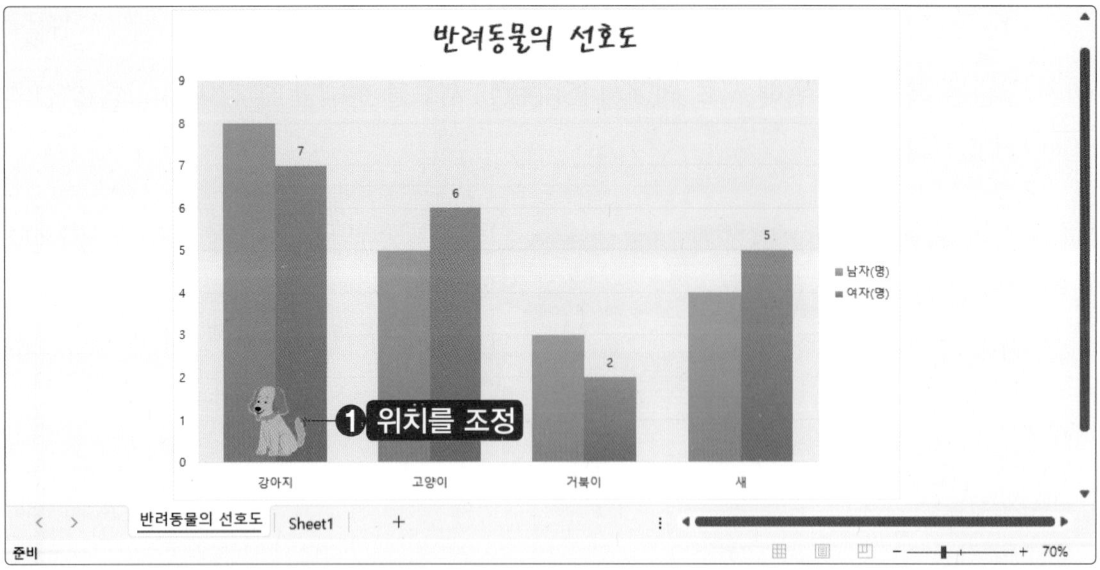

04 같은 방법으로 다음과 같이 〔Sheet1〕 시트에서 그림(고양이, 거북이, 새)을 복사하여 차트에 붙여 넣은 후 그림의 위치를 조정해요.

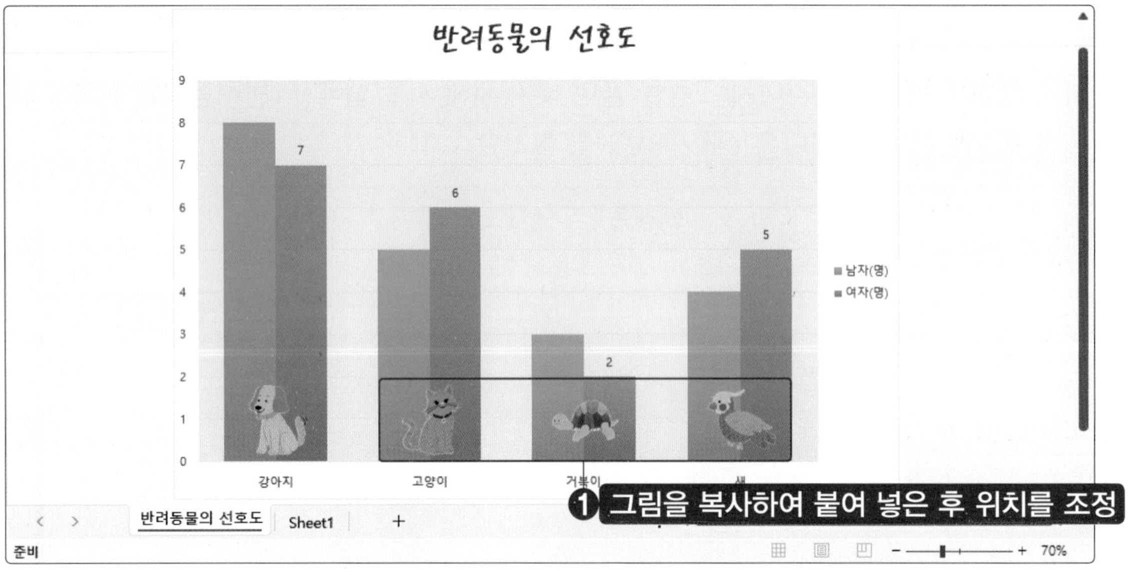

오늘 수업의 미션!

1 **다음과 같이 '강아지의 선호도 변화.xlsx' 파일을 연 후 차트를 삽입한 다음 새 시트로 차트를 이동해 보세요.**

- **예제 파일** : 18차시\강아지의 선호도 변화.xlsx　　■ **완성 파일** : 18차시\강아지의 선호도 변화_완성.xlsx
- **차트 삽입** : 차트 데이터(B4:H6셀 범위), 차트 종류([꺾은선형 또는 영역형 차트 삽입]–[표식이 있는 꺾은선형])
- **새 시트로 차트 이동** : 새 시트 이름(강아지의 선호도 변화)

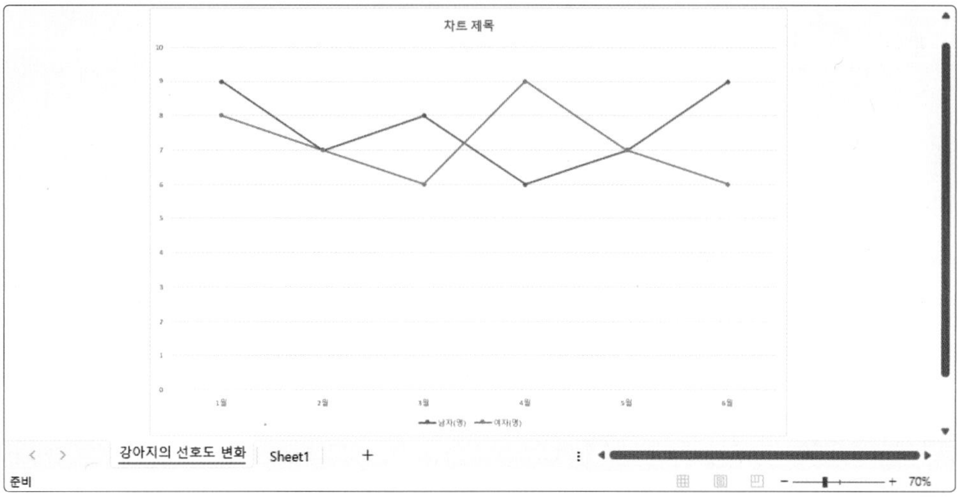

2 **다음과 같이 차트를 꾸민 후 그림을 복사하여 차트에 붙여 넣어 보세요.**

- **차트 색 변경** : [다양한 색상표 3]
- **데이터 레이블 표시** : '남자(명)' 데이터 계열(위쪽)
- **차트 영역에 글꼴 서식 지정** : 글꼴(휴먼편지체), 글꼴 크기(16)
- **차트 제목에 글꼴 서식 지정** : 글꼴(휴먼엑스포), 글꼴 크기(24)
- **그림 영역 서식 지정** : 단색 채우기(색(파랑, 강조 1, 80% 더 밝게))
- [Sheet1] 시트에서 강아지 그림을 복사하여 차트에 붙여 넣은 후 강아지 그림의 위치와 크기를 조정

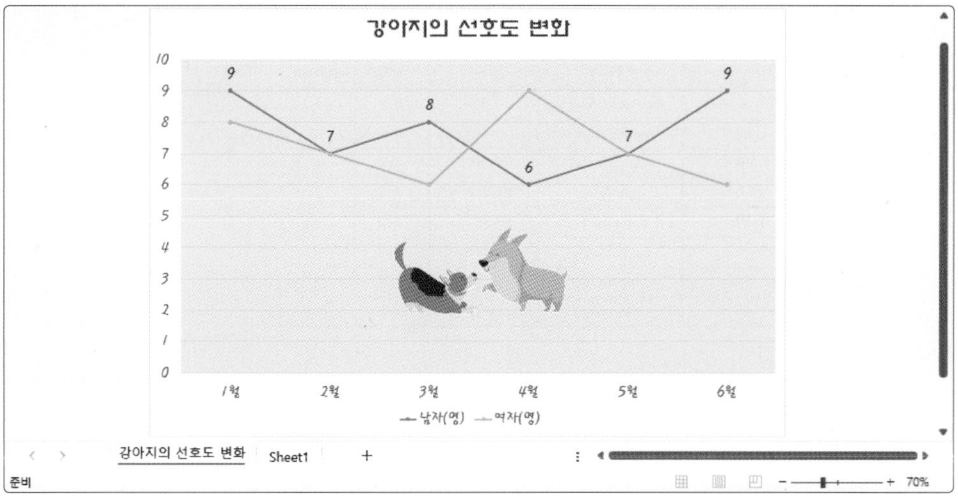

Lesson 19

배울 수 있어요!

- 데이터를 정렬할 수 있어요.
- 사용자 지정 목록 순으로 데이터를 정렬할 수 있어요.

쥐라기 공룡을 차례대로 재배열해요

정렬은 데이터를 일정한 순서에 의해 차례대로 재배열하는 작업을 말하는데요. 데이터를 정렬하면 데이터가 차례대로 배열되어 있기 때문에 그만큼 원하는 데이터를 쉽고 빠르게 찾을 수 있답니다. 그럼, 이번 시간에는 데이터를 정렬하는 방법과 사용자 지정 목록 순으로 데이터를 정렬하는 방법에 대해 알아볼게요.

예제 파일 : 19차시\쥐라기 공룡.xlsx **완성 파일** : 19차시\쥐라기 공룡_완성.xlsx

쥐라기 공룡

한글학명	영어학명	지역	식성	크기(m)
케라토사우루스	Ceratosaurus	북아메리카	육식	6
모놀로포사우루스	Monolophosaurus	아시아	육식	5
마크로플라타	Macroplata	유럽	육식	4.5
코엘루루스	Coelurus	북아메리카	육식	2
울트라사우루스	Ultrasaurus	북아메리카	초식	30
마멘키사우루스	Mamenchisaurus	아시아	초식	22
카마라사우루스	Camarasaurus	북아메리카	초식	18
스테고사우루스	Stegosaurus	북아메리카	초식	9

식성과 크기를 기준으로 데이터를 정렬해요.

쥐라기 공룡

한글학명	영어학명	지역	식성	크기(m)
모놀로포사우루스	Monolophosaurus	아시아	육식	5
마멘키사우루스	Mamenchisaurus	아시아	초식	22
케라토사우루스	Ceratosaurus	북아메리카	육식	6
코엘루루스	Coelurus	북아메리카	육식	2
울트라사우루스	Ultrasaurus	북아메리카	초식	30
카마라사우루스	Camarasaurus	북아메리카	초식	18
스테고사우루스	Stegosaurus	북아메리카	초식	9
마크로플라타	Macroplata	유럽	육식	4.5

사용자 지정 목록 순으로 데이터를 정렬해요.

1 데이터 정렬하기

01 '쥐라기 공룡.xlsx' 파일을 연 후 영어학명을 기준으로 데이터를 정렬하기 위해 C4셀을 선택한 다음 〔데이터〕 탭-〔정렬 및 필터〕 그룹에서 〔텍스트 오름차순 정렬(↓)〕을 클릭해요.

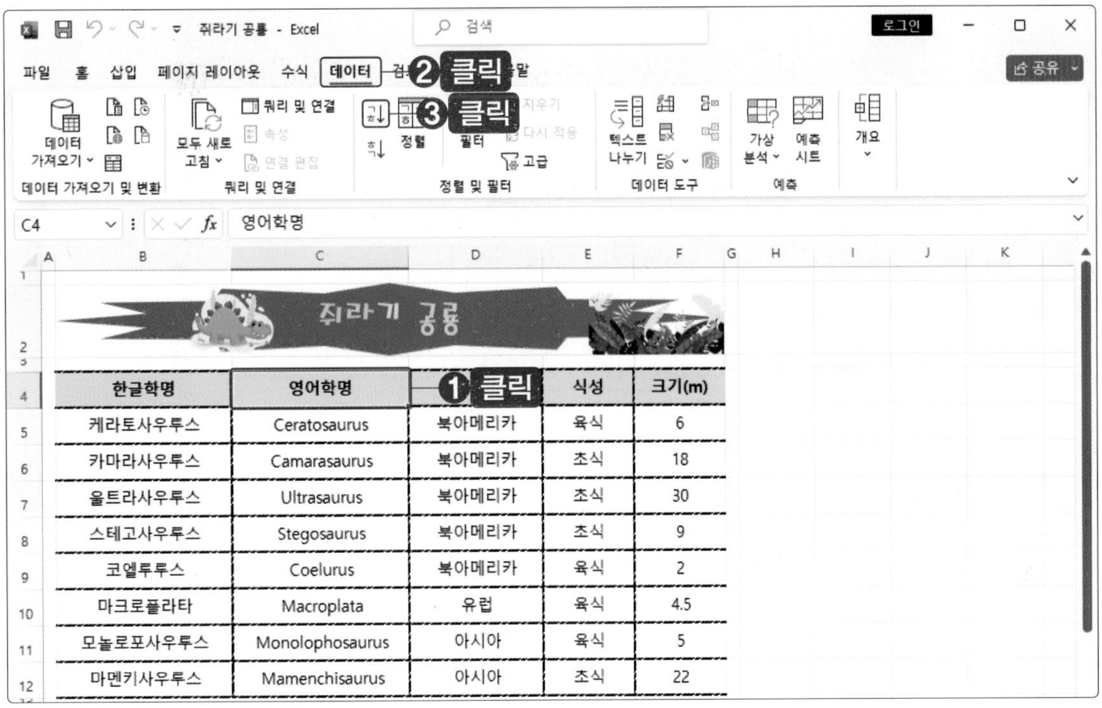

한글학명	영어학명	지역	식성	크기(m)
케라토사우루스	Ceratosaurus	북아메리카	육식	6
카마라사우루스	Camarasaurus	북아메리카	초식	18
울트라사우루스	Ultrasaurus	북아메리카	초식	30
스테고사우루스	Stegosaurus	북아메리카	초식	9
코엘루루스	Coelurus	북아메리카	육식	2
마크로플라타	Macroplata	유럽	육식	4.5
모놀로포사우루스	Monolophosaurus	아시아	육식	5
마멘키사우루스	Mamenchisaurus	아시아	초식	22

- 한 가지의 정렬 기준(여기서는 영어학명)으로 데이터를 정렬하는 경우예요.
- 정렬에는 작은 값에서 큰 값 순으로 재배열하는 오름차순 정렬과 큰 값에서 작은 값 순으로 재배열하는 내림차순 정렬이 있어요.

02 다음과 같이 영어학명을 기준으로 오름차순 정렬돼요.

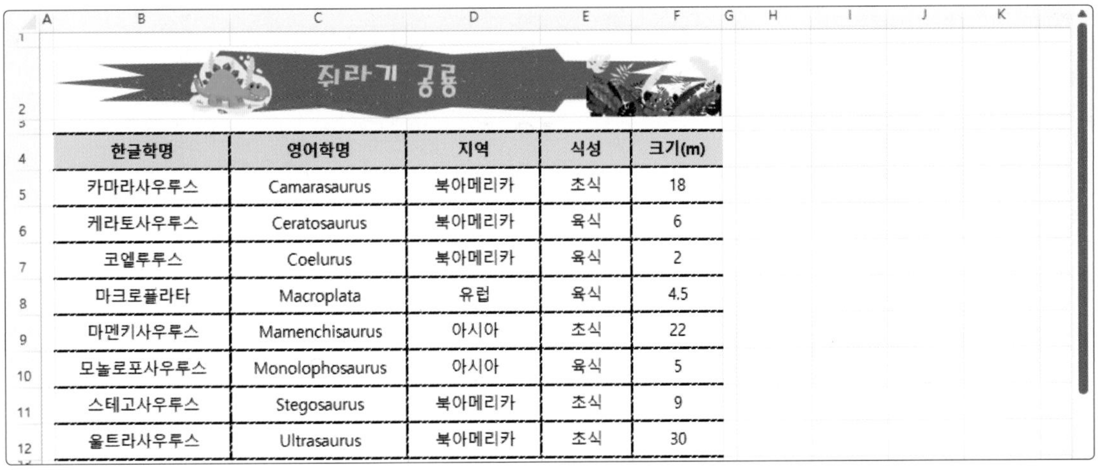

한글학명	영어학명	지역	식성	크기(m)
카마라사우루스	Camarasaurus	북아메리카	초식	18
케라토사우루스	Ceratosaurus	북아메리카	육식	6
코엘루루스	Coelurus	북아메리카	육식	2
마크로플라타	Macroplata	유럽	육식	4.5
마멘키사우루스	Mamenchisaurus	아시아	초식	22
모놀로포사우루스	Monolophosaurus	아시아	육식	5
스테고사우루스	Stegosaurus	북아메리카	초식	9
울트라사우루스	Ultrasaurus	북아메리카	초식	30

영어학명(C5:C12셀 범위)을 보면 Camarasaurus, Ceratosaurus, …, Stegosaurus, Ultrasaurus 순으로 정렬(오름차순 정렬)된 것을 확인할 수 있어요.

03 식성과 크기를 기준으로 데이터를 정렬하기 위해 B4셀을 선택한 후 〔데이터〕 탭-〔정렬 및 필터〕 그룹에서 〔정렬〕을 클릭해요.

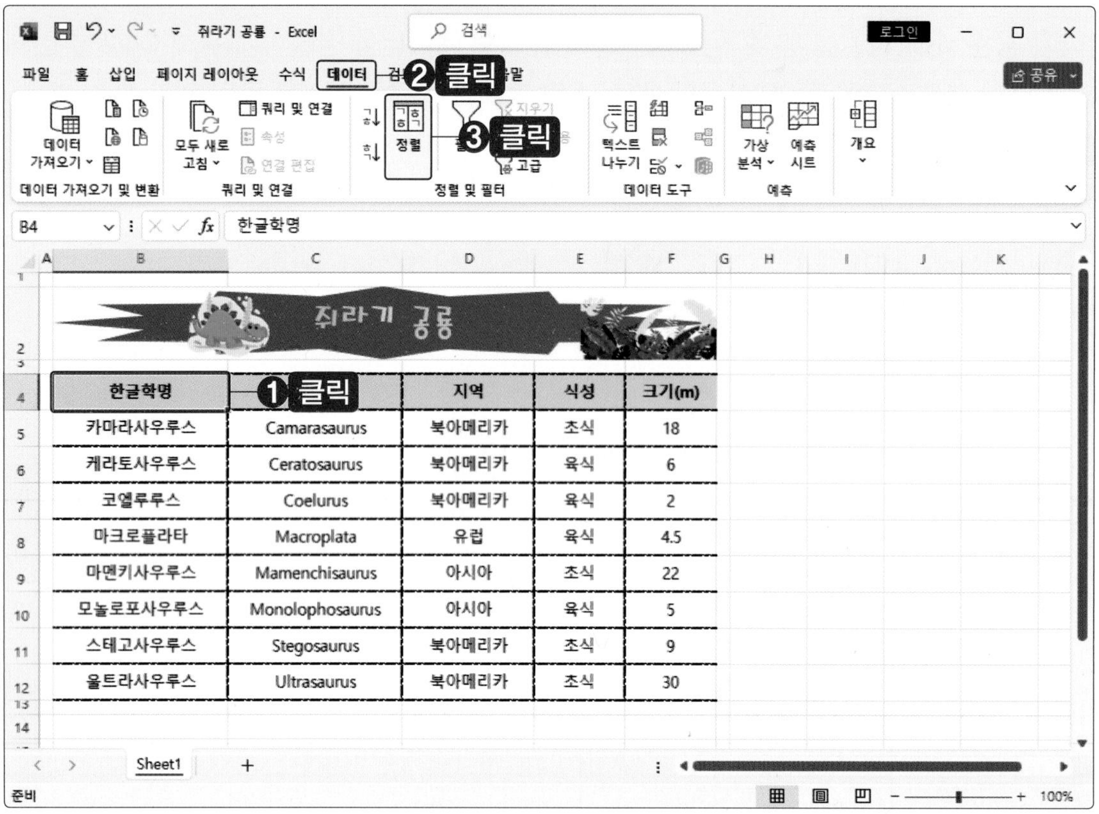

두 가지 이상의 정렬 기준(여기서는 식성과 크기)으로 데이터를 정렬하는 경우예요.

04 〔정렬〕 대화상자가 나타나면 정렬 기준에서 열(식성), 정렬 기준(셀 값), 정렬(오름차순)을 선택한 후 〔기준 추가〕 단추를 클릭해요.

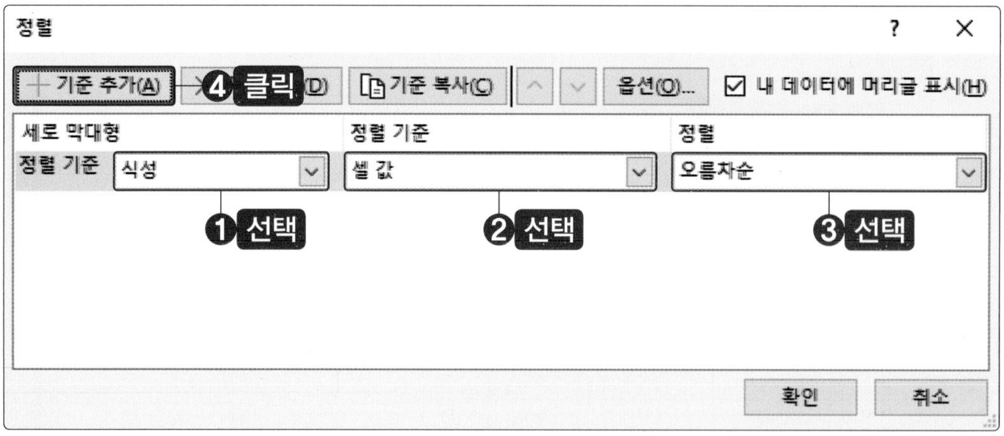

05 다음 기준이 추가되면 다음 기준에서 열(크기(m)), 정렬 기준(셀 값), 정렬(내림차순)을 선택한 후 〔확인〕 단추를 클릭해요.

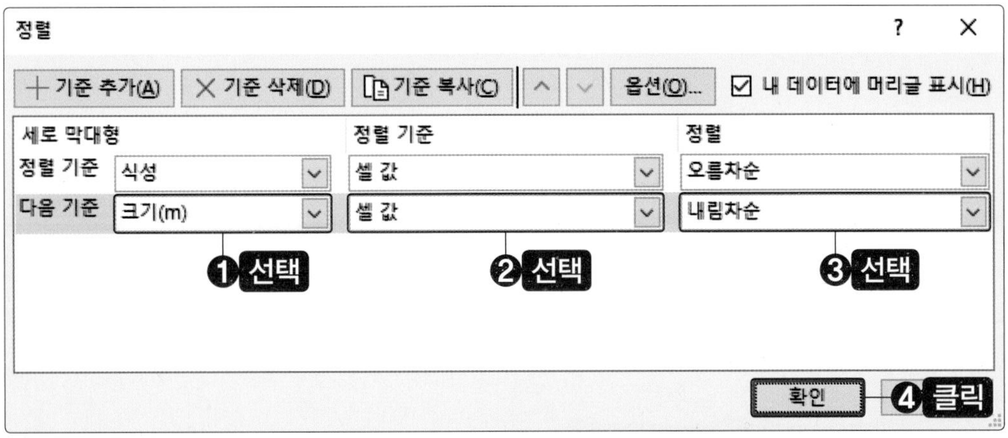

정렬 기준(첫 번째 정렬 기준)을 선택한 후 〔아래로 이동(⌄)〕 단추를 클릭하거나 다음 기준(두 번째 정렬 기준)을 선택한 후 〔위로 이동(⌃)〕 단추를 클릭하면 정렬 기준의 우선 순위를 바꿀 수 있어요.

06 다음과 같이 식성을 기준으로 오름차순 정렬, 식성이 같으면 크기를 기준으로 내림차순 정렬돼요.

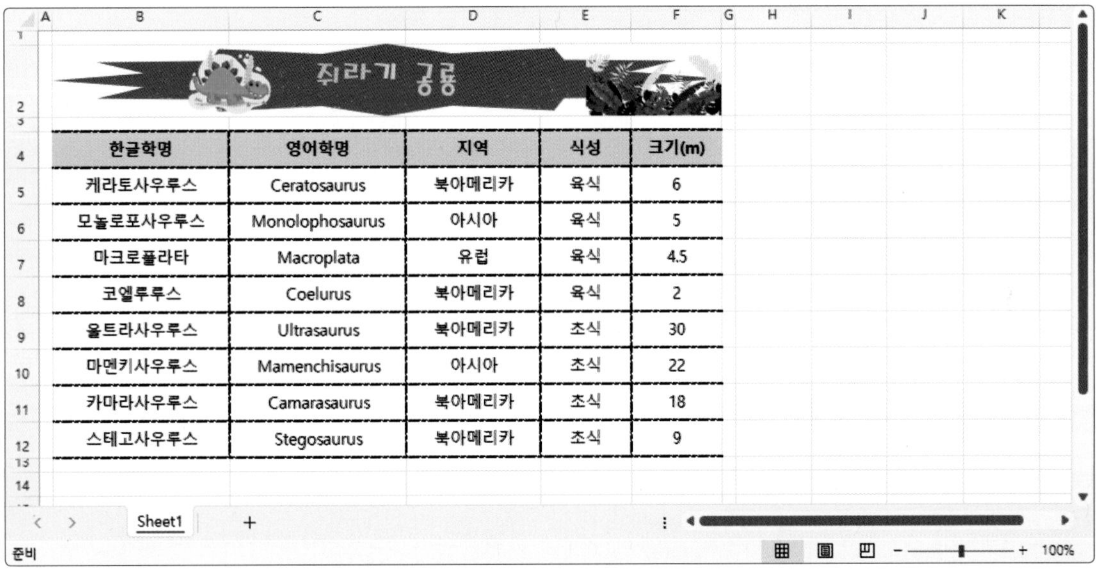

한글학명	영어학명	지역	식성	크기(m)
케라토사우루스	Ceratosaurus	북아메리카	육식	6
모놀로포사우루스	Monolophosaurus	아시아	육식	5
마크로플라타	Macroplata	유럽	육식	4.5
코엘루루스	Coelurus	북아메리카	육식	2
울트라사우루스	Ultrasaurus	북아메리카	초식	30
마멘키사우루스	Mamenchisaurus	아시아	초식	22
카마라사우루스	Camarasaurus	북아메리카	초식	18
스테고사우루스	Stegosaurus	북아메리카	초식	9

식성(E5:E12셀 범위)을 보면 육식, 초식 순으로 정렬(오름차순 정렬)된 것을 확인할 수 있고, 식성이 '육식'인 경우의 크기(F5:F8셀 범위)를 보면 6, 5, 4.5, 2 순으로 정렬(내림차순 정렬), 식성이 '초식'인 경우의 크기(F9:F12셀 범위)를 보면 30, 22, 18, 9 순으로 정렬(내림차순 정렬)된 것을 확인할 수 있어요.

2 사용자 지정 목록 순으로 데이터 정렬하기

01 지역을 기준으로 데이터를 정렬하기 위해 B4셀을 선택한 후 〔데이터〕 탭-〔정렬 및 필터〕 그룹에서 〔정렬〕을 클릭해요.

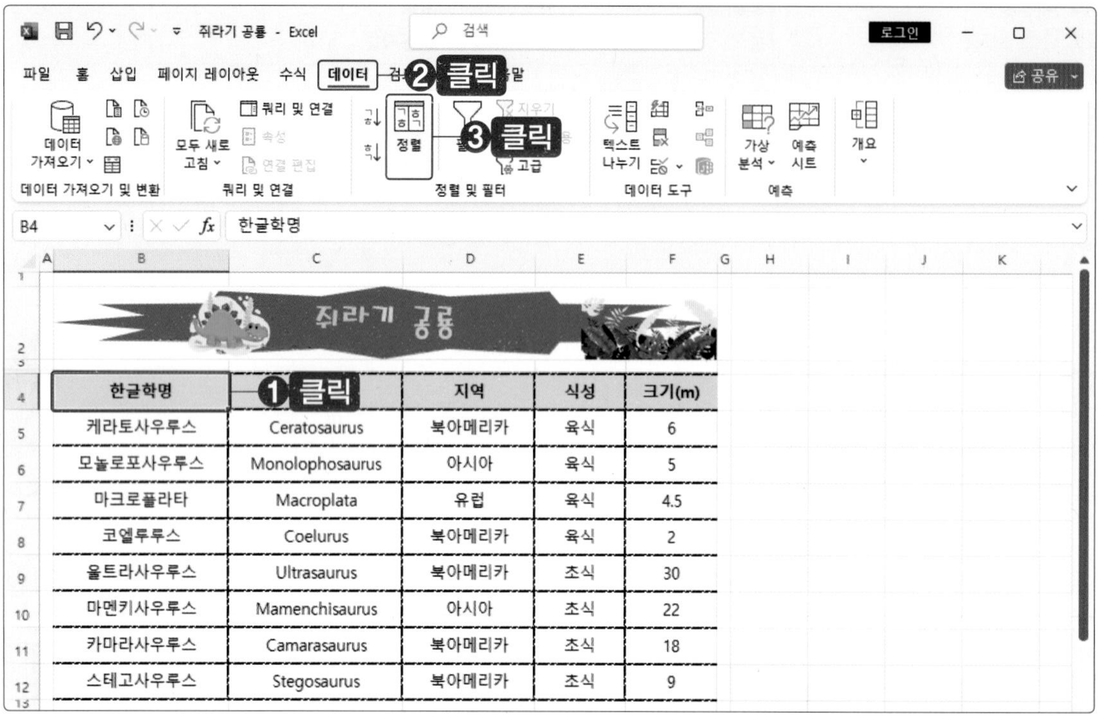

지역을 기준으로 오름차순 정렬을 하면 북아메리카, 아시아, 유럽 순으로 정렬되고, 내림차순 정렬을 하면 유럽, 아시아, 북아메리카 순으로 정렬되는데요. 여기서는 정렬 순서를 직접 지정하여 아시아, 북아메리카, 유럽 순으로 정렬할 것이에요.

02 〔정렬〕 대화상자가 나타나면 다음 기준을 선택한 후 〔기준 삭제〕 단추를 클릭해요.

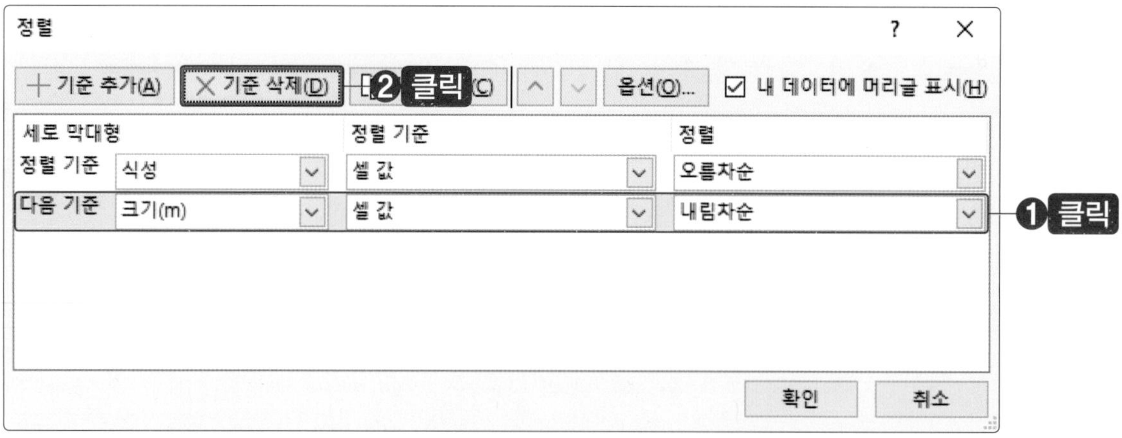

두 가지의 정렬 기준(여기서는 정렬 기준(첫 번째 정렬 기준)과 다음 기준(두 번째 정렬 기준)) 중에서 한 가지의 정렬 기준만 필요하여 다음 기준(두 번째 정렬 기준)을 삭제한 것이에요.

03 다음 기준이 삭제되면 정렬 기준에서 열(지역)과 정렬 기준(셀 값)을 선택한 후 정렬의 〔목록(⌄)〕 단추를 클릭한 다음 〔사용자 지정 목록〕을 클릭해요.

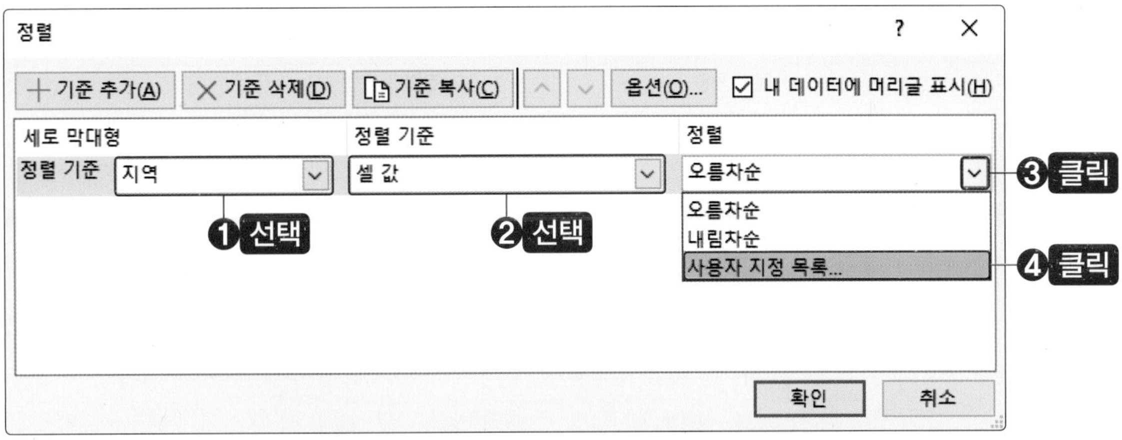

04 〔사용자 지정 목록〕 대화상자가 나타나면 목록 항목(아시아, 북아메리카, 유럽)을 입력한 후 〔추가〕 단추를 클릭해요. 그런 다음 목록 항목이 사용자 지정 목록에 등록되면 〔확인〕 단추를 클릭해요.

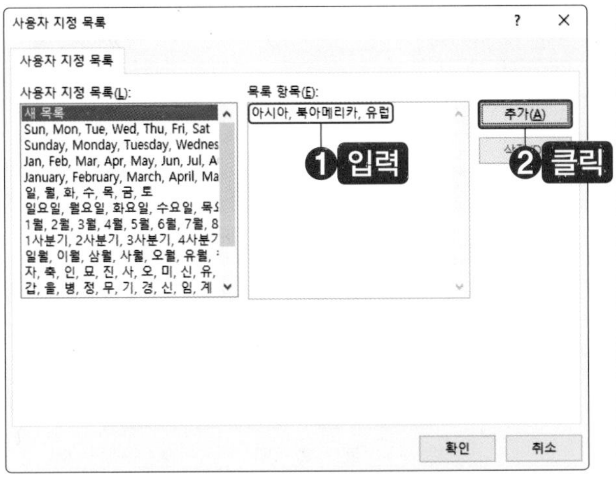

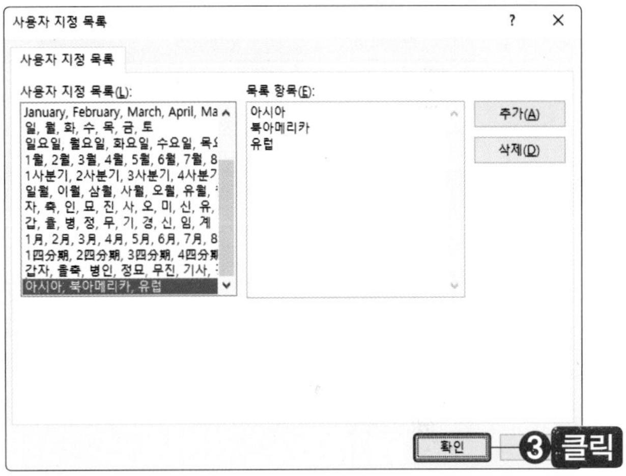

목록 항목은 쉼표(,)로 구분하여 입력하거나 다음과 같이 Enter키를 눌러 입력할 수도 있어요.

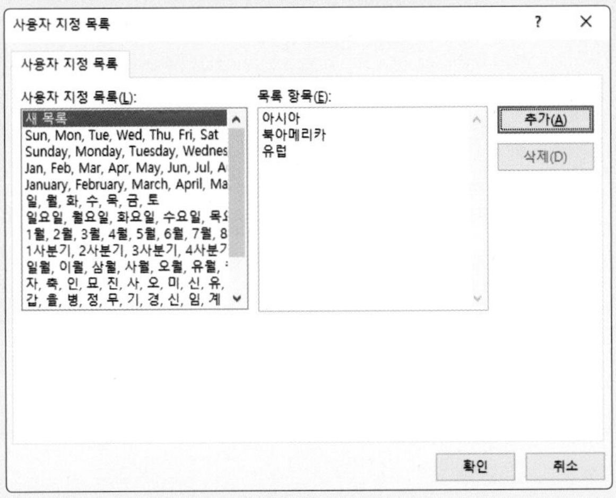

05 〔정렬〕 대화상자가 다시 나타나면 〔확인〕 단추를 클릭해요.

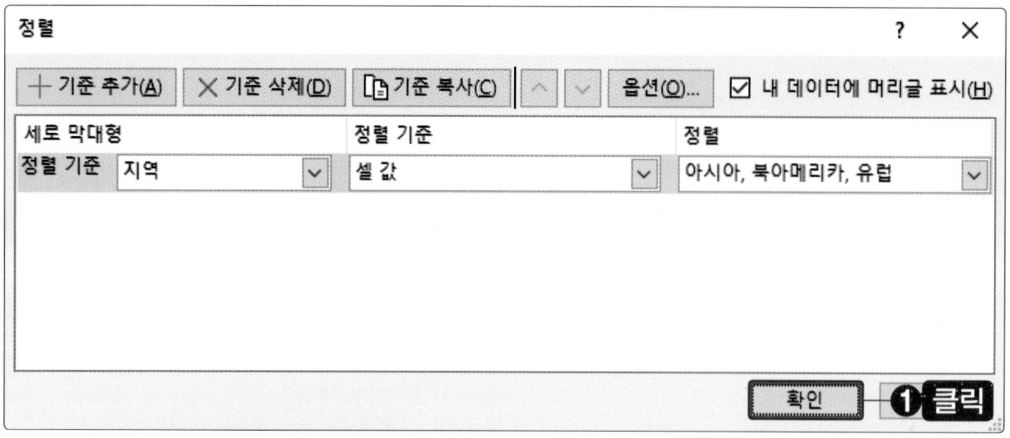

06 다음과 같이 지역을 기준으로 아시아, 북아메리카, 유럽 순으로 정렬돼요.

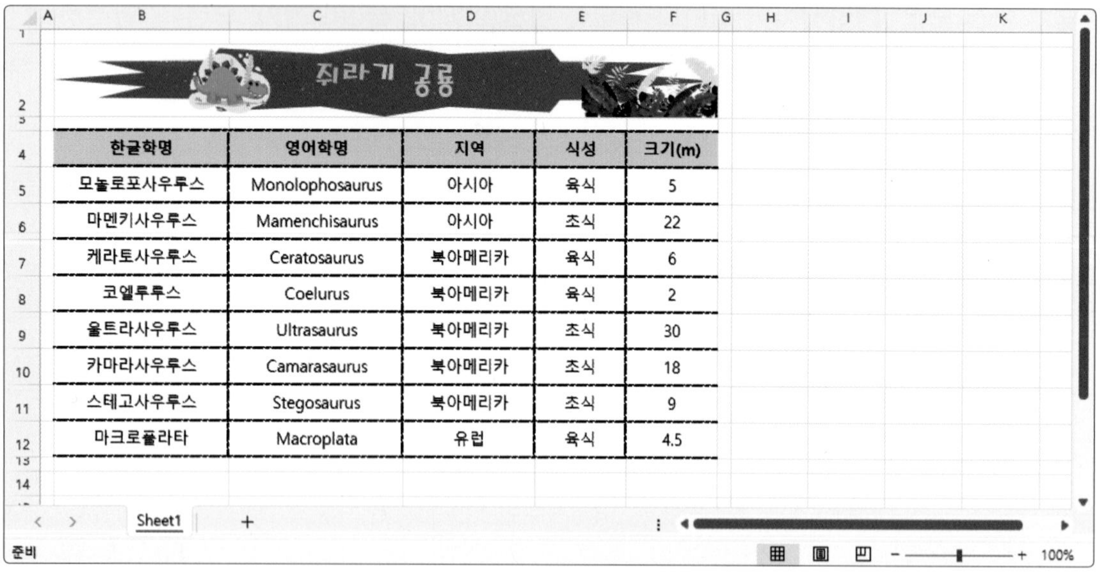

한글학명	영어학명	지역	식성	크기(m)
모놀로포사우루스	Monolophosaurus	아시아	육식	5
마멘키사우루스	Mamenchisaurus	아시아	초식	22
케라토사우루스	Ceratosaurus	북아메리카	육식	6
코엘루루스	Coelurus	북아메리카	육식	2
울트라사우루스	Ultrasaurus	북아메리카	초식	30
카마라사우루스	Camarasaurus	북아메리카	초식	18
스테고사우루스	Stegosaurus	북아메리카	초식	9
마크로플라타	Macroplata	유럽	육식	4.5

오늘 수업의 미션!

1 **다음과 같이 '백악기 공룡.xlsx' 파일을 연 후 한글학명을 기준으로 내림차순 정렬을 해 보세요.**

■ **예제 파일** : 19차시\백악기 공룡.xlsx ■ **완성 파일** : 19차시\백악기 공룡_완성.xlsx

백악기 공룡

한글학명	영어학명	지역	식성	크기(m)
티라노사우루스	Tyrannosaurus	북아메리카	육식	15
트리케라톱스	Triceratops	북아메리카	초식	9
테스켈로사우루스	Thescelosaurus	북아메리카	초식	4
타르보사우루스	Tarbosaurus	아시아	육식	14
친타오사우루스	Tsintaosaurus	아시아	초식	10
스피노사우루스	Spinosaurus	아프리카	육식	12
수코미무스	Suchomimus	아프리카	육식	11
벨로키랍토르	Velociraptor	아시아	육식	1.8

B4셀을 선택한 후 (데이터) 탭-(정렬 및 필터) 그룹에서 (텍스트 내림차순 정렬(학↓))을 클릭하면 한글학명을 기준으로 내림차순 정렬을 할 수 있어요.

2 **다음과 같이 지역을 기준으로 내림차순 정렬, 지역이 같으면 크기를 기준으로 오름차순 정렬을 해 보세요.**

백악기 공룡

한글학명	영어학명	지역	식성	크기(m)
수코미무스	Suchomimus	아프리카	육식	11
스피노사우루스	Spinosaurus	아프리카	육식	12
벨로키랍토르	Velociraptor	아시아	육식	1.8
친타오사우루스	Tsintaosaurus	아시아	초식	10
타르보사우루스	Tarbosaurus	아시아	육식	14
테스켈로사우루스	Thescelosaurus	북아메리카	초식	4
트리케라톱스	Triceratops	북아메리카	초식	9
티라노사우루스	Tyrannosaurus	북아메리카	육식	15

Lesson 20

배운 것을 정리해요.

다음 문제를 풀어 보세요.

1. 다음 중 계산 기능이 뛰어나서 용돈기입장과 같은 문서를 쉽고 빠르게 작성할 수 있는 프로그램은 어느 것인지 골라 보세요.

   ① 한글　② 워드　③ 파워포인트　④ 엑셀

2. 다음 중 선택한 셀들을 병합한 후 가로 방향으로 병합된 셀의 가운데에 맞추어 텍스트를 표시할 수 있는 기능은 어느 것인지 골라 보세요.

   ① 　② 　③ 　④ 

3. B2셀에 입력되어 있는 데이터는 '학교1'이에요. 다음 중 B2셀을 선택한 후 채우기 핸들을 B5셀까지 드래그한 경우, B5셀에 입력되는 데이터는 어느 것인지 골라 보세요.

   ① 학교1　② 학교2　③ 학교3　④ 학교4

4. 다음 중 셀 값을 다른 셀 값과 비교하여 막대의 길이로 표시할 수 있는 조건부 서식은 어느 것인지 골라 보세요.

   ① 셀 강조 규칙　② 데이터 막대　③ 아이콘 집합　④ 색조

5. A1셀에 입력되어 있는 데이터는 '8'이고, B1셀에 입력되어 있는 데이터는 '4'예요. 다음 중 수식 '=SUM(A1,B1)'의 결괏값은 어느 것인지 골라 보세요.

   ① 2　② 4　③ 12　④ 32

※ 정답은 PDF(정답.pdf)로 제공해요.

혼자서 만들어 보세요.

다음과 같이 '동물 영단어 카드.xlsx' 파일을 연 후 동물 영단어를 입력한 다음 동물 그림을 삽입하여 동물 영단어 카드를 만들어 보세요.

- **예제 파일** : 20차시\동물 영단어 카드.xlsx, '20차시' 폴더에 있는 그림　　■ **완성 파일** : 20차시\동물 영단어 카드_완성.xlsx
- 동물 영단어를 입력한 후 글꼴 서식, 맞춤 서식, 채우기 서식을 지정
  - **B3셀, D3셀, F3셀, H3셀, B6셀, D6셀, F6셀, H6셀** : 글꼴(휴먼편지체), 글꼴 크기(18), [가운데 맞춤(☰)]
  - **B2:B3셀 범위, F2:F3셀 범위, D5:D6셀 범위, H5:H6셀 범위** : 채우기 색(파랑, 강조 1, 80% 더 밝게)
  - **D2:D3셀 범위, H2:H3셀 범위, B5:B6셀 범위, F5:F6셀 범위** : 채우기 색(주황, 강조 2, 80% 더 밝게)
- 동물 영단어에 맞는 동물 그림(코끼리.tif/사자.tif/얼룩말.tif/호랑이.tif/늑대.tif/사슴.tif/여우.tif/낙타.tif)을 삽입한 후 동물 그림의 위치를 조정한 다음 동물 그림의 흰색 배경을 투명한 색으로 지정

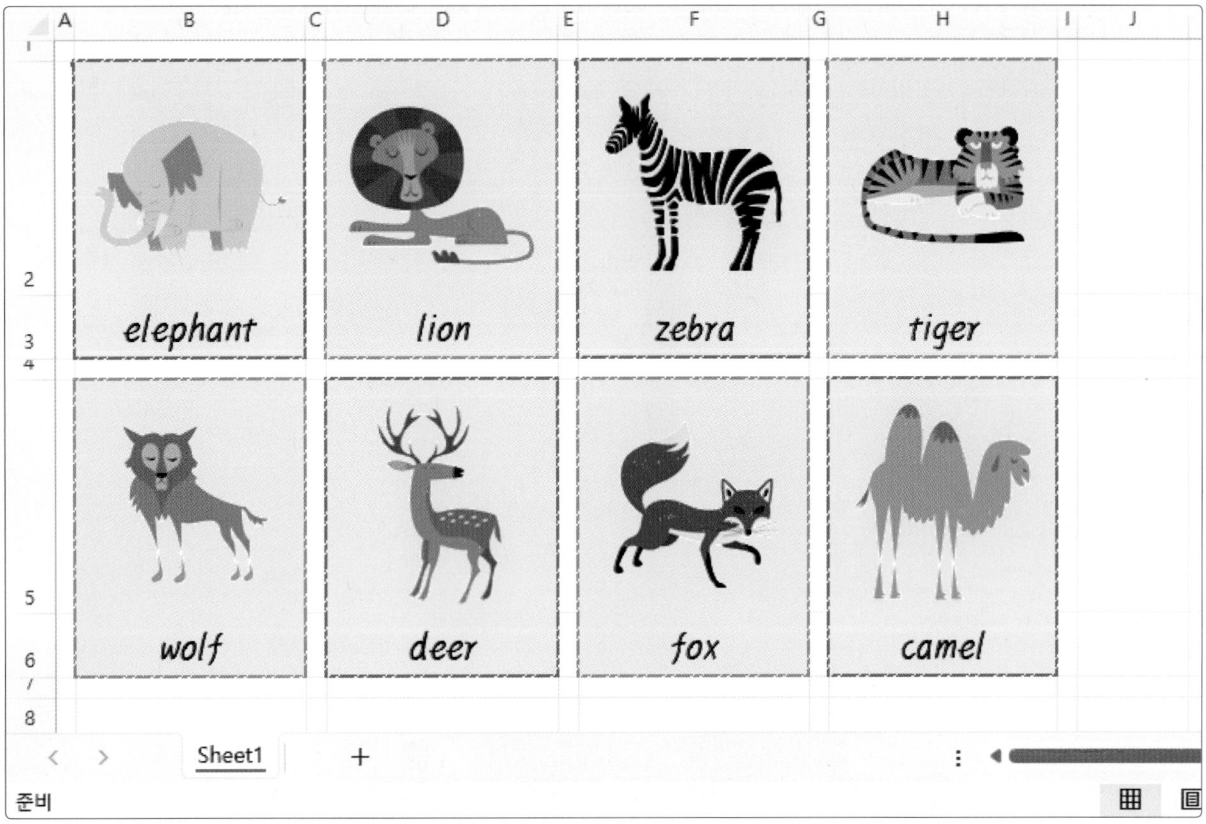

Lesson 21

종합정리 I

돛단배와 아이스크림을 그려요.

다음과 같이 '돛단배.xlsx' 파일을 연 후 테두리 서식을 지정한 다음 채우기 서식을 지정하여 돛단배를 그려 보세요.

- **예제 파일** : 21차시-종합정리\돛단배.xlsx ■ **완성 파일** : 21차시-종합정리\돛단배_완성.xlsx
- **행 높이 변경** : 2:21행(15)
- **열 너비 변경** : B:T열(2)
- 테두리 서식을 지정
  - **B2:T21셀 범위** : 선 색(흰색, 배경 1, 25% 더 어둡게), 선 스타일(—), [윤곽선], [안쪽]
- 지정하고 싶은 채우기 서식을 지정하여 돛단배를 그림

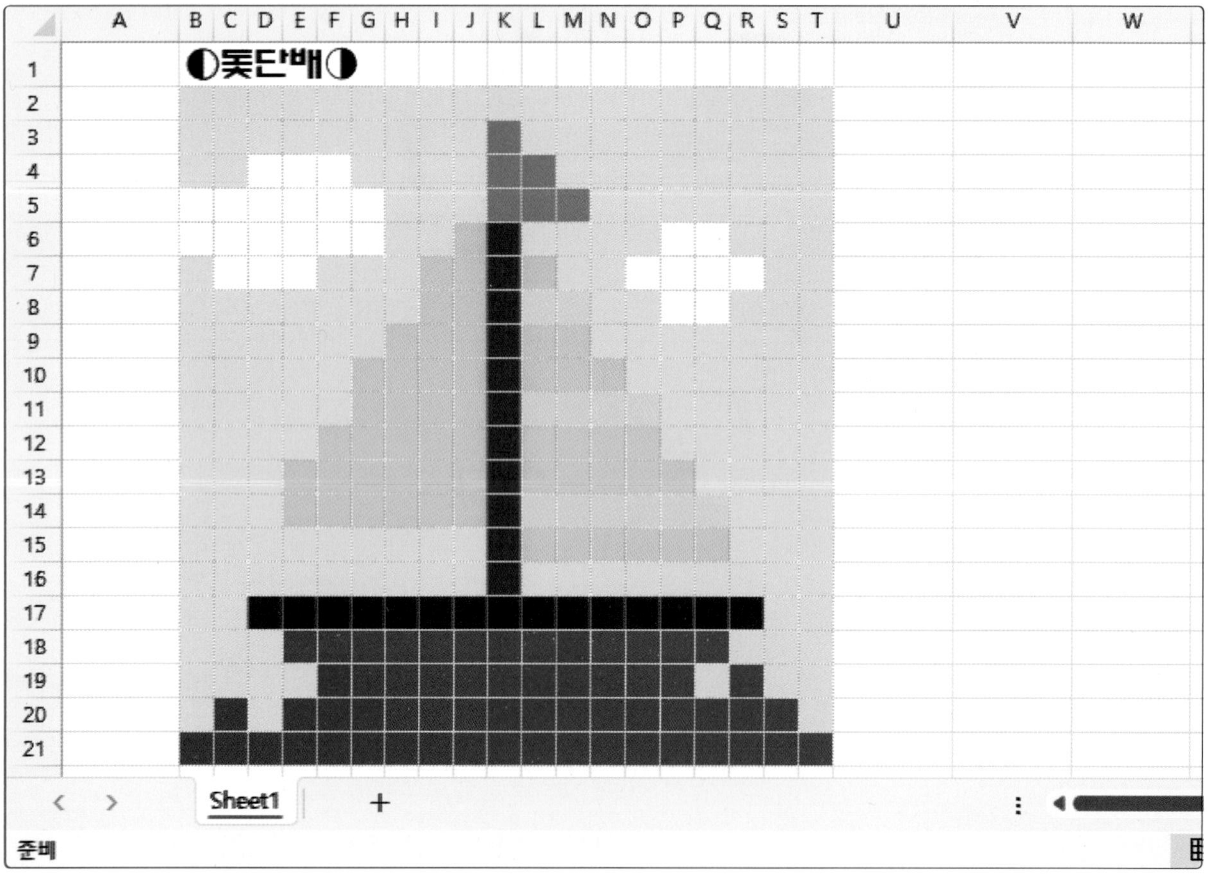

다음과 같이 '아이스크림.xlsx' 파일을 연 후 테두리 서식을 지정한 다음 채우기 서식을 지정하여 아이스크림을 그려 보세요.

- **예제 파일** : 21차시–종합정리\아이스크림.xlsx　　■ **완성 파일** : 21차시–종합정리\아이스크림_완성.xlsx
- **행 높이 변경** : 2:21행(15)
- **열 너비 변경** : B:P열(2)
- 테두리 서식을 지정
  - **B2:P21셀 범위** : 선 색(흰색, 배경 1, 25% 더 어둡게), 선 스타일(······), [윤곽선], [안쪽]
- 지정하고 싶은 채우기 서식을 지정하여 아이스크림을 그림

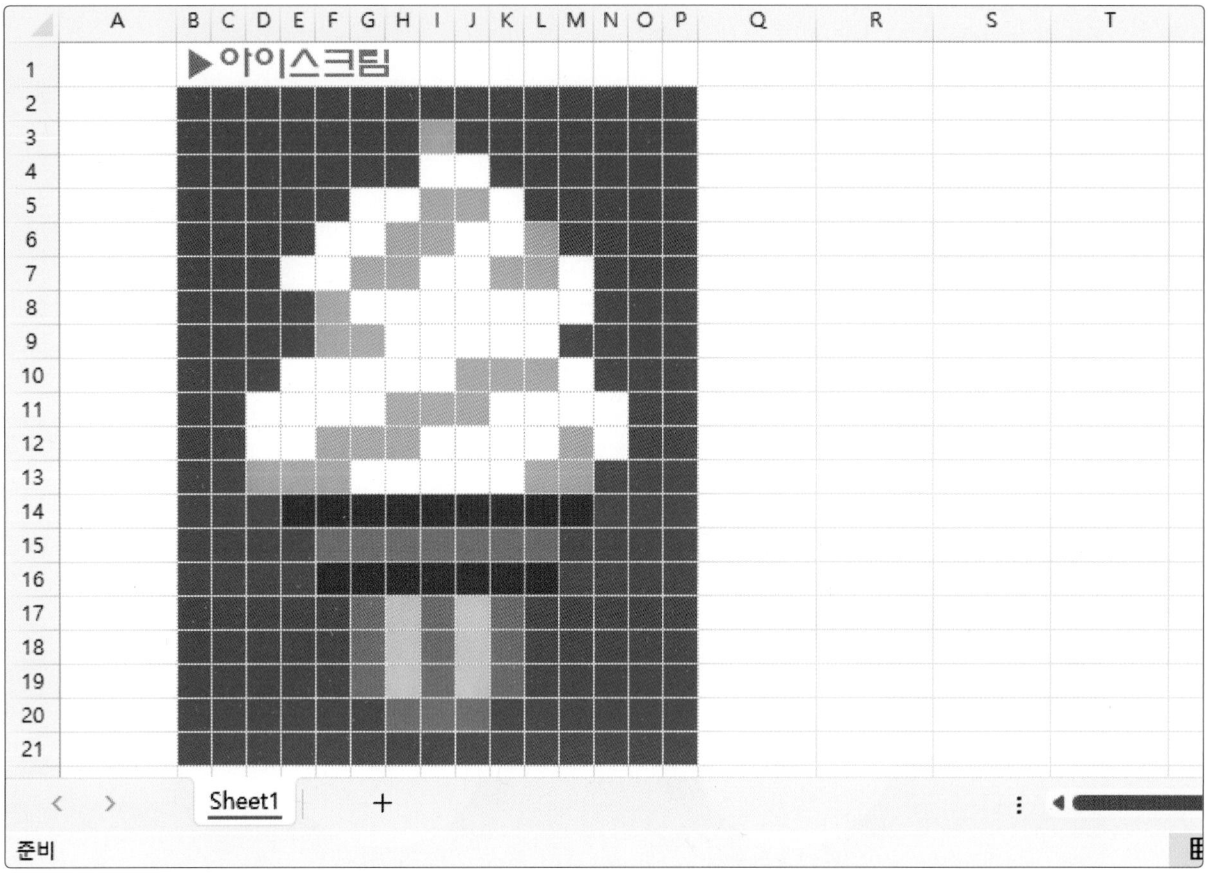

Lesson 22

종합정리 2

자전거와 동물을 만들어요.

다음과 같이 '자전거.xlsx' 파일을 연 후 도형의 모양을 변경하여 자전거를 만들어 보세요.

- **예제 파일** : 22차시-종합정리\자전거.xlsx **완성 파일** : 22차시-종합정리\자전거_완성.xlsx
- 도형의 모양을 변경하여 자전거를 만듦
  - 직사각형(▭) → 타원(◯)
  - 더하기 기호(✚) → 사각형: 둥근 모서리(▢)
  - 곱하기 기호(✖) → 직사각형(▭)
  - 막힌 원호(⌒) → 사다리꼴(⏢)
  - 구름(☁) → 순서도: 지연(D)

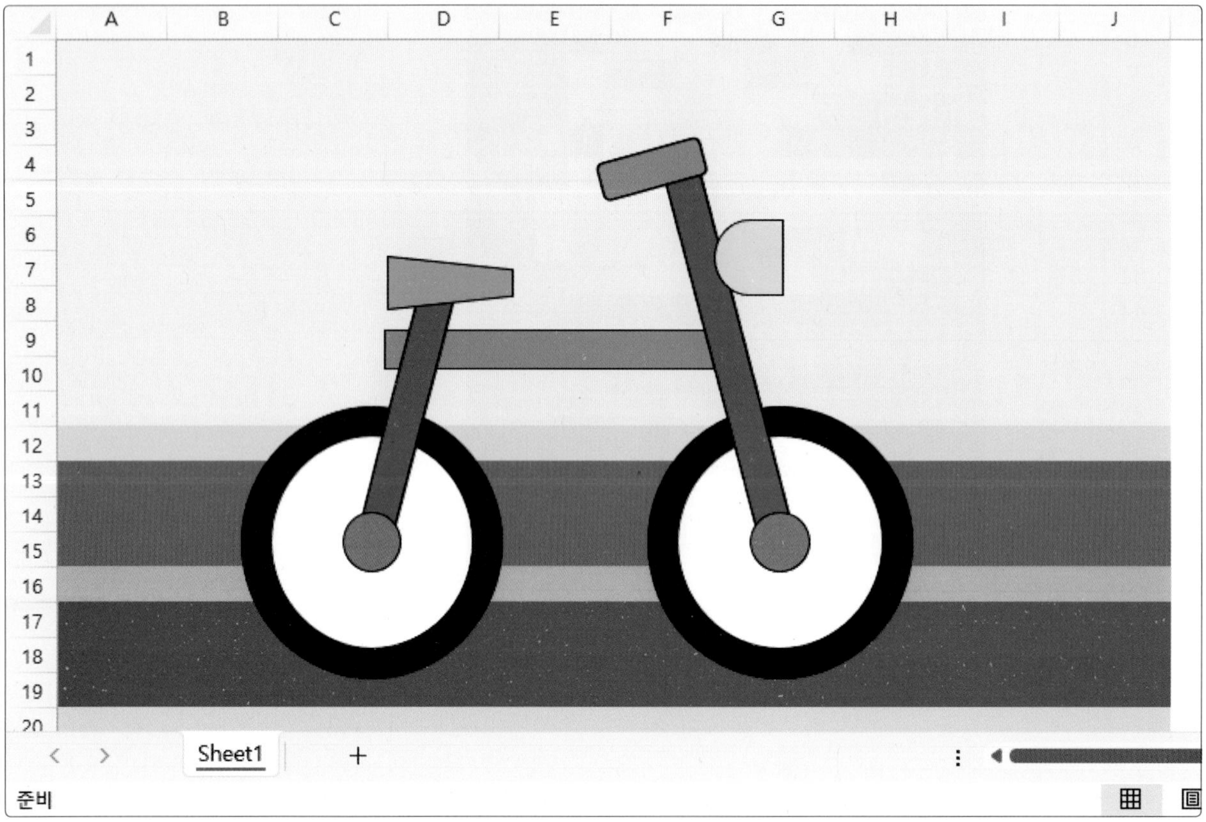

다음과 같이 '동물 만들기.xlsx' 파일을 연 후 워크시트에 있는 도형을 조합하여 좋아하는 동물을 만들어 보세요.

- **예제 파일** : 22차시–종합정리\동물 만들기.xlsx　　**완성 파일** : 22차시–종합정리\여우.xlsx, 비둘기.xlsx
- 워크시트에 있는 도형을 조합하여 좋아하는 동물을 만듦

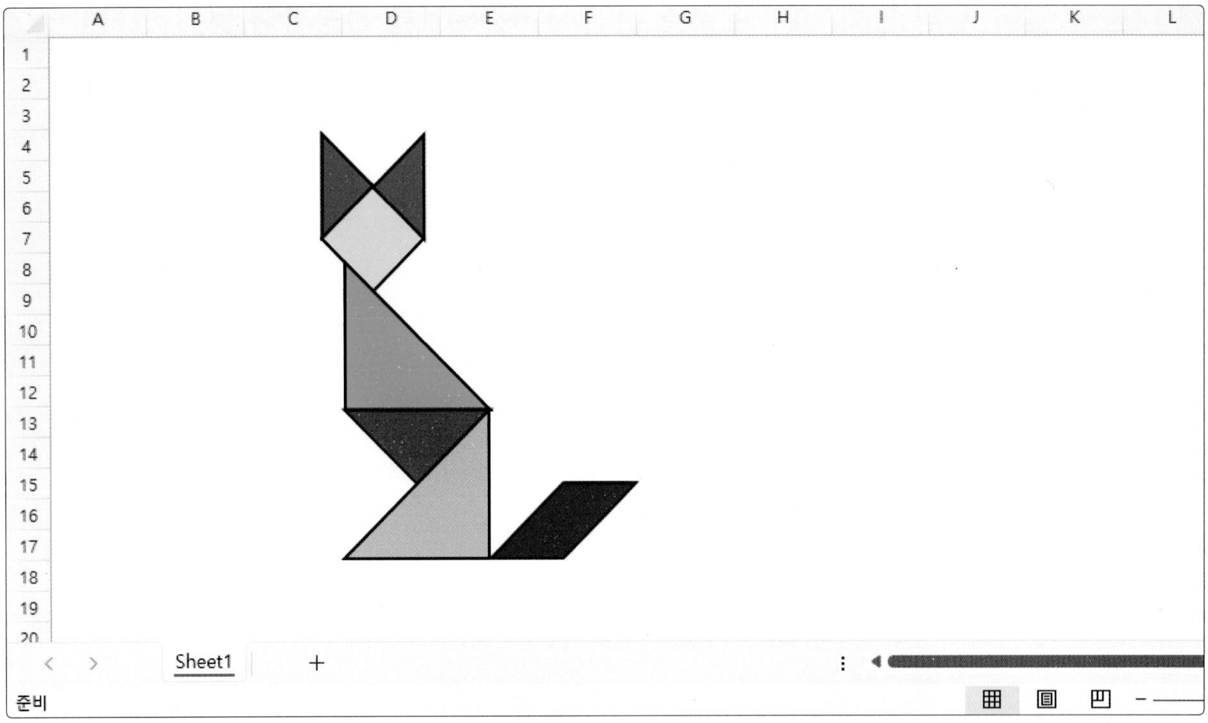

▲ 여우를 만든 경우

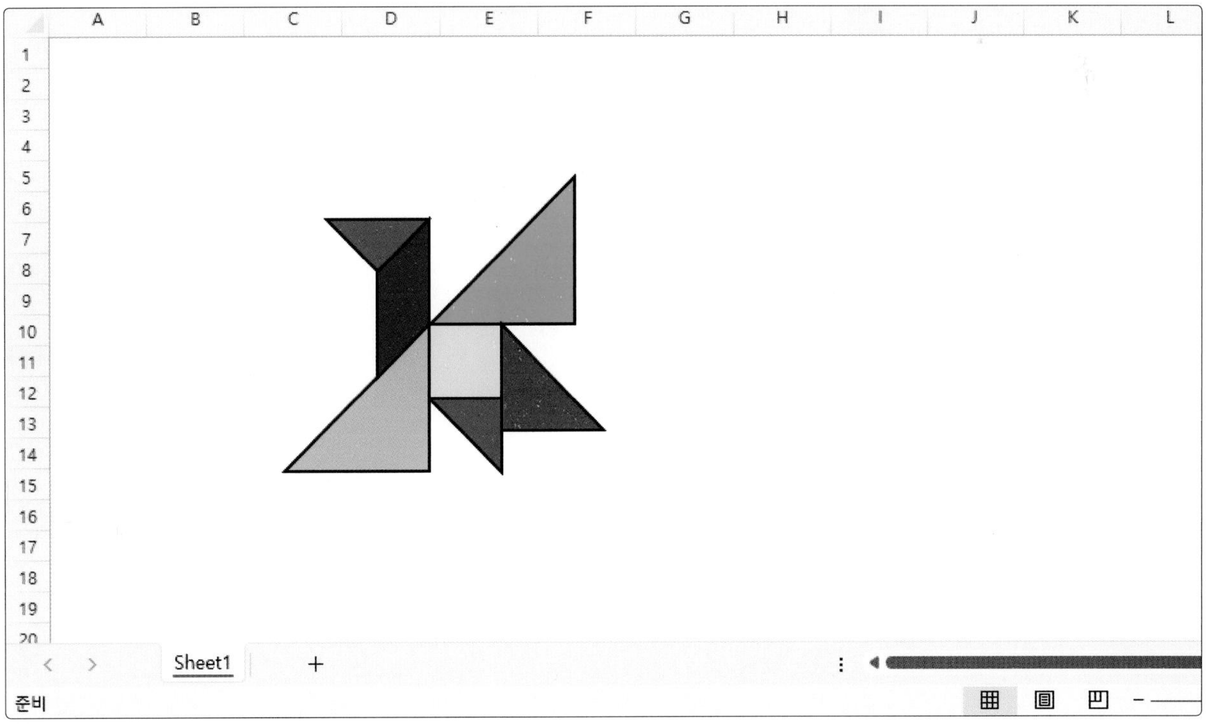

▲ 비둘기를 만든 경우

Lesson 23

종합정리 3

달의 변화와 개구리의 한살이를 작성해요.

다음과 같이 '달의 변화.xlsx' 파일을 연 후 SmartArt를 사용하여 달의 변화를 작성해 보세요.

- **예제 파일** : 23차시-종합정리\달의 변화.xlsx ■ **완성 파일** : 23차시-종합정리\달의 변화_완성.xlsx
- **SmartArt 삽입** : SmartArt 종류([주기형]-[기본 주기형])
- **SmartArt 스타일 지정** : [강한 효과]
- **SmartArt 색 변경** : [색상형 – 강조색]
- **SmartArt 텍스트에 글꼴 서식 지정** : 글꼴(휴먼편지체), 글꼴 크기(16), [굵게(가)]

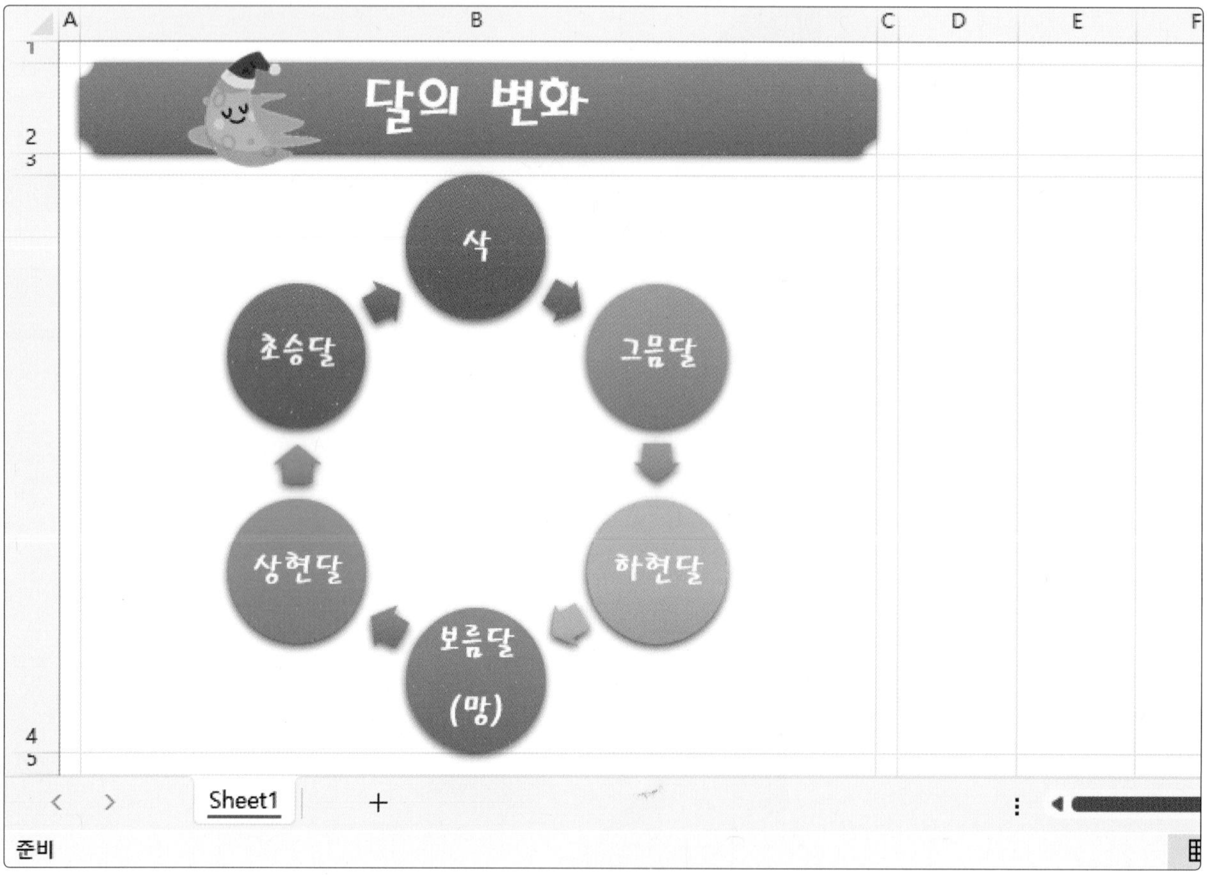

다음과 같이 '개구리의 한살이.xlsx' 파일을 연 후 SmartArt를 사용하여 개구리의 한살이를 작성해 보세요.

- **예제 파일** : 23차시-종합정리\개구리의 한살이.xlsx ■ **완성 파일** : 23차시-종합정리\개구리의 한살이_완성.xlsx
- **SmartArt 삽입** : SmartArt 종류([목록형]-[세로 그림 강조 목록형( )])
- 개구리의 한살이에 맞는 그림(개구리1.jpg ~ 개구리5.jpg)을 삽입
- **SmartArt 스타일 지정** : [강한 효과( )]
- **SmartArt 색 변경** : [색상형 범위 - 강조색 4 또는 5( )]
- **SmartArt 텍스트에 글꼴 서식 지정** : 글꼴(맑은 고딕), 글꼴 크기(11), 글꼴 색(검정, 텍스트 1)

Lesson 24

종합정리 4
옷에 글자를 넣어요.

다음과 같이 '옷.xlsx' 파일을 연 후 WordArt를 사용하여 옷에 글자를 넣어 보세요.

- **예제 파일** : 24차시-종합정리\옷.xlsx　　**완성 파일** : 24차시-종합정리\옷_완성.xlsx
- **WordArt 삽입** : WordArt 종류(채우기: 파랑, 강조색 1, 그림자(A))
- **WordArt 텍스트에 글꼴 서식 지정** : 글꼴(휴먼편지체), [굵게(가)], [기울임꼴(가)]
- **텍스트 윤곽선 지정** : 색(흰색, 배경 1)
- **네온 텍스트 효과 지정** : [네온: 18pt, 파랑, 강조색 1(A)]
- **변환 텍스트 효과 지정** : [원호: 아래로 휨(abcde)]